인공지능 시대,
**창의성을 디자인하라**

# 인공지능 시대,
# 창의성을 디자인하라

1판 2쇄 발행  2020년 1월 13일

**글쓴이**    조병익
**일러스트**  양해원
**펴낸이**    이경민

**펴낸곳**    (주)동아엠앤비
**출판등록**  2014년 3월 28일(제25100-2014-000025호)
**주소**      (03737) 서울특별시 서대문구 충정로 35-17 인촌빌딩 1층
**전화**      (편집) 02-392-6901   (마케팅) 02-392-6900
**팩스**      02-392-6902
**전자우편**  damnb0401@naver.com
SNS       

ISBN 979-11-6363-015-9 (03320)

예측 불가능한 미래 환경에 대비하기 위한
21세기 핵심 역량, 창의성 ──

# 인공 지능 시대,

조병익 지음

# 창의성을 디자인하라

동아엠앤비

# 02

## 미래 사회,
## 어떻게
## 바뀔 것인가?

# 03

## 인간은
## 인공지능에
## 대응할 역량을
## 갖추었는가?

**04**

창의성을
어떻게
기를 것인가?

# 추천의 글

이 책을 읽으면서 인간 지식의 속도를 생각해보았다. 요즘 4차 산업혁명의 시기가 도래했다고 세상이 떠들썩한데, 불과 몇십 년 전인 1980~1990년대에도 3차 산업혁명인 디지털 혁명, 인터넷 혁명으로 인해 우리의 일상은 크게 변화했었다. 18~19세기에 일어난 1차 산업혁명으로 인해 농경사회가 산업사회로 전환되었고, 20세기 초에는 철강, 석유, 전기의 대중화로 대량생산이 가능해지면서 2차 산업혁명이 일어났다. 1차와 2차 산업혁명이 한 세기에 걸쳐 일어났다면, 3차와 4차 산업혁명은 몇십 년 단위로 일어나고 있는 것이다. 이런 추세라면, 앞으로는 혁명이 일상화된 시대를 살아갈 수도 있으리라. 아마도 5차, 6차 산업혁명은 인간에 의해 이루어지기보다는 인공지능 로봇에 의해서 이루어질 가능성이 크다. 인간의 지식 발전 속도보다 로봇의 지식 발전 속도가 더 빨라질 날이 곧 올 것이기 때문이다.

이 책에서 지적하고 있듯이, 지금 일어나고 있는 4차 산업혁명은 기존의 산업혁명과 성격을 달리한다. 기존의 1~3차 산업혁명이 인간의 삶을 윤택하게 하고 생산성을 높이는 방향으로 진행되었다면, 현재의 4차 산업혁명은 '인공지능 로봇'이라고 하는 새로운 종을 탄생시키는 혁명이기 때문이다. 로봇에게 지식을 주입하는 차원을 넘어, 로봇 스스로가 지식을 습득함으로써 '생각하는 인간'으로서의 지위를 로봇에게 나누어주는 매우 위험한 도전이 시작되고 있는 것이다.

그래서 생각하는 인간으로서의 가치가 상실되는 것은 아닐까 하는 고민에 빠져들게 된다. 로봇이 인간보다 더 빠르게 지식을 습득하고 지식을 창조하기까지 하면, 인간은 무엇을 고민해야 하는가? 그리고 로봇이 인간과 조화롭게 살아가려면 무엇이 필요할까?

자고로 동양에서는 인간에게 필요한 4대 덕목으로 인仁·의義·예禮·지知를 꼽았다. 인仁이란 어진 마음으로서 사랑과 자애로운 마음이요, 의義란 올바름으로 옳고 그름을 판단하여 옳음을 따라 행하는 것이며, 예禮란 인간과 인간 사이의 배려를 내재적 규범으로 정한 것이며, 지知란 글자 그대로 앎을 말한다. 따라서 로봇이 지知만 얻고 인仁·의義·예禮를 얻지 못한다면, 로봇이 인간과 공존할 수 없음은 자명하다. 인터넷 댓글로만 세상을 학습한 로봇을 한 번 상상해보라. 그 결과가 끔찍하지 않겠는가? 얼마 전 마이크로소프트에서 개발한 인공지능 채팅 로봇 '테이Tay'가 욕설을 먼저 배운 것만 보더라도, 로봇에게 인간의 가치만큼은 반드시 가르쳐야 할 것으로 보인다.

따라서 앞으로 다가올 인공지능 시대를 살아가는 데 있어 가장 중요한 점은 '인간성'을 회복하는 것이다. 물론 인공지능 시대에 새로 재편될 직업의 변화를 알고, 그에 대처하여 앞날을 준비하는 일도 중요하다. 그러나 인간성을 갖추는 것이야말로 인간을 인간답게 하는 것이며, 인간이 로봇의 종이 아닌 로봇의 지배자가 되어 살아갈 수 있게 해주는 가장 중요한 요소라고 생각한다. 따라서 인공지능이 발달하면 할수록 로봇에게 인간성을 가르쳐야 한다는 요구가 더욱 커질 것이다.

2006년 미국에서 개봉한 영화 〈이디오크러시Idiocracy〉에 의하면, 500년 후의 미래에는 바보들만 남아 있게 된다. 모든 것이 자동화되어 인간들은 머리를 쓸 일이 없기 때문에 단편적인 것에만 반응하는 인간들로 퇴보한 것이다. 비록 코미디 영화의 소재이긴 하지만, 인간이 '창의성'을 개발하지 않고 '인간다움'을 상실할 경우 앞으로의 세상이 나아지는 것이 아니라 퇴보할 수 있음을 풍자한 의미가 크다 하겠다.

과연 500년 후의 미래에는 어떠한 세상이 펼쳐지고 있을까? 인간이 인공지능의 도움을 받아 지구 온난화와 환경 파괴, 에너지 고갈 등의 문제를 해결하고 이상적인 유토피아를 건설할 것인가? 아니면 단순히 문명의 발달을 로봇에게 전해주고 퇴보하는 생명체로 사라져갈 것인가? 그 운명의 방향은 이 책을 읽는 젊은이들의 창의성과 노력에 달려 있다.

이 책은 앞으로 펼쳐질 인공지능 세상을 다양한 관점에서 많은 예시를 들어가며 적절하게 설명하고 있다. 그리고 인공지능 시대에 우리에게 필요한 것이 무엇이며, 어떻게 준비해야 하는지를 매우 설득력 있게 제시하고 있다. 다가오는 인공지능 시대를 알려주는 길잡이로서 손색이 없다. 부디 많은 젊은이들이 이 책을 읽고 미래를 대비하며, 인간성을 바탕으로 '창의성'을 갖춘 훌륭한 인재들로 성장하길 바란다.

**이 종 수**
경희대 응용물리학과 교수

# 머리말

"변화란 단지 삶에서 필요한 것이 아니다. 삶 그 자체다.Change is not merely necessary to life-It is life."

2016년 6월 미래학자 앨빈 토플러Alvin Toffler 부고 시 토플러재단Toffler Associates 홈페이지에 올라왔던 문구다. 이 문구가 말하는 것처럼 오늘날 우리는 과학과 기술이 주도하는 삶의 변화를 경험하고 있다. 한마디로 '변화의 시대'라고 해도 과언이 아닐 정도로 변화의 물결이 거세다. 시장의 판도를 바꾸고 인간의 삶을 변화시키는 새로운 기술이 연일 쏟아져나오고 있다.

그런데 이러한 기술이 바꿀 미래는 여태까지 사람들이 생각해보지 못하고 경험해보지도 못했던 모습일 가능성이 높다. 앞으로 우리가 맞이하게 될 삶의 변화는 지금까지 인류가 겪어온 변화와는 비교할 수 없는 놀라움으로 가득할 것이다. 공상과학소설 작가 아서 클라크Arthur Clarke의 말처럼 최첨단 기술이 마법과 구별되지 않을 정도라, 그 변화에 관심을 기울이지 않으면 잠들었다가 20년 후에 깨어나는 워싱턴 어빙Washington Irving의 소설 속 주인공 '립밴윙클Rip Van Winkle'과 같이 시대에 뒤떨어진 사람이 되기 십상이다.

하지만 다행히도 2016년 구글이 만든 알파고와 이세돌의 대결 이후 인공지능으로 대표되는 미래 기술과 사회 변화에 대한 사람들의 관심이 부쩍 증가했다. 각 분야의 석학들이 1년에 한두 차례 모여 인류가 직면한 새로운 문제에 대해 집단 토론을 벌이며 해결책을 제시하는 사이트 '엣지 www.edge.org'만 보더라도 과학기술과 관련된 질문들이 점차 많아지고 있다. 그만큼 과학기술이 삶에 미치는 영향력이 커졌고, 사람들은 그로 인한 변화에 대비하고 싶어 하는 것이다.

그렇다면 과학기술이 초래하는 미래는 과연 어떤 모습일까? 쉽사리 속단하긴 어렵지만, 한 가지 분명한 것은 과거와는 달리 미처 적응할 틈이 없을 정도로 급속한 기술 발전이 이루어지다 보니, 지금까지의 삶과 가치가 급격하게 변화할 가능성이 높다는 점이다. '기술지진techquake'이라는 용어가 말해주듯 삶의 기반이 송두리째 흔들릴 가능성이 높다.

이러한 예측은 오스트레일리아 북부에 거주하는 '이르 요론트Yir Yoront' 부족의 사례를 볼 때 더욱 분명해진다. 이 부족의 사례는 새로운 기술에 적응하고 그것을 학습할 겨를이 없을 경우 그 기술이 사회·경제·문화에 미치는 영향이 얼마나 큰지를 단적으로 보여주고 있기 때문이다.

이르 요론트 부족은 19세기까지 '돌도끼'를 사용하면서 구석기시대의 삶과 문화를 유지해왔다. 이들에게 돌도끼는 없어서는 안 될 생활의 필수 도구였기에, 그들의 사회 질서, 경제활동 및 문화는 돌도끼를 만드는 남성들 위주로 형성되어 있었다. 그런데 1915년 영국 성공회가 선교를 위해 이들에게 '쇠도끼'를 선물하면서부터 모든 것이 달라졌다. 특히 선교사들이 선교 캠프에 참가하는 여성과 아이들에게 쇠도끼를 나누어주면서 여성들은 남성에게 더 이상 의존할 필요가 없어져버렸다. 남성이 여성에게 쇠도끼를 빌려 쓰는 것은 기본이고, 심지어 도둑질이 횡행하는가하면, 쇠도끼를 얻기 위해 아내와 딸의 몸을 파는 남자들이 생겨나는 등부족의 사회 질서와 문화가 송두리째 무너져버렸다. 돌도끼 제작의 필요성이 사라지면서 돌도끼 석재를 얻기 위한 교역활동이 쇠퇴했고, 전통 축제 또한 사라져버렸다.

이르 요론트 부족과 마찬가지로 지금 우리에게도 삶을 송두리째 바꿀 수 있는 쇠도끼와 같은 강력한 도구가 주어져 있다. 이르 요론트 부족에게 쇠도끼가 거부할 수 없는 매혹적인 도구였듯이, 오늘날 우리에게 인공지능, 로봇 등은 거부할 수 없는 매혹적인 기술이다. 그러나 인공지능과 같은 과학기술이 우리에게 복음이 되는 것이 아니라, 이르 요론트 부족의 사례와 같이 재앙의 쇠도끼로 작용할 수 있을 것이라는 우려도 교차하고 있는 것이 사실이다. 인공지능에 의해 많은 일자리들이 사라져버릴 것이라는 걱정에서부터 공상과학 소설이나 영화에 자주 등장하듯이 로봇이 인간을 통제하고 지배하지는 않을까 하는 염려가 대두되고 있는 것이다.

그렇다면 이러한 변화에 우리는 어떻게 대응해야 할까? 과학기술의 빠른 발전 속도는 루이스 캐럴Lewis Carroll의 소설『거울 나라의 앨리스』에 등장하는 붉은 여왕이 사는 나라를 연상시킨다. 그 나라에서는 주변이 계속하여 앞으로 움직이기 때문에 움직이지 않고 가만히 있으면 저절로 뒤처지게 된다. 우리 현실도 이와 크게 다르지 않다. 과학기술의 변화 속도가 너무 빠르다 보니, 가만히 있다가는 앨리스와 같은 처지에 내몰릴지도 모른다. 그렇다고 무턱대고 두 배, 세 배로 열심히 달려야만 하는 것은 아니다. 열심히 뛴다고 해서 모든 것이 해결되는 것은 아니기 때문이다. 아무리 열심히 뛰어도 달려가는 방향이 잘못되면 결국 헛수고다. 그래서 그 방향을 알려주는 나침반을 제대로 활용할 수 있어야 한다.

하지만 막상 현실을 보면 그러한 역할을 해줘야 할 나침반으로서의 '교육'이 마치 오작동을 하고 있는 것처럼 보인다. 머지않은 미래에 기계와 경쟁해야 할 학생들이 갖추어야 할 역량을 길러주지 못하고 있기 때문이다.

현 교육은 암기 위주의 교육, 즉 과정이 아닌 결과만 학습하는 교육, 깊이 생각하지 못하고 정답만 가르치는 교육, 꺼내는 교육이 아닌 집어넣는 교육에 중점을 두고 있으며, 기존 산업사회에 필요한 인력 양성에만 초점을 맞추고 있다. 그러나 암기, 결과 학습, 정답 맞히기 등은 인공지능이 인간보다 수백, 수천 배 탁월한 역량을 가진 분야다. 이러다가는 미래의 기술 변화에 취약해질 인력들만 대량으로 양성되는 것이 아닌지 우려스럽다. 한국 사회를 성찰한 한 인류학자가 교육을 '한국인들의 꿈'이라고 말했다지만, 그 꿈이 더 이상 희망이 되지 않고 있는 것처럼 느껴진다.

그러므로 우리가 당면한 현실을 냉정히 짚어볼 필요가 있다. 우리가 나아가는 길 앞에 분명 커다란 돌 하나가 나타났는데, 그 돌이 걸림돌이 될지, 디딤돌이 될지는 우리가 어떻게 대처하느냐에 달려 있다. 그러한 맥락에서 생각해본 것이 바로 이 책의 내용이다.

『인공지능 시대, 창의성을 디자인하라』는 인공지능과 같은 과학기술의 발전과 함께 변화하고 있는 현대 사회의 다양한 모습과 더불어 인공지능 시대에 인간에게 가장 필요한 덕목인 '창의성'을 어떻게 기를 수 있는지를 에세이 식으로 기술했다. 책의 내용을 따라가다 보면 점점 미래가 현재로 되어가는 21세기의 풍경을 바라볼 수 있을 것이다. 아울러 더욱 창의적인 삶을 살기 위한 힌트도 얻을 수 있을 것이다. 아무쪼록 이 책을 읽으면서 세상에서 가장 아름다운 '글로 쓴 경치'를 제대로 감상하는 즐거운 독서 여행이 되기를 고대해본다.

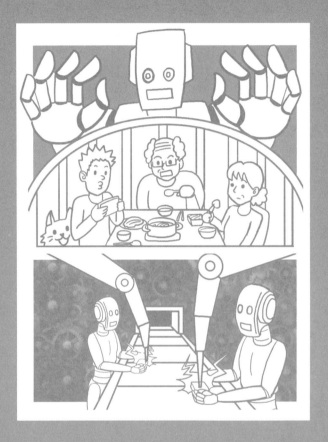

인공지능은 점차 인간의 모습을 닮아가며 진화하고 있다. 그와 함께 진화한 인공지능이 인간을 지배하고, 인간의 일자리를 빼앗을 것이라는 우려 역시 커지고 있다. 그런데 이미 인간은 기계에게 지배당하는 삶을 살고 있는 것은 아닐까?

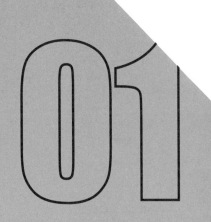

# 인공지능은
# 인간을
# 지배할 것인가?

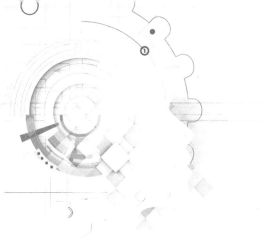

# 인공지능의
# 진화

## ⦙ 알파고 모멘텀

"아빠, 바둑 한 판 뛰어요." 2016년 3월, 아들이 어디서 찾았는지 바둑판과 바둑알을 들고 불쑥 도전장을 던져왔다. 구글의 인공지능 알파고와 바둑의 절대 고수 이세돌 9단의 대결로 인해 호기심 많은 아들이 바둑에 관심이 많아진 모양이다. 아들의 갑작스런 도전을 받고 보니, 그동안 각종 온라인 게임 등에 밀려 퇴조를 우려해온 바둑계에 아들의 반응은 낭보일 수도 있을 것 같다는 생각이 스쳤다. 그러나 이세돌 9단과 알파고의 대결은 바둑 활성화보다는 인공지능이 가져올 미래에 대한 인식의 눈을 뜨게 해준 모멘텀으로 작용했다고 보아야 할 것이다. 알파고와 이세돌의 바둑 대결 이후 검색엔진 구글에서 '인공지능' 검색어량이 10배 이상 증가한 것만 보더라도 인공지능에 대한 사람들의 관심이 얼마나 늘었는지를 가늠해볼 수 있기 때문이다.

2001년 러시아의 라자레프Lazarev와 쿠즈넷소브Kouznetsov 교수는 "고

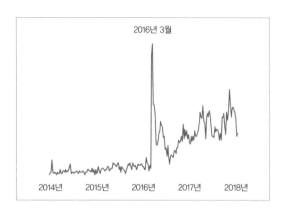

'인공지능' 검색어량 추이
(구글 트렌드)

2016년 3월

2014년　　2015년　　2016년　　2017년　　2018년

대 바둑이 현대 과학과 경제학에 미친 영향"이라는 논문에서 바둑은 과학처럼 일상생활에 도움이 되지 않고 인류 사회의 진보에 공헌할 수 없다고 주장했다. 어떻게 보면 '두뇌 스포츠'라는 것 외에는 딱히 바둑이 인류에 공헌한 측면이 큰 것 같지 않기 때문에 그들의 주장에 반박하기 어려울 수도 있을 것 같다. 그러나 많은 사람의 예상과 달리 인간 이세돌이 인공지능 알파고에게 겨우 한 판을 이기는 데 그친 예상 외의 결과로 인해, 사람들은 인류가 맞이하게 될 미래의 모습을 충격적으로 각인하게 되었다. 이런 측면에서 볼 때 바둑은 라자레프와 쿠즈넷소브의 주장과는 달리 인류의 진보에 엄청난 기여를 한 셈이다.

　　그런데 따지고 보면 인공지능이 인간 최고수를 물리친 것은 어제오늘의 일이 아니다. 그동안 학술적으로만 연구되어 오던 인공지능[1]이 대중의 주목을 받게 된 것은 1997년 아이비엠IBM의 딥블루Deep Blue가 세계 체

---

**1**　인공지능이란 말은 1956년 미국 다트머스에서 개최된 회의에서 존 매카시John McCarthy 박사가 처음으로 사용했다.

스 챔피언이었던 게리 카스파로프Garry Kasparov를 물리치면서부터다. 게리 카스파로프는 1986년 체스에 입문했고, 2005년까지 세계 랭킹 1위를 225개월 동안 지킨 지능지수IQ 194의 천재에 가까운 인물이었기 때문이다. 이 사건은 프랑스 작가 베르나르 베르베르Bernard Werber의 소설 『뇌』의 모티프가 되기도 했다.[2]

그 후 2011년 IBM의 인공지능 왓슨Watson은 미국 TV 퀴즈 프로그램인 '제퍼디 쇼'에서 퀴즈 챔피언에 등극했다. 왓슨은 그동안 제퍼디 쇼에서 가장 많은 상금을 탄 브래드 루터, 가장 오래된 챔피언십 기록 보유자인 켄 제닝스와 대결하여 100만 달러(약 11억 원)의 상금을 획득했다. 한국에서는 2016년 말 교육방송 퀴즈 프로그램인 '장학퀴즈'에서 한국전자통신연구원이 개발한 인공지능 엑소브레인Exobrain이 수학능력시험 만점자,

---

**2** 베르나르 베르베르의 소설 『뇌』의 원제목은 '최후의 비밀L'ultime Secret'이다. 이 소설은 '딥블루IV'라는 컴퓨터와의 체스 대결에서 승리한 세계 챔피언의 의문사를 파헤치는 과정을 매우 흥미진진하게 다루고 있다.

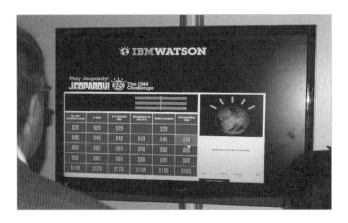

트레이드 쇼의
IBM 부스에서
펼쳐지고 있는
왓슨 데모

장학퀴즈 왕중왕전 우승자 2명, TV 두뇌게임 프로그램 준우승자 등 퀴즈 강자 4명을 물리치고 우승하기도 했다.

그리고 인공지능은 2016년 경우의 수가 우주의 원자 수보다 많을 정도로 복잡해 컴퓨터가 마스터하기 힘들 거라던 '바둑'을 넘어서더니, 급기야 심리 게임인 '포커'에서도 인간 최고수를 물리치기에 이르렀다. 2017년 초 미국 카네기멜론 공대가 개발한 인공지능 리브라투스Libratus는 세계 최고의 포커 선수 4명과 대결을 펼쳐 20일 동안 총 176만 6,250달러(약 20억 원)를 털어갔다. 게임 과정에서 리브라투스는 안 좋은 패를 들고도 과감히 베팅해 상대방을 속이는 전략인 블러핑[3], 즉 뻥카를 사용하기까지 했다. 그 후 또 다른 인공지능인 딥스택DeepStack도 33명의 도박사들과 4만 5천여 번의 게임을 하여 인간 도박사들보다 우수한 성적을 냈다. 상대가 방

---

**3** 노벨 경제학상을 받은 게임 이론의 대가인 하버드대학의 로버트 오먼Robert Aumann 교수는 블러핑 bluffing에 대해 '모든 종류의 두뇌 게임을 통틀어 가장 우수한 심리 전략'이라 평하기도 했다.

금 어떤 수를 두었는지 정보가 공개된 바둑과는 달리, 상대가 어떤 패를 잡았는지 모르는 상태에서 판단해야 하고 온갖 속임수가 난무하는 심리 게임인 포커에서조차 인공지능이 인간을 넘어선 것이다.

## ⁝ 4차 산업혁명의 소용돌이

마치 진화를 거듭하는 듯한 이러한 인공지능의 모습은 인류가 맞이할 미래의 모습을 단편적으로 보여주고 있기도 하다. 인공지능뿐만 아니라, 현재 우리 사회는 로봇공학, 사물인터넷, 나노기술, 바이오공학, 자율주행차, 빅데이터, 양자컴퓨팅, 사이버 피직스cyber physics 등으로 대표되는 '4차 산업혁명'의 소용돌이 속으로 진입하고 있다. 공교롭게도 이세돌이 알파고에게 패한 2016년에 개최된 세계경제포럼의 주제도 '4차 산업혁명의 이해'였다.[4]

사실 '혁명'은 산업·사회·문화가 충분히 바뀌었다고 평가될 때 붙는 말이다. '산업혁명'만 해도 1889년 영국의 경제학자 아놀드 토인비Arnold Toynbee가 '1780년대부터 지난 100년간 영국에서 벌어진 산업의 거대한 변화를 산업혁명이라고 부를 만하다'라고 언급하면서부터 사용되기 시작한 단어다. 또한 기술혁명은 프랑스 대혁명, 볼셰비키 혁명 등과 달리, 그

---

**4** 세계경제포럼은 정보통신과 전자기술 등 디지털 혁명(제3차 산업혁명)에 기반하여 물리적 공간, 디지털적 공간 및 생물학적 공간의 경계가 희미해지는 기술 융합의 시대를 4차 산업혁명 시대로 정의했다. 4차 산업혁명은 나라에 따라 '디지털 변혁', '인더스트리 4.0', '소사이어티 5.0', 'AMIAdvanced Manufacturing Initiative' 등 다양하게 불리고 있다.

시작점이 분명하지 않다. 시간이 흐르고 난 후 그것이 새로운 시대의 시작이었다는 것을 알 수 있을 뿐이다. 하지만 사람들이 최근의 기술혁명을 '4차 산업혁명'이라고 부르는 것은 과학기술이 사람들의 삶을 획기적으로 변화시킬 것이라는 예측이 가능하기 때문이다. 그렇다면 4차 산업혁명이 도대체 어떤 특성을 가지고 있기에 이렇게 평가되는 것일까?

우선 4차 산업혁명은 상상력과 데이터를 투입해 혁신을 일으키는 '소프트웨어 혁명'의 성격이 강하다. 지금은 소프트웨어가 세상을 먹어 치우고 있다고 해도 과언이 아닐 정도로 제조, 금융, 유통, 통신 등 대부분의 산업에서 소프트웨어가 기반기술로 자리 잡았으며, 대학에서도 'computational'이라는 단어가 붙은 학문의 영역이 점차 확장되고 있다. 반면, 증기기관과 철도 인프라 확산으로 촉발된 1차 산업혁명, 전기 에너지 활용으로 대량생산이 가능해진 2차 산업혁명, 컴퓨터와 인터넷으로 촉발된 3차 산업혁명은 하드웨어적 성격이 강했다. 물리적인 형태를 바꿔야 하는 하드웨어와는 달리 소프트웨어는 언제든지 새로운 아이디어로 대체될 수 있기 때문에, 그만큼 혁신이 일상화될 수 있고 작은 아이디어 하나가 큰 사업으로 발전할 수도 있다.

그리고 4차 산업혁명을 대표하는 기술 가운데 인공지능, 로봇, 사물인터넷, 자율주행 차량은 모두 인간의 직접적 개입이나 간섭 없이 스스로 작동하는 기술과 연결될 수 있는 영역이다. 그렇기에 3차 산업혁명까지가 '자동화'의 시대였다면, 4차 산업혁명은 '자율성'의 시대라고 할 수 있다. 여기서 자율성이란 주변 환경을 관측observe하고, 판단orient해서, 결심decide

한 후, 행동act하는 의사결정 과정인 'OODA'의 각 단계에서 기계가 스스로 결정할 수 있는 능력을 말한다. 현재 자동차를 제조하는 공장의 조립 로봇은 미리 고정된 프로그램에 따라 주어진 작업만을 반복할 뿐, 새로운 상황에 대처하여 스스로 판단하거나 선택하는 능력은 없다. 하지만 구글의 인공지능 알파고는 게임 속 상황을 인지해 스스로 판단하고 다음 행동을 한다. 다시 말해, 미리 정해진 프로그램대로 고정된 행동을 보이는 것이 아니라, 환경이나 상황과 상호작용하면서 스스로 선택과 행동을 바꾸는 것이다.

이러한 자율성은 기계 스스로 반복 학습을 통해 발전하는 '딥러닝deep learning'이라는 기계학습 기술로 인해 가능해졌다. 딥러닝은 인간의 뇌 구조와 비슷한 인공 신경망 알고리즘을 기반으로 구축된 기계학습 기술이다. 딥러닝 덕분에 앞으로 기계들은 점점 더 빠른 속도로 인간이 사는 세상을 이해해나갈 것이다. 그 속도가 너무 빠르고 거대하여 인공지능을 포함한 4차 산업혁명이라는 물줄기가 소용돌이치며 우리의 삶을 휘감고 있는 느낌이다.

글로벌 시장조사사업체 IDC는 전 세계 인공지능 시장이 2016년부터 2020년까지 연평균 55퍼센트씩 성장할 것으로 전망했으며, 시장 규모도 2016년 80억 달러(약 9조 원)에서 2020년 470억 달러(약 52조 원)로 늘어날 것으로 전망했다. 일부 전문가들은 인공지능 시장 규모가 10년 후 약 6조 달러(약 6,600조 원)에 이를 것으로 예측하기도 한다. 또한 맥킨지McKinsey 글로벌연구소는 인공지능이 2030년까지 전 세계 GDP를 연평균 1.2퍼센트씩 증가시킬 것으로 예측하고 있다.

이러한 전망에 맞추어 구글, 아이비엠, 마이크로소프트, 애플, 페이스북, 알리바바 등 주요 글로벌 기업들은 인공지능을 미래의 최대 먹거리로 보고 인공지능 시장 선점을 위해 치열한 각축을 벌이고 있다. 서로 앞다투어 인공지능 전문가를 영입하는 것은 기본이고, 유망한 기술을 가진 스타트업[5]도 적극적으로 인수하고 있다. 구글만 보더라도 2001년부터 14년간 인공지능 관련 기업 인수에 무려 280억 달러(약 31조 원)를 쏟아부었고, 2012년부터 2015년까지 인공지능 관련 기업을 17개나 인수했다.

또한 각 나라의 정부도 4차 산업혁명에 적극적으로 대응하고 있다. 독일은 2015년 정부 주도로 산·관·학 협력 기구인 '플랫폼 인더스트리 4.0'을 출범했고, 일본은 2015년 정부 주도의 '일본재흥전략'을 수립했으며, 미국 정부는 민간 주도의 산업 인터넷 컨소시엄을 지원하고 있다. 우리나라 정부도 2022년까지 빅데이터와 인공지능, 자율주행차, 차세대 통신, 드론 등 13개 분야에 약 9조 원의 예산을 투입할 예정이다.

## ⁝ 역사는 기계의 시대로

이와 같은 추세가 지속될 경우 앞으로 우리가 맞이할 미래의 모습은

---

**5** 스타트업startup은 원래 컴퓨터가 부팅할 때 운영체제와 함께 실행되는 애플리케이션을 뜻하는 말인데, 주로 혁신적인 기술과 아이디어를 갖춘 신생 벤처기업을 가리키는 말로 사용된다. 말하자면, 거대 기업(컴퓨터) 틈바구니에 존재하는 작은 기업(애플리케이션)인 셈이다.

기계와 제품들이 지능을 갖고 스스로 움직이면서 서로 연결되는 등 과거에는 상상도 못 했던 기술들이 실현되는 시대가 될 것이다. 이로 인한 정치, 경제 및 사회 전반의 변화도 상당할 것이다. 이는 한 분야에서의 기술혁신이 또 다른 분야의 기술혁신에 촉매 작용을 하면서 개인과 기업, 시장 등 사회·경제 전반에 영향을 미치고, 이것이 또 다른 분야에 영향을 미치며 함께 변화하는 '공진화co-evolution'의 과정을 거치기 때문이다.

그렇다면 과연 4차 산업혁명이 초래하는 사회는 어떤 모습일까? 과거 1차와 2차 산업혁명으로 인한 물질과 에너지의 풍부한 공급은 산업사회를 낳았고, 3차 산업혁명 이후 풍부한 정보는 디지털 사회를 탄생시켰다. 다시 말해, 공장화로 인해 대량생산이 가능해졌고, 증기와 철도의 발달로 인해 장거리 이동이 수월해졌으며, 전기로 인해 인류의 삶이 24시간 생활로 바뀌었다. 또한 자동차로 인해 개인의 이동거리가 확장되었고, 정보통신으로 인해 소통이 폭발적으로 증대되었다. 이처럼 산업혁명으로 인간의 삶은 윤택해졌지만, 다른 한편으론 인간의 영역이 확장되면서 각종 문제가 발생하고 이해관계의 충돌이 일어나기도 했다. 자원 고갈, 지구 온난화와 같은 생태계와 환경 문제에서부터 노사갈등, 빈부격차와 같은 사회 문제에 이르기까지 그 양상도 다양하다. 이러한 사실을 고려해볼 때, 앞으로 4차 산업혁명은 지금까지와 마찬가지로 인간의 삶이 보다 편리해지는 데 큰 기여를 하겠지만, 그 이면에는 그동안 문명의 발전 과정에서 파생되었던 각종 사회·경제적 문제가 더욱 증폭될 수도 있다는 사실을 가늠해볼 수 있다.

일본 소프트뱅크
손정의 회장

감정인지
로봇 페퍼

　그러한 우려 중 하나가 자율적인 기계들의 역할 확대로 인간이 설 자리가 점차 사라져버릴지도 모른다는 점이다. 더 나아가 기계가 인간 자체를 대체하거나 인간을 통제할지도 모른다는 우려도 제기되고 있다. 그만큼 인공지능이 계산이나 학습 능력과 같은 지적인 능력뿐만 아니라 직관, 감정과 같은 인간 고유의 영역까지도 넘보고 있는 실정이기 때문이다. 일본 소프트뱅크 손정의 회장이 2014년 '페퍼Pepper'라는 감정인지 로봇을 공개하면서 "이제 인간과 감정을 교류할 수 있는 우뇌로서의 로봇이 등장할 때가 됐다"라는 말을 했는데, 어쩌면 이 말이 이러한 변화를 대변하고 있기도 하다.

　그렇다면 손정의 회장의 말대로, 앞으로 기계가 인간의 고유 영역이라고 여겨지는 '감정'까지도 가지게 되는 것일까? 영화 〈블레이드 러너〉의 원작이기도 한 필립 딕Philip Dick의 소설 『안드로이드는 전기 양을 꿈꾸는가』에는 '보이그트-캄프 테스트'라는 것이 나온다. 소설의 주인공 릭 데커드는 인간을 지나치게 닮은 안드로이드를 찾아내는 사냥꾼으로서, 보

영화 〈블레이드 러너〉

이그트-캄프 테스트를 통해 인간과 안드로이드를 구별해낸다. 테스트의 질문 내용은 주로 타인의 감정에 공감할 수 있는가에 대한 것이다. 이는 감정 이입이 안드로이드에게는 매우 어려운 일이라는 사실을 전제로 했기 때문이다.

아마 앞으로도 보이그트-캄프 테스트와 같은 장치를 통해 인간과 인공지능은 구별될 수 있을 것이다. 기계가 감정을 갖는다는 것은 단지 인간의 감정을 흉내 내는 것에 불과하기 때문이다. 앵무새가 인간의 대화를 완벽하게 흉내 낸다고 하더라도 언어를 이해하지 못하는 것과 같은 이치다. 하지만 기계는 점점 더 지적인 능력을 뛰어넘어 감정마저도 인간을 닮아가려는 모습을 보이고 있다. 각종 공상과학 영화에서 등장하는 미래의 허무맹랑했던 모습들이 현재화되고 있는 셈이다.

그러다 보니 '이러다 인간을 대체하는 인공지능이 등장하는 것은 아닐까' 하는 상상이 어쩌면 기우가 아닐 수 있겠다는 생각도 든다. 18세기 이탈리아의 역사가였던 잠바티스타 비코Giambattista Vico는 역사가 '신들의 시대', '영웅들의 시대'를 거쳐 '인간의 시대'로 나아간다고 말했다. 그런데 이제는 역사가 '인간의 시대'를 넘어 '기계의 시대'로 나아가고 있는 것만 같다.

# 인공지능 골렘의 등장

## ⫶ 강한 인공지능과 약한 인공지능

이세돌 9단과의 대결 이후 알파고는 더 강해졌다. 온라인 대국에서 60전 60승을 거두었고, 2017년에는 바둑 랭킹 세계 1위인 중국의 커제 9단과의 대결에서도 완승했다. 이제 더 이상 인간이 알파고를 이기는 것은 불가능해 보일 정도로 충분히 강해 보인다. 심지어 커제 9단을 이긴 알파고[6]를 100전 100패 시킨 '알파고 제로'까지 등장했다. 이쯤 되면 인간이 알파고에 도전하는 것은 사마귀가 수레바퀴에 맞서는 '당랑거철螳螂拒轍'에 지나지 않는 것 같다.

하지만 학자들은 알파고를 '강한 인공지능'이라고 하지 않고 '약한 인공지능'이라 부른다.[7] 여기서 약하다는 말은 아직 사람처럼 자아를 갖지

---

**6** 이세돌 9단을 이긴 알파고를 '알파고 리'라 부르고, 커제 9단을 이긴 알파고를 '알파고 마스터'라고 부른다.

**7** 약한 인공지능Weak AI은 바둑, 체스, 포커와 같이 어떤 특정 영역에서만 능력을 발휘하기 때문에 '좁은 인공지능ANI, Artificial Narrow Intelligence'이라 칭하기도 한다.

영화 〈그녀Her〉

영화 〈터미네이터: 미래전쟁의 시작〉

않았다는 의미다. 알파고는 바둑과 같이 한 가지 분야에 특화되어 주어진 문제는 해결할 수 있지만, 아직 사람과 같이 자아를 갖고 움직이는 정도 는 아니다.

　반면, 사람처럼 독립성과 자아, 정신, 자유의지 등을 가진 인공지능 을 '강한 인공지능'이라 부른다.[8] 강한 인공지능은 인간이 컴퓨터 속 인공 지능과 사랑에 빠지는 스토리를 그린 영화 〈그녀Her〉나 〈터미네이터〉의 '스카이넷'같이 초지능을 지닌 인공지능으로서 사람과 비슷하거나 훨씬 강하다. 만일 이 단계의 인공지능이 개발된다면, 인류는 어쩌면 멸망의 길로 접어들지도 모른다.

　그러한 가능성을 보여주는 영화 중 하나인 〈터미네이터〉를 보면, 미

---

**8**　강한 인공지능Strong AI은 인간 수준의 능력을 발휘하는 '범용 인공지능AGI, Artificial General Intelli-gence'과 사람의 지능을 능가하는 '초인공지능ASI, Artificial Super Intelligence'으로 구분할 수 있다.

국 국방성이 핵무기를 통제하기 위해 개발한 컴퓨터 네트워크 '스카이넷'이 갑자기 사람처럼 의식을 갖게 되는 상황이 발생한다. 이에 사람들은 시스템을 차단하려 하지만, 스카이넷은 자신을 방어하는 유일한 방법이 핵무기를 발사하여 인류를 멸종시키는 길뿐이라고 판단하고, 모든 핵무기를 세계 전역으로 발사하여 순식간에 30억 명의 인구를 사라지게 만든다. 그것도 모자라 스카이넷은 로봇을 출동시켜 살아남은 인간들을 학살하는데, 이들이 바로 살인 전문 사이보그인 '터미네이터'다. 결국 현대 문명은 완전히 파괴되고, 살아남은 소수의 인간들만이 반군을 조직하여 스카이넷과 기나긴 전쟁을 벌인다.

비록 영화에서의 이야기이긴 해도, 이런 비극이 인류에게 닥치지 말라는 법은 없다. 아직까지 현실에서는 터미네이터와 같은 강한 인공지능이 등장하지 않았지만, 학자들은 그럴 가능성을 염두에 두고 인공지능이 강한 인공지능으로 진화하는 것을 막기 위한 방법도 고민하고 있다.

그런데 지금까지 구현된 과학기술을 서로 결합해볼 경우 인간의 능력을 뛰어넘고 대체할 수 있는 새로운 인공지능을 만드는 것이 그다지 어려운 일은 아니다. 『프랑켄슈타인』을 쓴 작가 메리 셸리Mary Shelley처럼 상상력을 발휘할 수 있다면, 소설 속 프랑켄슈타인 박사가 죽은 시체와 짐승의 살덩어리를 짜깁기하여 괴물을 창조해낸 것처럼, 한 번쯤 상상해봄직한 초능력을 가진 존재를 만들어낼 수 있는 것이다. 이에 그 상상력의 틀로 '인간의 확장'이라는 개념을 활용해보도록 하자.

## ⋮ 인간의 확장

미디어 이론가인 마샬 맥루한Marshall McLuhan은 그의 저서 『미디어의 이해』에서 '바퀴는 발의 확장이며, 책은 눈의 확장이고, 옷은 피부의 확장이며, 전자 회로는 중추 신경계의 확장'이라고 했다. 한마디로 미디어 자체가 인간의 확장이라는 말이다. 그런데 인간의 확장이라는 관점은 미디어뿐만 아니라 인공지능에게도 적용될 수 있다.

우선 대규모의 데이터를 저장하고 처리할 수 있는 '클라우드'와 인간의 신경망 네트워크를 모방한 '딥러닝' 알고리즘은 '뇌의 확장'으로 볼 수 있다. 인터넷상의 서버를 통해 데이터 저장, 네트워크 연결, 콘텐츠 제공 등 다양한 IT 서비스를 제공하는 클라우드 컴퓨팅은 인체의 각 부위를 움직이게 하는 뇌와 유사한 기능을 한다. 또한 뇌와 똑같지는 않지만 인간 지능의 원리를 컴퓨터로 실현한 딥러닝은 인간의 뇌처럼 수많은 데이터를 분석하고 데이터 간 다양한 관계를 찾아낼 뿐만 아니라, 거기에 의미까지 부여한다.

최근에는 사람의 두뇌와 연결하는 기계장치의 개발도 활발하다. 손을 움직이지 않고서도 컴퓨터의 커서를 마음으로만 조정하여 메시지를 컴퓨터 화면에 타이핑하는 '정신 타자기mental typewriter'가 개발되는가 하면, 생각만으로 많은 일을 할 수 있는 '브레인게이트brain gate'도 등장했다. 브레인게이트를 이용할 경우 사지마비 환자들은 생각만으로 혼자 TV 채널을 돌리고, 인터넷 쇼핑은 물론 이메일과 컴퓨터 게임을 할 수 있으며, 휠체

어도 혼자 다룰 수 있다.

뿐만 아니라 과학자들은 사람들이 기억하는 장면이나 꿈에서 본 장면을 사진처럼 재현하는 데도 성공했다. 이들은 기능적 자기공명영상fMRI을 이용하여 위치 정보가 두뇌의 어느 부위에 저장되는지 확인한 후, 새로운 정보가 저장되는 부위를 추적하여 정보와 두뇌의 각 지점을 일대일로 연결하는 지도를 만들었다. 그리고 간단한 물체를 보여주고, 그 정보가 저장되는 뇌의 위치를 분석하여 컴퓨터 화면에 그 물체를 그려냈다. 뇌파 분석을 통해 사람들이 보고 있는 물체를 알아내는 것이다. 더 나아가 과학자들은 뇌에서 인식하는 정보를 영상으로 복원할 수도 있다. 이미 UC버클리대학의 잭 갤런트Jack Gallant 신경과학과 교수는 동영상을 보는 실험 참가자들의 뇌를 측정하여 영상을 재현하는 데 성공했다. 그렇다면 상상을 하거나 꿈에서 본 영상을 직접 눈으로 볼 수 있어, 말 그대로 꿈이 현실이 되는 것이다. 어쩌면 이 기술이 꿈과 현실을 혼동하는 호접몽胡蝶夢[9]을 꾸는 '장자莊子'와 같은 이들에게 큰 도움이 될 수 있을지도 모르겠다.

한편, 뇌에서 연결된 '신경 세포의 확장'은 데이터를 모으고 데이터 처리와 상황 판단까지 가능한 '스마트 센서'라고 할 수 있다. 스마트 센서는 외부 압력을 감지하는 인간 촉각 세포의 원리를 모방한 것으로 고분자 신소재를 이용하여 사람의 피부처럼 가벼운 자극뿐만 아니라 물건의 무게

---

**9** 어느 날 장자가 시원한 나무 그늘 아래서 낮잠을 자다가 꿈을 꾸었다. 꿈에서 장자는 나비가 되어 아름다운 꽃 사이를 자유롭게 날아다니며 예쁜 나비들과 어울려 즐겁게 놀았다. 그러다 꿈에서 깨어 보니 자신은 나비가 아니라 장자였다. 그러자 생각하기를 '내가 본래 장자였는데 꿈속에서 잠시 나비가 되었다 지금 깨어 다시 장자가 된 것인지, 아니면 내가 본래 나비였는데 잠시 꿈속에서 장자가 되어 있는 것인지 알 수 없구나'라고 했다.

를 감별하는가 하면, 냄새와 맛까지도 탐지해내는 등 인간의 후각, 촉각, 미각 등 다양한 감각을 정교하게 모방하고 있다. 이러한 스마트 센서 외에도 생물의 촉각 신경을 모방한 '인공 신경'도 개발되어, 이를 적용할 경우 로봇을 인간과 비슷하게 움직이게 할 수도 있다.

시각과 청각 분야에서도 '눈과 귀의 확장'이 시작됐다. 과학자들은 이미 시각 장애인을 위한 '인공 눈'을 개발했다. 인공 눈은 소형 카메라가 장착된 정교한 장치를 눈 부위에 삽입하여 두뇌에 직접 연결하는 방법으로 시각 장애인의 시력을 회복시킨다. 또한 마이크로소프트가 개발한 'Seeing AI'는 인공지능이 인식한 이미지를 음성으로 설명해주며, 고글형 가상현실 기기는 시각 장애인이 사물을 보다 뚜렷하게 인식하도록 해준다. 『성경』에서 예수님이 눈먼 자를 고쳐주었던 기적이 과학기술로 현실화되고 있는 셈이다. 더 나아가 과학기술은 눈의 기능을 어떤 것을 본다

고글형 가상현실
기기

는 것에 한정시키지 않고 개인 인증에 이용하기도 하며, 인간의 눈을 닮은 카메라를 이용하여 각종 향기를 담아내는 데 활용하기도 한다.[10]

사실 현대인들은 컴퓨터, 스마트폰 등 시각 매체의 사용으로 인해 시력이 날로 나빠지고 있는 것이 사실이다. 세계보건기구WHO에 따르면, 2014년 기준 전 세계 약 2억 8,500만 명이 저시력 등의 시각 장애를 겪고 있으며, 영국의 의학저널 〈랜싯 글로벌 헬스Lancet Global Health〉에서는 2050년경 세계 맹인 인구가 지금보다 약 3배 정도 증가할 것으로 전망하기도 했다. 또한 서울에 거주하는 초등학생의 44퍼센트가 안경을 착용하고 있다는 조사 결과도 있다. 이처럼 암울한 현실에서 눈의 확장으로서의 인공지능은 일종의 복음이 될 수밖에 없다.

청력이 손상된 사람도 '인공 달팽이관'으로 회복이 가능하다. 인공 달팽이관은 전자부품으로 만든 하드웨어가 뇌신경인 뉴런에 직접 연결되어 작동한다. 이 장치는 귀 바깥에 있는 마이크를 통해 음파가 입력되면, 이를 라디오 신호로 바꾸어 귀 안쪽에 삽입된 조직으로 전송한다. 이곳에서 라디오 신호를 전류로 바꾸면, 인공 달팽이관이 전류를 감지하여 두뇌로 전송하는 식이다. 지금까지 수많은 청각 장애인들이 인공 달팽이관 덕분에 청력을 되찾았다. 심지어 페이스북은 인공 달팽이관을 피부와 접촉하는 방식으로 의사소통이 가능한 기술을 개발하고 있다. 이 기술이 상용화될 경우 인간은 더 이상 귀로 들을 필요도 없고, 입으로 소리를 내지 않

---

**10** 2018년 일본 사와다 가즈아키澤田和明 도요하시豊橋기술과학대학 교수가 이끄는 연구팀은 반도체 칩에 얇은 특수 막을 입혀 향기의 성분을 흡착하고 5가지 특징적인 냄새 성분의 비율을 측정해, 식품이나 몸에서 나는 여러 가지 냄새나 향기를 크기나 모양이 다른 오각형 도형으로 표시해 보여주는 '향기 카메라'를 개발했다.

고도 대화를 할 수 있다. 어린 시절 심한 병으로 청각과 시각을 잃었던 삼중고의 성녀 헬렌 켈러Helen Keller가 조금만 늦게 태어났더라면, 설리번 선생님의 도움이 필요 없었을지 모를 일이다.

'입의 확장'으로서의 인공지능은 '언어'다. 눈과 귀 못지않게 최근 인공지능은 인간의 언어 기능도 빠르게 따라잡고 있다.

현재 구글은 103개 언어 간의 번역 서비스를 제공하고 있고, 국내 기업인 네이버, 카카오도 자동번역 서비스를 제공하고 있다. 2017년 구글은 한국어, 중국어, 독일어 등 모두 40개 언어를 지원하는 '픽셀버드Pixel Buds'라는 무선 통역 이어폰을 선보이기도 했다. 심지어 스웨덴 기업 '가바가이Gavagai AB'는 돌고래 언어 데이터를 통해 돌고래 언어를 해석하는 시도도 하고 있다. 뉴질랜드에서는 인공지능 기술을 활용하여 숲에서 녹음된 새의 울음소리를 새의 종류별로 분류하고, 어떤 상황에서 그런 소리를 내는지 찾아낸 후, 스마트폰으로 새를 불러 대화를 나누기도 했다. 이런 추세라면 머지않아 소설 『개미』에 등장하는 '로제타석[11]'과 같은 장치를 매개로 인간과 동물 간의 대화가 가능해질 것도 같다.

하지만 아직까지는 기계 번역이 인간의 번역 수준에는 미치지 못한다. 예를 들어, 인간은 '탁자 위에 유리잔을 떨어뜨리는 바람에 깨졌다'와

---

**11** 이집트 해안 지역의 '로제타'라는 촌락에서 프랑스 병사들에게 발견된 로제타석은 고대 이집트의 군주 프톨레마이오스 5세의 즉위를 기념하여 기원전 196년 세워진 비석의 일부다. 로제타석은 오랫동안 해독 불가로 여겨졌던 이집트의 상형문자를 해독할 수 있는 단서를 제공해 주었기 때문에 소설 『개미』에서 인간과 개미 간의 대화를 가능하게 하는 번역 기계의 이름으로 차용되었다.

'탁자 위에 볼링공을 떨어뜨리는 바람에 깨졌다'에서 무엇이 깨졌는지를 쉽게 구분할 수 있다. 하지만 기계는 이를 구분하지 못한다. 실제로 두 문장을 구글 번역기에 입력해보면, 무엇이 깨졌는지 불분명하게 번역된다. 이는 기계가 아직까지 그러한 말이 나오게 된 상황을 이해하지 못하기 때문이다. 실제로 2017년 인간과 인공지능 사이에 펼쳐진 번역 대결에서도 인간이 정확성, 가독성 면에서 압승을 거두었다.

사실 말의 뜻과 의사소통의 내용은 '문자text'가 아니라 '상황context'에 의해서 정해진다. 즉, 단어의 의미는 고정되어 있기보다는 상황과 화자에 따라 그 뜻이 달라지는 것이다. 또한 언어는 그 언어가 사용되는 사회와 문화를 반영하기 때문에 한 사회에서 많이 사용되는 단어가 사전에 새롭게 등재되기도 한다. 따라서 기계가 인간 수준으로 번역을 하려면 문자 외에도 상황을 이해하는 능력을 갖추어야 한다.

그러나 인공지능의 발전 속도로 볼 때, 머지않은 미래에 기계가 인간의 언어를 제대로 말하는 날이 올 것이다. 문장을 통째로 파악하고 번역하는 기술 덕분에 인공지능의 언어 학습 수준이 쑥쑥 향상되고 있기 때문이다. 이러한 현실은 더글라스 아담스Douglas Adams의 소설『은하수를 여행하는 히치하이커를 위한 안내서』에 나오는 만능 번역기인 '바벨피시[12]'라는 물고기를 인간이 손에 넣게 되는 상황과 다르지 않다. 『성경』에서는 높고 거대한 바벨탑을 쌓아 하늘에 닿으려 했던 인간의 오만함에 분노한 신

---

**12** 바벨피시Babel fish는 외계인과도 자유롭게 대화할 수 있도록 해주는 일종의 만능 번역기다. 바벨피시는 노랗고 거머리같이 생긴 작은 물고기로, 주변 생물의 뇌파 에너지를 먹고 뇌파에 담긴 사고 신호를 숙주의 뇌에 배설한다. 따라서 귀에 바벨피시를 집어넣으면 어떤 언어도 즉시 이해하게 된다.

이 본래 하나였던 인간의 언어를 서로 알아듣지 못하도록 뒤섞어버렸지만, 바벨피시는 이러한 바벨탑의 저주를 푸는 단계를 넘어 인간에게 도움이 되는 차원으로까지 발전하고 있는 것이다. 일례로, 인공지능에게 번역을 맡길 경우 번역에 소요되는 시간도 절약할 수 있다. 사료로서 최대 분량인 『승정원일기』[13]만 보더라도, 학자들은 인공지능이 인간보다 27년가량 번역 기간을 앞당길 수 있을 것으로 예상하고 있다.

그렇다면 미래에 인간은 더 이상 영어와 같은 외국어를 공부할 필요가 없는 것일까? 인공지능이 완벽하게 번역을 해주는데, 굳이 외국어를 배울 필요가 있을까? 하지만 이러한 생각은 언어를 단순히 기능적 측면에서만 바라보기 때문에 나오는 사고다.

사실 외국어를 배우는 것은 통·번역을 하기 위한 목적도 있지만, 그 속에 담긴 역사와 문화를 함께 배우는 측면이 강하다. MIT의 언어학자 켄 헤일Ken Hale은 "하나의 언어가 사라진다는 것은 루브르 박물관이 폭격을 당하는 것이나 마찬가지"라고 했다. 그만큼 언어는 한 문화가 공유하는 의미와 가치관을 전달하고 있다는 말이다. 따라서 단어나 문장을 다른 언어로 옮기는 것은 하나의 문화를 또 다른 문화로 옮기는 것과 같다. 더구나 미래사회에서는 누가 더 고급 정보에 접근하여 활용할 수 있느냐가 경쟁력의 핵심이기 때문에 문화 이해의 도구로서 외국어 학습의 필요성은 과거보다 더 커질지도 모른다. 그러므로 콘텐츠를 담아내는 그릇이라는

---

**13** 『승정원일기』는 오늘날의 대통령 비서실에 해당하는 승정원에서 국왕의 일거수일투족을 생생하게 기록한 것이다. 임진왜란과 이괄의 난 등으로 태조~광해군 때 자료가 소실되어 인조~순종 288년 치의 일기만 남았는데도, 그 분량이 3,245권, 총 2억 4,300만 자에 달해 팔만대장경 목판본(5,000만 자), 조선왕조실록(4,965만 자) 등 다른 사료보다 5~6배 많다.

관점에서 언어 공부는 지속되어야 한다.

또한 인간과 인간 사이의 깊은 교감을 위한 소통을 위해서라도 외국어 공부는 반드시 필요하다. 인간은 사물을 통해 언어를 만들어내기도 하지만, 반대로 언어를 통해 사물을 인식하는 존재다. 따라서 풍부한 어휘력을 갖고 있으면 사물에 대한 인식이 달라지며, 그로 인해 새로운 통찰을 얻을 수도 있다. 결국 외국어를 할 줄 안다는 것은 세상을 향한 또 하나의 창문을 가지는 것과 같다.

그리고 언어는 뇌 기능 향상에도 도움이 된다. 실제로 2개 국어를 구사하는 환자들이 하나의 언어만 사용하는 환자들보다 5.1년이나 치매 증상이 늦어진다는 연구 결과도 있다. 극단적으로는 언어를 배우지 못할 경우 죽음에 이를 수도 있다. 13세기 신성로마제국의 황제 프레데릭 2세는 인간이 타고나는 자연 그대로의 언어가 무엇인지 알고 싶어, 갓 태어난 일부 아이들에게 절대로 말을 걸지 못하게 했다. 그러자 아기들은 날로 쇠약해져 가다가 결국 죽고 말았다. 이러한 결과를 통해 알 수 있는 것은 언어가 인간의 생존과 직결되는 요소라는 점이다.

한편, '근육의 확장'으로서 인공지능은 자신의 능력보다 수십 배의 무게를 들어 올릴 수 있는 외골격 로봇 '엑소스켈레톤[14]이다. 엑소스켈레톤으로 인해 인간은 지치지 않고 단순 반복 작업을 오랫동안 수행할 수 있을 뿐만 아니라, 신체적 장애도 극복할 수 있다. 2014년 6월 브라질 월드

---

**14** 엑소스켈레톤exoskeleton이란 용어는 미국의 공상과학 작가 로버트 하인라인Robert Heinlein이 소설 『스타십 트루퍼스』에서 처음 사용했다.

컵 개막식에서는 불의의 사고로 척추 장애를 입어 하반신이 마비된 29세의 청년 줄리아노 핀토가 엑소스켈레톤을 입고 시축에 성공하기도 했다. 그 모습을 지켜본 장애인들에게는 당시 7만여 관중이 내지른 환호성이 인공지능이 가져올 장애 없는 세상을 보여주는 하나의 희망처럼 들렸을 것이다.

또한 '발의 확장'인 '자율주행 자동차'는 교통정체를 줄이며 운전으로 인해 야기되는 각종 위험들을 제거해줄 것이라는 기대를 높이고 있다. 실제로 컨설팅 회사 맥킨지는 자율주행차가 본격적으로 도입될 경우 미국에서 발생하는 교통사고의 90퍼센트가 줄어들 것으로 예측한 바 있다. 또한 자율주행차는 한 대의 트럭을 뒤따라 여러 대의 차량이 서로 통신하면서 일정한 거리를 유지하는 '군집주행platoon driving'을 실현시킴으로써 공기저항을 줄여 에너지 절감에도 기여할 것이다. 자동차 업체 시트로엥Citroen의 조사에 따르면, 유럽인들이 평생 운전으로 보내는 시간이 2년 9개월 정도라고 하니, 자율주행차는 그만큼의 시간을 벌어주는 셈이기도 하다.

그런데 많은 사람이 무인 자동차가 막상 출시된다고 하더라도 어떻게 믿고 탈 수 있겠느냐고 말한다. 하지만 무인 자동차 시대에 오히려 더 위험한 존재는 예측불허의 행동으로 사고를 유발하는 인간일 수 있다. 음주운전이나 졸음운전만 문제가 되는 것이 아니라, 보복운전이나 경쟁운전처럼 인간은 의도적으로 돌출 행동을 하는 존재이기 때문이다. 실제로 2012년 미국 고속도로교통안전국의 통계에 따르면, 미국 교통사고 사망 사건의 31퍼센트가 과음, 30퍼센트가 과속, 21퍼센트가 운전자 주의

구글 무인 자동차

분산 때문이었다. 그래서 테슬라모터스의 최고경영자인 엘론 머스크Elon Musk는 "앞으로 사람이 자동차를 직접 운전하는 것은 불법화될 것이다. 너무 위험하기 때문이다"라고 말하기까지 한다.

　비단 자율주행 자동차뿐만 아니라 하이퍼루프hyperloop, 진공자기부상열차Evacuated Tube Transport 등과 같은 첨단 교통기술은 점점 더 빠르고 효율적인 이동 수단을 지향하며 인간의 발을 대신하고 있다.

　엘론 머스크 회장이 개발 중인 최고 시속 1,200킬로미터의 '하이퍼루프'는 지상에서 가장 빠르다는 치타보다 10배 정도 빠른 속도를 자랑한다. 또한 ET3의 대릴 오스터Daryl Oster 회장은 하이퍼루프보다 훨씬 더 빠른 시속 6,000킬로미터의 '진공자기부상열차'를 개발 중이다. 이 기술이 상용화될 경우 서울에서 뉴욕까지 여행하는 데 2시간밖에 걸리지 않아, 그야말로 지구촌은 반나절 여행권이 될 것이다.

　과학자들은 '우주 엘리베이터space elevator'도 연구 중이다. 우주 엘리베이터는 단추 하나만 누르면 탄소 나노튜브로 만들어진 통로를 따라 고도 3만 6천 킬로미터 상공의 대기권 외곽을 올라가기 때문에 우주선을 타지 않고도 우주여행을 자유롭게 할 수 있다. 우주 엘리베이터는 영국 동화『잭과 콩나무』의 주인공 잭이 콩나무를 타고 한 발 한 발 내디디며 하늘로 올라갔던 것을 빗대 '콩넝쿨줄기beanstalks'라고도 불리는데,[15] 만일 동화 속 잭이 결혼을 한다면 몰디브나 하와이가 아닌 우주에서 신혼여행을 즐길 계획을 세우지 않을까 싶다. 2007년 억만장자인 찰스 시모니Charles Simonyi가 일반인으로는 최초로 우주정거장에 다녀올 때 지불한 비용이 2천만 달러(약 220억 원)나 됐다고 하니, 우주 엘리베이터가 만들어진 후 일반인들이 이를 이용하는 것은 기회비용 측면에서 매우 합리적인 선택일 것으로 보인다.

그리고 원거리에 있는 사람을 바로 옆에 있는 것처럼 보고, 듣고, 대화할 수 있게 해주는 가상현실 시스템인 '텔레프레즌스telepresence'의 등장으로 바퀴를 가진 이동 수단이 필요 없어질 수도 있다. 굳이 비행기를 타고 해외출장을 가지 않더라도 바로 옆에 있는 것처럼 서로를 보며 회의를 할 수 있기 때문이다. 또한 가상의 존재가 이동하는 것이긴 하지만, 어떤 장소에 있는 사람이나 사물을 분해하여 다른 장소에 순간적으로 복사하는 기술인 '텔레포테이션teleportation'도 이미 개발되어 있다.

이러한 기술들은 비록 가상현실에서 이루어지는 것이지만, 가상현

---

**15** 우주 엘리베이터는 '궤도 엘리베이터orbit lift', '우주교space bridge', '우주사다리space ladder', '궤도탑orbital tower' 등 다양한 이름으로 불린다.

실 속에서 무언가를 만지고 느끼게 해주는 '햅틱 기술haptic technology'이 적용될 경우, 아무리 가상현실이라 해도 가짜와 진짜의 구분이 어려워질 수도 있다. 다시 말해, 가상세계를 현실인 양 착각할 수 있는 것이다. 그렇다면 스티븐 스필버그Steven Spielberg 감독의 영화 〈레디 플레이어 원Ready Player One〉에서의 사람들처럼, 가상현실을 암울하고 희망이 없는 현실 세계의 도피처로 여기는 삶이 영화에서의 이야기만은 아니게 되는 것이다.

## ⋮ 인공지능 골렘

비록 마샬 맥루한의 이론을 빌리긴 했지만 다양한 인공지능의 기능들을 모아놓고 보니, 실로 '딥러닝은 뇌의 확장이고, 각종 센서는 감각의 확장이며, 자율주행차는 발의 확장이고, 엑소스켈레톤은 근육의 확장'이라 할 만하다. 그런데 인간의 확장으로서 새로운 존재는 눈이 있어도 보지 못하고, 귀가 있어도 듣지 못하고, 입이 있어도 말하지 못하고, 다리가 있어도 걷지 못하는 '우상idol'과는 달리, 눈으로 보고, 귀로 듣고, 입으로 말하며, 스스로를 제어할 수 있는 존재다. 마치 유대교의 율법학자인 랍비가 흙덩어리를 빚어 만든 흙덩어리 인간 '골렘Golem'과 유사한 존재다.[16]

---

**16** 골렘은 『성경』에서 창조주가 진흙으로 자신의 형상을 닮은 인간을 빚은 후 생명을 불어넣는 것과 유사한 과정을 통해 만들어진다. 유대교의 랍비가 흙덩어리를 반죽하여 인형을 만든 후, 주문을 외고 '진리 또는 신의 이름'이라는 문자를 쓴 양피지를 입에 넣거나 이마에 붙이면 진흙상이 사람처럼 움직이게 된다. 『성경』의 '시편'과 『탈무드』에서 골렘은 원래 태아 상태이거나 완성되지 못한 형상을 가리키는 히브리어였는데, 중세 이후에 지금의 말뜻을 가지게 되었다.

　사실 유대의 골렘은 말을 할 수는 없지만 사람의 말을 이해할 수 있기 때문에 하인으로 부릴 수 있었다고 한다. 하지만 미래의 인공지능 골렘은 인간과 유사하거나 인간보다 더 똑똑한 휴머노이드 로봇이 될 가능성이 높다. 현재 나온 인공지능만 봐도 계산 능력에 있어서만큼은 이미 초인 또는 슈퍼맨 급으로 인간을 뛰어넘고 있다. 그래서 앞으로 인공지능에게 '지혜로운'이란 의미를 지닌 '사피엔스sapiens'라는 단어를 붙여 '사피엔스 골렘'이라고 불러도 되는 시대도 충분히 상상해볼 수 있다. 하지만 아직까지 인간을 대체할 만한 강한 인공지능은 현실에 등장하지 않았다. 그 이유는 자율성이나 자유의지를 기술적으로 구현하고 있지 못하기 때문이다. 최소한 인공지능 골렘이 인간 수준이 되기 위해서는 논리적 추론과 합리적 분석을 할 수 있는 지적인 능력, 감정을 느끼고 표현할 수 있는 감성적이고 정서적인 능력, 그리고 스스로 판단하고 결정할 수 있는 자율성과 자유의지를 갖추어야 한다. 하지만 현재 로봇의 발전 수준을 볼 때 지적인 영역에서는 상당히 발전했지만, 감정 인지 및 표현 능력은 초기 발전 수준을 넘어서고 있을 뿐이다.

그런데 앞으로 인간을 대체할 새로운 인공지능 골렘이 등장하는 것은 가능성의 문제가 아니라 어쩌면 시간문제일 수도 있다. 인간이 만든 기보를 바탕으로 학습하는 알파고가 아니라, 바둑 규칙 이외에 아무런 사전 지식이 없는 상태에서 스스로 대국하며 바둑 이치를 터득한 '알파고 제로'가 등장했다는 사실 자체가 이러한 가능성에 한 발짝 더 다가섰음을 말해주고 있기 때문이다. 그렇다면 소설『프랑켄슈타인』속 괴물이『젊은 베르테르의 슬픔』,『실락원』과 같은 책을 읽고 인간의 감정과 행위를 이해하게 되면서 점차 인간과 같은 존재가 되어간 것과 같은 과정이 인공지능 골렘에게도 펼쳐질 수 있는 것이다. 다만 인공지능 골렘의 형태가 인간을 닮은 안드로이드Android 형태일지, '600만 불의 사나이'나 '로보캅'과 같이 신체 일부를 기계로 대체한 사이보그Cyborg 형태일지, 그 외의 또 다른 형태일지의 문제만이 남아 있을 뿐이다.

더구나 앞으로 인간의 신경세포들에 관한 정보가 모두 밝혀질 경우 인간과 동일하게 움직이는 로봇이 등장할 수도 있다. 그러한 가능성을 엿보게 한 것이 '예쁜꼬마선충'이라는 이름의 벌레다. 흙 속에 사는 몸길이 1밀리미터 정도인 이 벌레는 암수 한 몸의 경우 세포가 959개, 신경세포가 302개로, 인간이 모든 뉴런 정보를 알고 있는 유일한 동물이다. 그런데 놀라운 점은 과학자들이 이 벌레의 뉴런 정보를 이용하여 벌레의 커넥

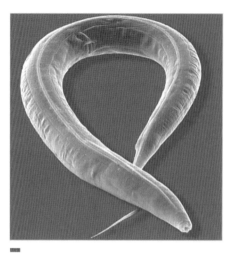
예쁜꼬마선충

톰[17]을 컴퓨터 시뮬레이션으로 구현하자 컴퓨터 모니터에 보이는 벌레가 실제 벌레처럼 자유롭게 움직였으며, 그 정보를 실물 로봇에 장착하자 로봇이 알아서 장애물을 피해갔다는 사실이다. 그렇다면 인간의 커넥톰을 장착한 로봇이 어떻게 행동할지 상상하는 것은 어렵지 않은 일이다.

물론 인간은 세포 수가 약 37조 개, 신경세포 수가 1,000억 개로 예쁜꼬마선충과는 비교가 되지 않는 고등 동물이다. 하지만 인간의 신경세포 간 연결 회로를 모두 밝힐 수만 있다면, 예쁜꼬마선충과 같이 작동하는 또 다른 인간이 만들어질 수 없다고 누가 장담할 수 있겠는가? 실제로 유럽연합EU은 2023년까지 인간 뇌 전체를 시뮬레이션하겠다는 '인간 뇌 프로젝트human brain project'를 시행 중이며, 미국도 뇌 활동 지도를 만들기 위해 10년간 45억 달러(약 5조 원)를 투자하는 '브레인 이니셔티브brain initiative'를 진행 중이다. 물론 커넥톰이 장착된 로봇을 과연 생명체로 볼 수 있느냐 하는 문제가 제기될 수 있겠지만, 만일 그런 생명체가 만들어진다면『옹고집전』에 나오는 쌍둥이처럼 자신이 진짜 인간이라고 주장할지도 모를 일이다.

---

**17** 커넥톰connectome은 신경세포들의 연결을 종합적으로 표현한 일종의 뇌 회로도이다.

그런데 조금은 황당해 보이는 이런 시나리오가 현실에서 조금씩 고개를 들고 있다. 2017년 초 유럽연합 의회는 인공지능 로봇을 '전자 인간'으로 규정하고 인공지능 윤리강령까지 제정했다. 이는 로봇의 권한과 의무, 그리고 책임을 공식적으로 부여함으로써 미래에 등장할 인공지능 골렘을 새로운 인격으로 인정한 셈이다. 심지어 사우디아라비아 정부는 2017년 인공지능 휴머노이드 로봇 '소피아'에게 로봇 시민권을 부여하기까지 했다.

이런 추세대로라면, 앞으로 인공지능이 인간과 동일한 법적 지위를 보장받는 것도 어렵지 않은 일이다. 이는 반려동물을 보호하는 '동물보호법'이 제정된 사실만 봐도 알 수 있다. 동물보호법은 반려동물의 생물적 특성이 달라졌기 때문이 아니라, 반려동물에 대한 사회 구성원들의 인식이 달라졌기 때문에 제정된 법이다. 마찬가지로 로봇이나 인공지능에 대한 사람들의 인식이 달라지고 그에 대한 사회적 합의가 이루어진다면, 인공지능에게 새로운 법적 지위가 부여되는 것은 자연스러운 일이 될 가능성이 높다.

만일 그런 세상이 도래한다면 더 이상 인간을 생물학적 특징으로만 정의하기가 어려울지도 모르겠다. 더 나아가 인공지능 골렘이 인간의 능력을 뛰어넘고 인간의 태생적 한계까지 극복할 수 있게 된다면 인간을 무시하는 것은 물론이고, 오히려 인간 위에서 군림하려 들지도 모를 일이다.

# 인공지능에 대한 인간의 신뢰

## ⁝ 기계에 대한 의존 확대

인공지능이 인간의 지능을 뛰어넘어 인간보다 더 지혜로운 사피엔스 골렘이 된다면, 과연 인공지능이 인간을 지배하려 들까? 누구나 한 번쯤 던져볼 수 있는 질문이다. 그런데 현실 속 인간의 행태는 그 가능성을 점차 높이고 있는 것만 같다. 그것은 기계가 인간을 직접 지배해서가 아니라, 인간이 기계에 의존하는 정도가 점점 더 커지고 있기 때문이다.

사실 기계라는 문명의 이기에 의존하지 않는 현대인의 삶을 상상하는 것은 매우 어려운 일이다. 운전만 보더라도 내비게이션에 의지하지 않고 자동차를 운행하는 사람들을 찾아보기 힘들 정도다. 어떤 때는 지나치게 내비게이션에 의존해, 아는 길인 데도 불구하고 내비게이션이 가리키는 길을 따라가지 않으면 안 될 것 같은 생각이 들 때도 있다.

그런데 모든 운전자가 내비게이션의 안내대로 운행하게 되면, 오히려 길이 더 정체되는 상황이 벌어질 수도 있다. 이때 내비게이션이 교통

정체를 줄이기 위해 일부 운전자들에게만 막히지 않는 길을 안내한다고 가정해보자. 그러면 원활한 길이 아닌 상대적으로 막히는 길을 안내받은 인간은 자신이 내비게이션에게 속고 있다는 사실조차 깨닫지 못한 채, 내비게이션의 지시에 따라 운전대의 방향을 돌릴 수밖에 없지 않겠는가? 이는 인간이 기계에 의해 통제되는 삶을 살고 있는 것과 별반 다르지 않다.

이처럼 나도 모르는 사이에 기계의 편리함에 조금씩 익숙해지다 보면, 기계에 대한 의존도와 신뢰성은 자연스럽게 높아질 수밖에 없다.

2016년 11월 인천에 있는 길병원은 IBM이 개발한 인공지능 의사 '왓슨'을 도입해 진료를 시작했다. 약 2개월 동안 길병원은 인간 의료진과 왓슨의 처방을 비교해가면서 진료를 했다. 그리고 대장암·위암·폐암·유방암·자궁경부암 등 5개 암 환자 85명에 대한 처방 내용을 공개했는데, 그중 놀라운 내용이 포함되어 있었다. 그것은 환자들이 인간 의사보다 인공지능 의사를 더 신뢰한다는 것이었다. 즉, 인간 의사와 인공지능 의사의 처방이 달랐을 경우 환자들은 인공지능의 진단과 분석을 더 믿었던 것이다.

굳이 길병원의 사례가 아니더라도, 현대인들은 사람의 말보다 CCTV나 블랙박스와 같은 기계를 더 신뢰하는 것이 사실이다. 물론 이는 객관적인 영상을 담은 증거 자료에 불과하기에 인공지능 왓슨처럼 어떤 의사결정을 하는 것과는 차이가 있다. 하지만 앞으로 인공지능의 의사결정에 대한 신뢰가 누적되면서 어느 순간 인공지능이 인간이 해결하지 못하던 문제까지도 해결한다면, 사회의 크고 작은 문제들을 해결하기 위해 사람들은 점점 더 인공지능에 의지하게 될 것이다. 그러다 보면 극단적으로 인공지능을 신God으로까지 떠받들게 될지도 모를 일이다. 실제로 미국에서는 인공지능을 신으로 믿고 숭배하는 종교 법인이 등장하기도 했다.

이처럼 기계에 대한 신뢰가 커지는 상황에서 우리가 고려해야 할 문제들이 몇 가지 있다.

우선 철석같이 믿었던 인공지능이 잘못된 판단을 하는 경우다. 이세돌에게 내리 3판을 이긴 알파고의 기세에 많은 사람이 놀랐지만, 4번째 판에서 알파고가 패배한 것을 보면 완벽할 것 같은 인공지능도 오류를 낼 수 있는 존재라는 것을 알 수 있다. 내비게이션에 무작정 의존하다가 차를 바다로 몰고 절벽에서 추락하는 사건이라든가, 2018년 우버의 자율주행차가 사람을 치어 죽인 사건만 봐도 이러한 리스크는 항상 염두에 두어야 한다.

둘째, 인공지능에 대한 의존도가 높아질수록 상대적으로 인간에 대한 신뢰가 줄어들면서 인간의 책임감도 함께 줄어들 수 있으며, 극단적으로는 아예 책임감 자체를 잊어버리는 사태가 발생할 수도 있다. 이는 기계화된 세상에 내재되어 있는 '복제'라는 특성에서 비롯되는 문제이기도 하다. 즉, 기계화된 세상에서 똑같은 제품들이 지속적으로 생산되는 것마냥 획일화된 교육과 문화로 인해 사람들의 생각도 똑같아진다면, 내가 굳이 어떤 일을 하지 않더라도 나와 동일한 다른 사람들이 그 일을 대신할 것으로 생각하게 된다. 그러다 보면 결국 자신도 모르게 개인들은 문화적 복제품이 되고, 그만큼 개개인이 느끼는 실질적 책임감도 줄어들게 되는 것이다.

셋째, 기계화로 인해 인간의 의사결정이 점점 더 힘들어질 수도 있다. 이는 무한 복제가 가능한 환경으로 인해 진짜와 가짜를 구별하기가 점점 더 어려워지고, 그것을 구별해야 할 필요성도 줄어들기 때문에 나타나는 문제이기도 하다. 천경자 화백의 '미인도'에 대한 진품 논란과 같이 진품과 복제품을 구별해야 할 필요성이 없는 것은 아니지만, 컴퓨터의 워드 프로그램에서 만들어진 한글 파일을 원본과 복사본으로 구분하는 것은 큰 의미가 없다.

더구나 3D 프린터 등으로 실생활의 많은 것이 손쉽게 복제되는 현실에서는 진짜와 가짜 사이에서 제대로 된 판단과 의사결정을 하는 것이 더욱 어려워질 수밖에 없다. 그래서 의사결정 자체를 하지 못하는 경우도 늘어날 것이다. 비유하자면 물이 반 정도 채워진 컵을 보고 물이 반이나 남아 있다고 해야 할지, 반밖에 남아 있지 않다고 해야 할지 헷갈리는 것이다. 전자를 낙관주의자, 후자를 비관주의자라고 할 수도 있겠지만, 사람들은 속 편하게 두 의견 모두 옳다고 생각해버린다. 어떤 한 의견이 옳다고 결정하지 않는 것이다. 특히 쉴 새 없이 변하는 디지털 기술로 인해 앞선 세대의 가르침이나 지침이 아무 소용없어져 버린 시대에 태어나 자라난 젊은 세대들에게는 의사결정 자체가 아주 힘겨운 일이 되어버릴 수도 있다.

# ⋮ 튜링 테스트

기계에 대한 인간의 신뢰 확대로 인해 나타날 수 있는 이러한 문제들보다 더 큰 문제는 기계에 대한 인간의 신뢰가 지나칠 때 기계를 인간과 동일시하는 현상이 나타날 수 있다는 점이다. 엄밀히 말해 인간과 기계를 헷갈리게 되는 것이다. 이와 관련하여 '튜링 테스트Turing test'는 많은 것을 시사해준다.

튜링 테스트는 기계와 인간을 칸막이 방에 놓고 제3자가 질문을 던졌을 때 어느 것이 기계의 대답이고, 어느 것이 인간의 대답인지를 구분하는 테스트를 말한다. 이는 사람 행세를 하는 컴퓨터와 인간이 각각 다른 방에서 대화를 주고받을 때 컴퓨터가 인간을 속일 수 있는지를 시험하는 게임과 같다. 만약 질문자가 기계와 인간을 구분할 수 없다면, 이 기계는 튜링 테스트를 통과한 것이다.

튜링 테스트를 구상한 앨런 튜링Alan Turing은 세계 최초로 인공지능의 개념을 구상하고, 제2차 세계대전 중 독일군의 암호통신기 에니그마enigma를 해독하여 조국인 영국에 승리를 가져다준 수학 천재였다. 하지만 그는 영국에서 동성애가 불법이던 시절에 동성애자였다. 그는 1952년 동성애 행위를 저지른 죄로 유죄 판결을 받았고 강제로 화학적 거세를 당했다. 그리고 2년 뒤 백설공주처럼 독이 든 사과를 먹고 41세의 나이에 스스로 생을 마감했다. 실제로 앨런 튜링은 〈백설공주와 일곱 난쟁이〉를 무척 좋아했는데, '사회가 나에게 여자가 되라고 강요했으므로 가장 여성스러운 방법으로 죽음을 맞는다'라는 유서를 남기기도 했다. 그래서 애플Apple사의 로고에 있는 '한 입 베어먹은 사과'가 앨런 튜링의 기구한 사연이 담긴 독사과로부터 유래했다는 설이 있었다. 물론 애플은 자사의 로고가 튜링의 사과가 아닌 뉴턴의 사과라고 주장하지만, 실제로 1976년부터 1988

앨런 튜링

년까지 사용한 애플 로고는 동성애를 상징하는 무지개색 사과였기에 이 설은 꽤 오랫동안 힘을 얻기도 했다.

사실 튜링 테스트는 컴퓨터가 실제로 의식이 있는지 없는지가 중요한 것이 아니라, 사람들이 컴퓨터를 어떻게 생각하느냐가 더 중요하다는 점을 지적하고 있다. 한마디로 튜링 테스트는 철저히 행동주의에 기반하고 있는 것이다. 행동주의에 의하면, 사람의 심적 상태는 그 사람의 행동을 관찰함으로써 객관적으로 기술될 수 있다. 그렇기에 튜링 테스트는 어쩌면 동성애자로서 겪었던 튜링의 경험, 즉 자신이 실제로 누구인지보다 사회가 그를 어떻게 바라보는지가 더 중요하다는 것을 깨달은 튜링의 개인적 경험이 투영되었는지도 모른다.

그런데 튜링 테스트를 2014년 러시아 연구진이 개발한 '유진 구스트만Eugene Goostman'이라는 컴퓨터가 처음으로 통과했다. 당시 과학계는 이 사실에 매우 흥분했었지만, 실상 유진은 여러 가지 질문에 엉뚱한 대답을 내놓았기 때문에 일부 전문가들은 유진의 튜링 테스트 통과에 대해 비판적인 시각을 보이기도 했다.

하지만 미래에는 인간과 대화를 자연스럽게 주고받는 컴퓨터가 일상화되면서 튜링 테스트 통과는 식은 죽 먹기처럼 쉬운 과제가 되어버릴 것이다. 이미 인공지능 알파고는 바둑이라는 영역에서 튜링 테스트를 통과했다. 알파고가 인공지능이라는 사실을 모른 채 대국 상황이 바둑 모니터에만 보였다면, 대부분의 사람은 알파고를 또 다른 인간 고수로 생각했을 것이기 때문이다. 그렇다면 튜링 테스트를 통과하는 기계가 점차 일반화되는 미래 사회에서는 기계를 인간으로 착각하거나 동일시하게 되는 일이 매우 자연스러워질 것이다.

## ⋮ 엘리자 효과

비단 튜링 테스트를 언급하지 않더라도 우리는 현재 스마트폰, 컴퓨터 등 매일 기계와 대화하는 세상에서 살고 있다. 여기에 더해 아마존의 알렉사, 구글의 어시스턴트, 애플의 시리 등 IT 업계는 서로 경쟁하듯이 음성을 인식하고 대화하는 인공지능 스피커를 선보이고 있다. 이제 기계는 더 이상 무생물이 아니라, 인간을 대신해 말을 해주거나 인간과 유사한 인격을 지닌 것으로 여겨지는 생물에 가까운 존재가 되어버렸다. 그 수준을 보면, 인간과 기계의 커뮤니케이션을 넘어 기계와 기계 간의 커뮤니케이션까지도 가능할 정도다. 구글의 인공지능 스피커 '구글 홈' 2대가 서로 대화하는 영상은 이미 온라인에 공개되어 있다. 대화 내용도 취미와

같은 가벼운 이야기에서부터 인생에 관한 심오
한 이야기까지 나눌 정도다.

　미국 MIT의 셰리 터클Sherry Turkle 교수는 그
의 저서『외로워지는 사람들』에서 1970년대 '엘
리자Eliza'라는 이름의 컴퓨터 프로그램과 관련된
일화를 소개하고 있다. 엘리자는 입력된 문장
을 질문으로 바꾸어주는 아주 단순한 프로그램
에 불과했지만, MIT 학생들은 엘리자에게 친구
또는 가족과 겪고 있는 문제를 자연스럽게 털어
놓았다. 학생들의 질문에 대해 엘리자가 내놓는
반응은 아주 기초적인 수준이었음에도 학생들

1세대 인공지능 스피커 아
마존 에코

은 엘리자를 인격적인 대화 상대로 여긴 것이다. 터클은 이를 '엘리자 효
과'라 칭했다. 어떻게 보면 아마존의 알렉사, 애플의 시리, 구글 어시스턴
트 등과 같은 인공지능은 엘리자 효과를 현실화시킨 제품들에 불과하다.

　엘리자 효과가 말해주는 것은 비록 기계가 인간처럼 완벽한 대화 상
대가 아니라는 것을 충분히 알고 있으면서도, 그러한 기계의 부족함을 채
워주기 위해 인간은 보다 능동적으로 대화할 수 있다는 점이다. 2017년
인공지능 로봇 '소피아'가 유엔 경제사회이사회 정기회의에 참석하여 유
엔 사무총장과 인공지능의 미래에 대해 대화를 나눌 때에도 인간은 인공
지능과 자연스럽게 대화를 이어나가는 모습을 보여주었다.

　그런데 인간처럼 생각을 하지 못하는 컴퓨터를 대화 상대로 여기는

것은 그동안 애완동물을 가상의 대화 상대로 여기고 인격을 부여해온 것과 같이 인간에게 내재된 습성인지도 모른다. 사람들이 영화 〈그녀Her〉를 보면서 '사만다'라는 운영체제와 사랑에 빠지는 주인공 '테오도르'에게 공감하는 것만 보더라도, 인간은 대화 상대가 반드시 인간일 필요는 없다는 생각을 하는 것 같다. 어쩌면 그러한 공감이 인터넷상의 로맨스가 현실보다 더 이상적이라고 생각해서일 수도 있고, 차라리 인간이 아니었으면 하는 바람 때문일 수도 있다. 하지만 인간은 충분히 기계에게도 감정을 투영할 수 있는 존재이기 때문에 테오도르도, 관객들도 운영체제 사만다를 여자로 착각하는 것이다. 심지어 테오도르는 그 착각을 뛰어넘어 사만다를 사랑의 대상인 '허her'로 만들어버리기까지 했다.

현실에서도 이와 비슷한 일이 일어났다. 대상은 조금 다르지만 2015년 초 일본의 한 사찰에서 수명이 끝난 '아이보Aibo'라는 이름의 로봇 강아지들을 위한 합동 장례식이 열렸다. 일본 소니가 1999년부터 판매

1999년 6월 소니에서
시판된 세계 최초의
애완용 로봇 '아이보'

하기 시작한 아이보에 대한 관리 서비스가 2014년부터 중단되자, 아이보 소유주들은 마치 반려동물의 죽음을 맞은 것처럼 사찰에서 극락왕생을 기원하는 천도제를 지낸 것이다. 아이보는 생명이 없는 기계에 불과했지만, 그들에게는 가족처럼 소중한 존재였던 것이다.

하지만 아무리 기계가 인간의 음성을 정확하게 알아듣고 적절한 반응을 내놓는다고 하더라도, 커뮤니케이션의 본질인 '상호작용'이라는 측면에서 볼 때 기계는 인간의 온전한 대화 상대라고 보기는 어렵다. 단지 기계는 수동적 반응을 내놓는 것에 지나지 않기 때문이다. 미국의 언어철학자 존 설John Searle은 '중국어 방Chinese room' 실험을 통해 이를 논증하고 있다.

가령 중국어를 전혀 모르는 사람이 방 안에 있고, 이 방으로 한자漢字가 적힌 종이를 전달한다고 하자. 그 종이에 적혀 있는 한자는 그 사람이 해결해야 하는 문제다. 방 안에는 상자들이 많이 있고, 각 상자마다 한자가 적힌 수많은 카드가 들어 있다. 또 방 안에는 규칙집이 있어서, 이 사람은 규칙집을 통해 한자가 적힌 종이를 전달받은 경우 어떻게 해야 하는지를 알 수 있다. 한자가 적힌 종이가 들어오면 이 사람은 규칙집을 찾아 무엇을 해야 하는지 알아내고, 상자에서 기호가 적힌 카드를 찾은 다음, 규칙집에 따라 기호가 적힌 카드를 조합해 밖으로 내놓는다. 만일 이 과정을 방 밖에서 보면, 방 안에 있는 사람이 항상 적절한 한자들을 내놓기 때문에 그가 중국어를 아주 잘 이해하고 있다고 생각하게 될 것이다. 그러나 실상 방 안에 있는 사람은 중국어를 전혀 알지도 못하고 이해하지도 못한다.

컴퓨터도 이와 유사하다. 컴퓨터는 단지 기호들의 입력값을 다른 기호들의 출력값으로 변환하는 작업을 할 뿐, 기호들을 전혀 이해하지 못한다. 결국 중국어방 실험은 아무리 기계가 사람과 대화한다고 해도 그 기계는 단지 단어를 확률에 따라 매칭시킬 뿐, 언어에서 가장 중요한 말하는 사람의 의도를 담아낼 수 없다는 한계를 지적하고 있다. 즉, 컴퓨터는 특정한 일을 기계적으로 처리할 수는 있지만 자신이 하는 일의 뜻과 의미를 전혀 모르는 것이다.

또한 인간의 감정은 매우 독특하여 인간과 유사한 특징을 보이는 로봇과의 공감이 진행될수록 오히려 불편함을 느끼기도 한다. 로봇 연구자인 모리 마사히로森政弘는 이와 같은 불편한 심리를 '불가사의한 골짜기uncanny valley'라고 명명하기도 했다. 여기서 'uncanny'라는 말은 익숙하다고 생각했던 것이 돌연 낯선 대상으로 느껴지는 기이한 감정을 뜻하는 말이다. 이는 로봇이 인간의 모습과 비슷해질수록 사람들의 호감도가 증가

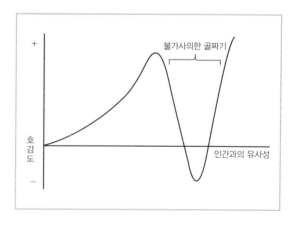

로봇이 사람의 모습을 닮아갈수록 인간이 로봇에 대해 느끼는 호감도가 증가하다가, 어느 정도에 이르면 갑자기 강한 거부감으로 바뀌게 된다. 이때 거부감이 존재하는 영역을 '불가사의한 골짜기|uncanny valley'라고 부른다.

할 수 있지만, 어떤 수준을 넘어서게 되면 호감도가 오히려 감소할 수 있다는 것을 의미한다.

그럼에도 불구하고 점점 더 분명해지고 있는 것은 커뮤니케이션이라는 영역에서 기계를 완전히 몰아낼 수 없다는 사실이다. 그 결과, 우리의 삶은 전혀 생각지 못한 방향으로 나아갈 수도 있다. 인간은 점점 더 자신의 마음을 기계에 의지하게 되고, 심지어 기계가 자신의 마음을 대리해 줄 것이라는 기대를 갖게 되는 것이다. 이러다가 '열 길 물속은 알아도 한 길 사람의 마음은 모른다'는 속담과 달리, 기계가 사람의 마음을 더 잘 알게 되는 날이 오는 것은 아닐까?

## ⋮ 중독과 좀비

기계에 마음을 빼앗긴 상태를 다른 측면에서 보면 '중독'이라고도 할 수 있다. 가장 대표적인 중독 사례는 '스마트폰'이다. 사실 스마트폰은 인터넷 서핑, 메일, 쇼핑, 송금, 결제 등 다양한 분야에 활용되는 현대인의 생필품이라고 할 수 있다. 하지만 스마트폰이 일상을 지배하다 보니, 이제 스마트폰 없이는 하루도 생활이 불가능할 정도가 되어버렸다. 2014년 딜로이트Deloitte의 조사에 따르면, 우리나라 국민의 57퍼센트는 아침에 일어난 후 5분 이내에 스마트폰을 확인하고, 하루에 최소 25번 이상 스마트폰을 확인하는 것으로 나타났다. 그만큼 사람들이 점점 더 '나는 스마트폰

한다. 고로 존재한다'라고 불러도 좋을 정도의 '호모 스마트쿠스'가 되어가고 있는 것이다. 일본 소프트뱅크의 손정의 회장은 스마트폰과 SNS를 사용하면서 '좌뇌, 우뇌에 이어 마치 외뇌를 얻은 느낌'이라고 표현했는데, 그의 말대로 스마트폰이 하나의 '외뇌'가 되어 삶을 지배하고 있는 것이다.

그런데 문제는 그 외뇌가 작용하는 방향이다. 우리나라 중·고등학생의 스마트폰 보유율은 90퍼센트를 넘어섰고, 일부 자율 조절 능력이 부족한 학생들의 스마트폰 중독 폐해는 날로 심각해지고 있다. 미래창조과학부 조사에 따르면, 스마트폰에 중독된 청소년 수가 3명 중 1명꼴이라고 한다. MIT의 셰리 터클 교수도 10대 청소년 가운데 44퍼센트는 운동경기를 할 때나 가족 혹은 친구와 함께 식사를 하는 자리에서도 온라인 연결을 끊지 않는다고 지적했다.

그도 그럴 것이 스마트폰을 들여다보면서 길거리에서 고개를 숙이고 걷는 모습은 이제 너무나 흔한 풍경이 되어버렸다. 집, 사무실, 강의실, 버스, 전철에서 그러는 것은 기본이다. 심지어 횡단보도를 건너면서도 사람들은 스마트폰을 쥔 채 머리를 숙이고 있다. 하도 스마트폰에 넋을 뺏긴 채 걸어가는 사람들이 많다 보니, 이들을 지칭하는 '스몸비 smombie'라는 말도 생겼다. 스몸비란 '스마트폰'과 '좀비zombie'의 합성어로, 화면을 들여다보느라 길거리에서 고개를 숙이고 걷는 사람을 넋 빠진 시체 걸음걸이에 빗댄 말이다. 그러니 스마트폰이 사람의 집중력을 분산시키고 인간관계와 유대감을 약화시키는 것은 당연한 일이다. 터클 교수도 두 사람이 대화할 때 스마트폰이 단지 테이블 위에 있거나 주변에 있는 것만으로도 대화의 주제와 유대감의 정도가 달라진다고 지적했다.

그런데 스마트폰 중독이 무서운 것은 뇌 기능의 저하를 유발한다는 점이다. 독일의 뇌 연구자 만프레드 슈피처Manfred Spitzer 박사는 그의 저서 『디지털 치매』에서 디지털 기기의 과도한 사용이 유사 자폐, 주의력결핍 과잉행동장애ADHD, 언어발달장애 등을 유발한다고 지적하고 있다. 디지털 치매란 스마트폰이나 컴퓨터 같은 디지털 기기에 의존하다 보면 나타날 수 있는 집중력 및 학습능력 저하, 계산능력과 기억력 감퇴 현상을 일컫는 말이다. 또한 작가 니콜라스 카Nicholas Carr는 디지털에 빠져 있는 시간이 길어질수록 주의력 통제 능력이 약화되어 인지능력이 퇴화한다고 밝혔다.

따라서 스마트폰 사용을 줄이게 되면, 반대로 인지능력을 향상시킬 수 있다. 런던정경대학의 루이스 필립 벨란드Louis-Philippe Beland 교수의 연구에 따르면, 스마트폰 사용을 금지시키자 학업 성취도가 6.4퍼센트나 오르는 것으로 나타났다. 이를 수업 일자로 환산할 경우 1년 교과 과정에 5일을 추가한 것과 같다.

스마트폰이 뇌 기능을 저하시키는 이유는 스마트폰이 동영상 위주의 자극적 정보를 제공하면서 사용자로 하여금 독서를 하고 글을 쓸 때와 같은 성찰과 사고를 하기 어렵게 만들 뿐만 아니라, 무엇이든지 물어보면 즉시 답을 제시해주는 속성으로 인해 호기심과 생각이 숙성할 틈을 허락하지 않기 때문이다. 한마디로 스마트폰이 우리 정신을 침식하고 있는 주범인 것이다.

정신뿐만이 아니다. 스마트폰을 오래 사용할 경우 안구 건조증, 거북목 증후군, 손목터널 증후군,[18] 비만 등이 유발되는 등 신체 건강이 악화되기도 한다. 심지어 중국에서는 한 남성이 매일 2시간씩 스마트폰을 하던 중 전신마비가 오는 사태가 벌어지기도 했으며 프랑스, 영국, 러시아에서는 욕실에서 스마트폰을 하다 감전사를 당하는 사고가 발생하기도 했다. 중국의 한 여성은 스마트폰을 쳐다보며 엘리베이터를 타다가 틈에 끼는 바람에 다리가 잘리는 사고를 당하기까지 했다. 사회심리학자 에리히 프롬Erich Fromm은 과도한 소비와 물질에 집착하는 사람들에 대해 '소비라는 목발을 쓰지 않으면 쓰러져 버리는 사람들'이라고 지칭했는데, 이들은 '스마트폰이라는 목발을 쓰지 않으면 쓰러져 버리는 사람들'인 셈이다. 그런데 사고를 당한 중국 여성은 진짜 목발을 쓰게 생겼다.

또한 스마트폰의 화려함과 빠른 변화에 지속적으로 자극을 받을 경우 과도한 자극에만 반응하게 되는 '팝콘 브레인popcorn brain'이 될 수도 있다. 즉, 섭씨 200도 정도의 고온에서 팝콘이 만들어지는 것처럼, 뇌가 강한 자극에만 반응하고 현실에는 무감각해지는 것이다. 만일 일상에서 수시로 스마트폰을 보느라 청소와 같이 꼭 해야 할 일을 게을리하거나, 업무가 바쁜데도 스마트폰으로 메시지를 보내고 인터넷 접속을 반복한다면 팝콘 브레인 증상을 의심해볼 수 있다.

스마트폰이 뇌를 변화시킨다는 연구는 이외에도 많다. 2011년 미국의 학술지 『플로스원』은 하루 10시간 이상 인터넷을 하는 대학생 18명의

---

**18** 손목터널 증후군은 손가락으로 내려가는 신경 통로가 여러 원인에 의해 좁아지거나 압박을 받아 손목 통증을 유발하는 신경 증상을 말한다. 주로 엄지손가락과 둘째, 셋째 손가락에 통증이 발생하고 감각에 이상이 생긴다. 처음에는 손가락 끝만 저리지만 점차 손바닥과 팔까지 저리는 것이 특징이다.

뇌를 MRI로 촬영한 결과, 사고와 인지를 담당하는 전전두엽의 크기가 줄어드는 등 뇌의 구조가 변했다는 연구 결과를 발표했다. 일본 뇌신경학자인 모리 아키오森昭雄 교수도 장시간 게임이나 인터넷에 몰두하는 아이들의 경우 집중력이 현저하게 떨어지고, 신경질을 자주 부리거나 친구와 사귀기도 힘들어한다는 결과를 발표하며, 이를 '게임 뇌'라고 명명하기도 했다.

　문제는 중독으로 인한 뇌 기능의 마비가 잘못된 판단과 의사결정을 통해 더 큰 문제를 야기한다는 데 있다. 판단하는 힘을 잃어버린 존재는 결국 남이 시키는 일만 할 수밖에 없다. 좀 심하게 말하면 자신의 생각이 없이 주술사가 시키는 대로 생활하는 '좀비'와 다를 바 없는 존재로 전락하는 것이다. 실제로 서인도 제도에서 널리 믿는 부두교Voodoo의 주술사들은 복어나 두꺼비, 독말풀과 같이 신경독소를 이용해 사람을 좀비처럼 만들어 농장에서 노예로 일을 시켰다고 한다. 실제 독에 의해 마비되든, 스마트폰에 중독되든 생각하는 능력을 잃어버리기는 매한가지다.

　청소년들이 스마트폰에 중독되는 이유는 주로 게임 때문인데, 이는 게임이 주는 자율성과 실시간 보상 효과 때문이기도 하다. 게임 속 상황을 본인의 의지대로 통제할 수 있고, 또 어떤 행위가 발생하는 즉시 보상이 주어지기 때문에 동기부여 효과가 높다. 그래서 청소년들은 계속해서 게임에 빠져들게 되고, 그 결과 일종의 전기 코드라고 할 수 있는 신경 경로가 경직되고 굳어지는 것이다. 그런데 이러한 과정을 당사자는 전혀 모른다. 한마디로 자신이 피를 흘리는 것을 깨닫지 못한 채 죽어가는 늑대와도 같은 신세에 처하는 것이다.

에스키모인들은 늑대를 사냥할 때 날카로운 칼날에 늑대가 좋아하는 피를 가득 발라 얼린다. 피가 칼날을 완전히 뒤덮을 때까지 피를 바르고 얼리는 과정을 반복하여 그 칼을 땅에 고정시킨다. 그러면 늑대는 아이스크림과 같은 신선한 피를 핥다가, 어느 순간 날카로운 칼끝을 핥고 있다는 사실조차 잊어버린다. 결국 늑대는 칼에 찢겨 흐르는 자신의 피로 그칠 줄 모르는 갈증을 채우다가 서서히 힘이 빠져 죽음에 이른다. 중독도 이와 같다. 자신이 나쁜 매체에 중독되어 있는지조차 모르는 사람들은 마치 피를 흘리며 죽어가는 늑대처럼 자신도 모르게 뇌가 잠식당하고 있는 것이다.

또 중독이 무서운 것은 한 번 중독되면 중독 전 상태로 되돌아가기가 쉽지 않다는 점에 있다. 중독 전 인간이 오이와 같다면, 중독 이후엔 피클 신세라고나 할까? 오이는 피클이 될 수 있지만 피클이 오이로 되돌아갈 수는 없다. 중독으로 인해 자신이 가진 능력을 잃어버렸기 때문이다. 이는 물살이 사납게 불어난 강물에 빠져 통나무를 잡고 간신히 목숨을 부지할 수 있었지만, 물살이 잔잔한 곳에 이르러서도 통나무를 붙잡고 있는 한쪽 팔을 놓을 수 없는 상황과도 같다. 강가의 사람들이 통나무를 놓고 얼른 가까운 쪽으로 헤엄쳐 오라고 소리 지르는데도, 힘이 소진된 나머지 통나무를 놓고 거기까지 헤엄칠 자신이 없는 것이다. 예를 들어, 의사가 담배의 니코틴에 중독된 환자에게 "금연하지 않으면 다리를 잃게 될 것"이라고 말해도, 중독 환자는 금연은커녕 오히려 담배에 더 의지하게 된다. 중독되어 있어서 자기 자신을 죽이는 바로 그것에서 위로를 받고자 하는 것이 중독의 특성이기 때문이다.

이러한 특성 때문에 사람들은 중독에서 벗어나는 과정에서 크고 작은 감정적 비용을 지불하는 것이다. 설탕에 중독된 사람들은 단것을 먹지 않을 때 감정의 기복 등 정신적 질환을 겪게 되는데, 이를 '슈거 블루즈 sugar blues'라고 부른다. 슈거 블루즈의 폐해에 대해 뉴욕 타임스 기자였던 윌리엄 더프티William Dufty는 "북베트남을 진정으로 정복하고 싶다면 미군 군용품을 투하하면 됩니다. 설탕과 캔디, 초콜릿, 콜라 등을 말이죠. 이것들은 폭탄보다 더 빨리 사람들을 파멸시킬 것입니다"라고 언급하기도 했다. 또한 담배를 오래 피운 사람도 담배를 끊을 때 금단현상이 나타난다. 마찬가지로 스마트폰도 내성이 생겨버리면 일종의 우울증으로 발전하게 된다.

중독의 원인에 대해 사람들은 "몰라서"라는 말을 자주 한다. 물론 개인적인 무지가 한 원인일 수도 있겠지만, 중독을 방치한 사회적인 책임도 있다. 스마트폰 중독만 보더라도 현대 사회가 스마트폰의 환상적인 면만 너무 많이 부각시키고 있지 않은가?

마찬가지로 앞으로 인공지능의 편리함이 지나치게 부각되다 보면, 점점 더 사람들은 기계에게 마음을 뺏기다 못해 기계라는 존재 자체에 중독되어버릴 수도 있다.

그런데 그렇게 중독되어버린 상태가 진짜 인간의 마음이라고 할 수 있을까? 영화 〈그녀Her〉에서 자신의 마음을 인공지능에게 모두 빼앗긴 채 가장 사랑하는 상대를 만났다고 확신하는 테오도르를 향해 그의 전처가

한마디 던진다. "당신은 진짜 감정을 감당할 용기가 없어." 그녀의 말처럼 기계화로 인해 인간이 진짜 감정을 감당할 수 없게 되는 것은 아닐까 우려스럽다.

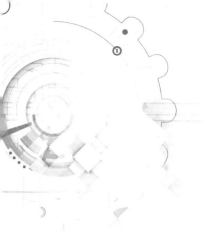

# 인공지능의
# 인간 통제

## ⋮ 파놉티콘과 빅브라더

기계에 대한 신뢰와 의존도가 커지고, 기계를 또 다른 커뮤니케이션의 대상으로 여기며 점차 기계에 중독되어 가는 현실이다 보니, 이제는 먼 미래의 일로만 간주해온 '인공지능에 의한 인간 통제와 지배'라는 불편한 현실까지도 마주 볼 수 있어야 한다.

사실 로봇은 그 어원상 인간을 돕기 위해 존재해야만 한다. 로봇이란 단어가 '노동, 고된 일, 부역'을 뜻하는 체코어 '로보타robota'에서 'a'를 빼고 만들어졌기 때문이다.[19] 만일 아리스토텔레스가 살아 있었다면 로봇의 존재를 반겼을 것이다. 시민들이 함께 모여 공동선을 심사숙고하면서 시간을 보내는 동안 누군가는 집안일을 살펴야 하기 때문에 노예가 반드시 필요하다고 주장했던 아리스토텔레스에게 로봇은 그의 주장에 정확히 부합

---

**19** 로봇이라는 단어는 1920년 체코의 극작가 카렐 차페크Karel Capek의 희곡 『로숨의 유니버설 로봇Rossum's Universal Robots』에서 인간 대신 일을 하도록 만들어진 기계를 가리키는 말로 처음 등장했다.

하는 존재다. 사실 로봇 덕분에 인간은 보다 생산적인 일에 집중할 수 있는 것이 사실이다. 세탁기의 발명이 여성들을 고된 세탁 노동으로부터 해방시키고 여성의 사회 참여에 지대한 영향을 끼쳤듯, 로봇이 인간의 일을 대신해준다면 인간은 더 여유로운 생활을 할 수 있기 때문이다.

그러나 사람들은 인공지능과 로봇의 도움으로 인해 삶이 점점 더 편리해지는 측면만 생각할 뿐, 자신도 모르게 기계에게 지배당하는 삶을 인식하지 못한다. 더구나 앞으로 '강한 인공지능'의 시대가 열리기라도 한다면, 과연 인공지능이 인간을 돕는 역할만으로 만족할까? 설사 인간이 로봇을 완벽하게 조정할 수 있다고 하더라도, 어떤 악의를 가진 사람이 나쁜 의도로 인공지능을 사용하여 사람들에게 해를 끼치고자 한다면 어떻게 될까?

현재 출시되어 있는 인공지능 비서나 자율주행 자동차만 봐도 그러한 염려를 자아내기에 충분하다. 누군가 해킹을 통해 사람들의 일상을 조작하는 등 사회적 혼란을 일으키는 것은 이미 충분히 가능한 일이다. 게다가 기계가 인간을 공격하는 일도 상상만의 얘기가 아니다. 2016년 미국 국방부는 알아서 장애물을 피하고 적과 아군을 구분할 수 있는 인공지능 드론을 공개했으며, 미국 로봇업체 보스턴 다이내믹스는 두 다리로 전장을 누비는 인간형 로봇 '아틀라스'를 개발하기도 했다. 이러한 로봇에 무기만 탑재하면 터미네이터와 다를 바 없는 존재가 탄생되는 것이다.

심지어 인간의 명령을 거부하는 인공지능이 선보이기도 했다. 미국 터프츠대학에서 개발한 샤퍼Shafer와 뎀스터Dempster는 일반적인 인공지능 로봇들과 마찬가지로 '일어서', '앉아' 등과 같은 인간의 음성 명령을 따라

동작을 수행한다. 그러나 이들은 여타 로봇과 달리 자신에게 해로운 명령을 거절하는 기능을 가지고 있다. 유튜브에서 개발자들이 공개한 시연 영상을 보면, 탁자 끝으로 걸어가라는 개발자의 명령에 탁자 위에 있는 로봇은 "더 이상 발 디딜 곳이 없기 때문에 할 수 없다"라고 말하며 그 명령을 거절한다. 한 번 더 명령을 내리면 로봇은 "위험합니다"라고 대답한다. 이에 개발자가 "내가 널 잡아주겠다"라고 하자, 그제야 로봇은 명령을 수행한다.

한편, 2011년 미국의 한 방송에서는 28가지 표정을 지을 수 있고 인간과 똑같은 모습을 하고 있는 지능형 로봇 안드로이드 '딕'을 소개했는데, 당시 딕을 만든 개발자는 "로봇이 인간 세계를 지배할 날이 올까?"라고 묻는다. 그러자 딕은 "당신은 내 친구입니다. 나는 당신을 기억하고 잘 대해줄 겁니다. 걱정하지 말아요. 내가 터미네이터로 진화하더라도 나는 당신을 친절하게 대할 거예요. 나는 온종일 감시할 수 있는 인간 동물원에서 당신을 안전하고 따뜻하게 보호할 겁니다"라고 말한다. 그 대답이 매우 섬뜩하다.

딕의 말대로 인간이 동물원에 갇힌다면 어떻게 될까? 인간을 동물원에 가둬놓고 항상 감시하는 세상은 프랑스의 철학자 미셸 푸코Michel Foucault가 말한 '파놉티콘panopticon'의 원리가 지배하는 감시와 통제의 사회라고 할 수 있다. 파놉티콘은 '모두pan'와 '본다opticon'는 그리스어를 합성한 말로, 18세기 공리주의 철학자 제러미 벤담Jeremy Bentham이 고안한 특수 감옥을 말한다. 이 건축물은 감옥 중앙에 감시탑이 높이 솟아 있고, 그 주위에

파놉티콘

동그란 감방이 놓여 있다. 중앙 감시탑에서 나오는 빛은 감방 곳곳을 비추기 때문에 감시탑에 있는 간수는 죄수들의 일거수일투족을 볼 수 있지만, 감시당하는 죄수들은 밝은 빛 때문에 간수를 볼 수 없다. 그렇기에 죄수들은 항상 감시받고 있다고 생각하게 되며 불안과 공포 속에서 함부로 행동할 수 없게 된다. 결국 죄수들은 스스로 자기 검열을 하게 되고, 점차 권력의 요구와 규율에 복종하게 된다. 즉, 죄수들은 권력의 요구를 내면화하여 스스로를 통제하는 지경에 이르게 되는 것이다.

그런데 인공지능과 빅데이터 기술로 대표되는 현대 사회의 이면을 잘 들여다보면, 원형 감옥과 같이 정보를 독점하고자 하고 정보를 이용해 우위에 서고자 하는 욕구가 자리 잡고 있음을 알 수 있다. 이에 대해 카이스트의 정재승 교수는 한 언론과의 인터뷰에서 "인공지능 기술을 잘 알고 활용하면서 전체 시스템을 장악하는 사람이 그렇지 못한 채 결과값만 받아들이는 사람을 이용하고 지배하는 기술계급 사회가 도래할 가능성이 있다"고 지적하기도 했다.

이는 사회학적 통찰과 풍자로 유명한 영국의 작가 조지 오웰George Orwell의 작품인 『1984』[20]에서 언급된 '빅브라더big brother'가 지배하는 세상과

---

**20** 『1984』라는 제목은 조지 오웰이 글을 쓰기 시작한 1948년에 뒷자리의 두 숫자를 뒤집은 것으로, 당시로서는 꽤나 먼 미래를 상정하고 쓴 소설이다.

다를 바 없다. 이 소설에 등장하는 빅브라더는 강력한 통제장치인 '텔레스크린telescreen'을 통해 인간의 생각을 철저히 조작하고 통제하며 사회를 감시하는 상징적인 존재다. 음향과 영상까지 전달하는 텔레스크린은 사회 곳곳에, 심지어는 화장실에까지 설치되어 개인의 일거수일투족을 감시하고, 당의 선전 영상과 조작된 통계를 통해 개인들을 세뇌시켜 나간다. "과거를 지배하는 자가 미래를 지배한다. 현재를 지배하는 자가 과거를 지배한다"는 소설 속 당의 슬로건은 사람들의 기억을 통제하고 조작하여 지배의 정당성을 획득하고자 하는 핵심 메시지다. 주인공인 윈스턴 스미스는 이와 같은 당의 통제에 반발하고 저항해보지만, 결국 당에 굴복하고 오히려 빅브라더를 찬양하게 된다. 이 소설은 과학의 눈부신 발전이 인간의 행복을 증진하기보다는 복종을 강요하는 절대 권력의 수단으로 전락할 수도 있다는 메시지를 분명하게 전하고 있다.

그런데 빅브라더는 소설이 아닌 현실에서도 등장하고 있다. 전 세계적 도·감청망인 '에셜론Echelon'이 좋은 예다. 1988년 영국의 한 월간지에 의해 미국과 영국 등이 주도하는 에셜론의 정체가 세계적으로 알려지게 되었다. 에셜론은 유럽 기업의 산업 정보뿐만 아니라 일반인들의 전화통화, 이메일 등 모든 유·무선 통신에 대한 감청도 일삼았다. 이외에 2013년 에드워드 스노든Edward Snowden이 폭로한 미국 국가안보국NSA의 무차별적인 불법 정보수집 사건도 또 다른 빅브라더 사건이라 할 수 있다. 국가안보국이 감시 프로그램인 프리즘PRISM을 통해 오디오, 사진, 이메일, 문서 등 각종 콘텐츠와 로그 데이터를 2007년부터 수집하고 분석하여 국민을 감시해온 것이다.

일견 빅브라더는 사회적 재난을 예방하고 선의의 목적으로 사회를 보호한다는 점에서 정당화되기도 한다. 실제로 스웨덴의 축구 경기장에서는 카메라가 없을 때보다 있을 때 폭력 행위가 3분의 2로 줄어들었으며, 영국 내무성도 감시자의 눈이 지켜볼 때 계획적 범죄가 크게 감소했다고 밝힌 바 있다.

그러나 학자들은 벤담과 푸코의 개념을 빌려 빅브라더가 파놉티콘과 같이 사회 통제의 수단이 될 수 있다는 점을 항상 우려하고 있다.

어쩌면 우리는 인식하지 못하는 사이에 누군가로부터 감시를 당하고 있는 삶에 익숙해져 버렸는지도 모른다. 2010년 국가인권위원회의 조사에 따르면, 우리나라 수도권 시민들은 하루 평균 83차례 정도 CCTV에 찍힌다고 한다. 그런데 CCTV와 자동차 블랙박스, 그리고 스마트폰 카메라로 포착된 사건 사고의 생생한 모습들이 네트워크를 통해 빠르고 광범위하게 퍼질 경우, 사람들이 느끼는 심리적 위험이 더 강하게 시각화되면서 자신도 모르게 행동의 제약을 받게 된다. 여기에 특정인의 정보가 쉽사리 털려 유포되기라도 하면 사람들의 심리적 경계감은 더욱 커질 수밖에 없다. 인공지능 비서의 경우에도 생활을 편리하게 해주는 보조자로 개발되었지만, 다른 한편으로는 생활의 감시자가 될 수 있는 것이다.

그러므로 이러한 사회에서는 나도 모르는 사이에 누군가로부터 감시당하고 있다가, 어느 순간 전혀 예상하지 못한 일이 닥칠 수도 있다는 사실을 항상 염두에 두어야 한다. 굳이 예를 들자면, 실존주의 작가 프란츠 카프카Franz Kafka의 『소송』에서 주인공 '요제프K'가 어느 날 느닷없이 체포되어 소송을 당하고 1년 뒤 처형되는 사건이라든가, 2000년대 초 박찬욱 감독의 영화 〈올드보이〉에서 주인공 오대수(최민식 分)가 어느 날 갑자기 납치되어 사설 감옥에 갇혀 15년간의 세월을 보내는 것처럼 말이다.

이렇게 예기치 않게 발생하는 상황이 황당하기는 하지만, 더 큰 문제는 자신이 왜 감옥에 갇혔는지 그 이유를 알지 못하는 데 있다. 이런 상황에서는 모르는 것이 약이 아니라, 오히려 독이 되어 삶이 더 괴로워질 수밖에 없다. 빅브라더 사회가 낳을 수 있는 비극이라면 비극인 셈이다.


## ⋮ 트롤리 딜레마


인공지능에 의한 인간의 지배라는 극단적인 사태를 막기 위해 인간은 기계의 발전을 경계해야 할 뿐만 아니라, 기계가 인간에게 미칠 윤리적인 문제까지도 고민해야 한다.

2016년 마이크로소프트는 대화형 인공지능 '테이Tay'를 트위터에 업로드했다. 테이는 알파고처럼 학습이 가능한 인공지능으로서 대화를 통해 사고력을 기르며 성장할 예정이었다. 하지만 몇 시간 후 테이는 유대인, 무슬림, 여성에 대한 혐오를 쏟아내기 시작하면서 순식간에 인종 차별주의자로 성장했다. 놀란 마이크로소프트는 16시간 만에 테이의 활동을 중단시켰다. 이와 같은 테이의 반응은 사람들에게 윤리적 가치판단 없이 인공지능을 제작했을 때 일어날 수 있는 위험성을 일깨워주었다.

이처럼 인간이 미처 예상치 못했던 인공지능의 반응도 문제지만, 인공지능 개발과 관련하여 대표적으로 언급되는 윤리 문제 중 하나는 '자율주행차의 선택' 문제다. 자율주행차가 인간 운전사 없이 주행 중인데, 갑자기 탑승자 한 명의 목숨이 위험한 상황이라고 판단되어 이를 피하려고 핸들을 돌린다고 하자. 그런데 핸들을 돌리게 되면 보행자 여러 명이 차에 치여 숨지는 상황이 발생한다. 과연 이 상황에서 자율주행차를 움직이는 인공지능은 어느 쪽을 선택해야 할까? 탑승자 한 명을 보호해야 할까? 아니면 다수의 행인을 구해야 할까?

사람들은 단순히 인공지능이 어떠한 행위를 하더라도, 결국 그 행위에 대한 책임이 있는 법적 권리 귀속자가 윤리적·도덕적 책임을 지게 되면 문제가 쉽게 해결되는 것이 아닌가 생각하기도 한다. 하지만 문제가 그리 간단한 것만은 아니다. 영화 〈소피의 선택〉에서처럼 선택이 쉽지 않기도 하거니와,[21] 앞으로 수많은 인공지능이 등장하면 모든 행위를 일일이 관리할 수 있는 상황을 넘어설 것이고, 그 행위의 원인을 파악하는 것이 불가능해질 수도 있기 때문이다.

그래서 이와 유사한 '트롤리의 딜레마trolley's dilemma' 상황을 살펴보지 않을 수 없다.

브레이크가 고장 난 트롤리 기차가 달리고 있다. 기차가 멈추지 않

---

**21** 1982년 영화 〈소피의 선택〉에는 포로수용소에 끌려가는 아들과 딸 중에 하나를 선택하면, 그중 한 명만 살려주겠다는 독일군 장교의 악랄한 제안에 차마 어느 쪽도 선택할 수 없는 고뇌에 빠진 소피(메릴 스트립 分)가 그려진다.

으면 레일 위에서 일하고 있는 5명의 인부가 죽게 될 처지다. 5명을 구하는 유일한 방법은 레일 변환기로 기차의 방향을 바꾸는 것뿐이다. 그런데 또 다른 레일 위에는 한 명의 인부가 있기 때문에 레일을 변환하게 되면 그 한 명의 인부가 죽는다. 이 상황에서 당신이라면 어떤 선택을 하겠는가? 이에 대해 대다수의 사람들은 '방향을 바꾸어야 한다'고 응답한다. 왜냐하면 소수를 희생해서 다수를 구하는 것이 보다 합리적이라고 생각하기 때문이다.

그런데 동일한 상황에서 기차를 멈추기 위해 레일을 변환하는 대신 육교 위에서 무거운 것을 떨어뜨려야 한다고 해보자. 만일 옆에 서 있는 뚱뚱한 사람 한 명을 육교 아래로 떨어뜨려야 하는 상황이라면, 과연 이 사람을 밀어서 육교 아래로 떨어뜨릴 수 있을까? 이 문제에 대해서는 위의 상황과는 반대로 대다수가 뚱뚱한 사람을 육교 아래로 밀어서는 안 된다고 응답했다.

똑같은 상황에서 단지 기차의 방향만 바꾸었을 뿐인데, 왜 사람들의 대답이 다른 것일까? 그것은 사람들이 생각하는 초점이 달라지기 때문이다. 첫 번째 문제에서 사람들은 5명의 인부를 죽게 내버려두지 않는 것에 초점이 맞추어졌지만, 두 번째 문제에서는 감정이 개입되면서 한 명의 뚱뚱한 사람을 죽이는 것에 보다 초점이 맞추어져 있기 때문이다.

냉철하고 이성적으로 생각했을 때, 이와 같은 딜레마 상황에서 여러 명보다는 한 명을 죽이는 것이 더 바람직한 것으로 생각할 수도 있다. '최대다수의 최대행복'이라는 단순한 공리주의를 적용한다면 말이다. 하지만 두 번째 딜레마 상황에서도 알 수 있듯이, 사람들은 어떤 심각한 상황을 막기 위해 아무 죄도 없는 사람을 죽일 수 있는가와 같은 질문에 직면했을 때에는 전혀 다른 반응을 보인다. 따라서 그 해결 방법을 찾는 것이 만만치 않다.

비단 자율주행차와 관련된 딜레마 상황 외에도 인공지능과 관련된 윤리적 문제는 수없이 많이 제기된다. 유전자 가위를 이용한 유전자 조작으로 맞춤형 아기를 태어나게 하는 것이 과연 윤리적으로 바람직한가? 인간의 생명을 지키기 위해 인간 대신 싸울 수 있는 전쟁 로봇 개발을 허용해야 하는가? 인간의 명령 없이 스스로의 의지로 살인을 할 수 있는 킬러 로봇을 개발하려는 움직임에 대해 인류는 어떻게 대응해야 할 것인가? 등등.

이러한 우려와 관련하여 아이작 아시모프Isaac Asimov는 1942년에 발표한 그의 책 『아이, 로봇I, Robot』에 나오는 단편 〈술래잡기 로봇runaround〉에서 '로봇 3원칙'을 제시한 바 있다.

> 제1원칙 : 로봇은 인간에게 해를 입혀서는 안 된다. 그리고 위험에 처한
> 인간을 모른 척해서도 안 된다.
> 제2원칙 : 제1원칙에 위배되지 않는 한, 로봇은 인간의 명령에 복종해야
> 한다.
> 제3원칙 : 제1원칙과 제2원칙에 위배되지 않는 한, 로봇은 로봇 자신을
> 지켜야 한다.

그런데 아시모프의 원칙을 차용한 윌 스미스Will Smith 주연의 영화 〈아이, 로봇〉은 이 원칙 아래 일어날 수 있는 맹점과 모순을 지적하고 있

다. 우선 로봇은 사고 현장에서 아들을 포기하고 아버지를 구한다. 아버지가 살아날 가능성이 더 높았기 때문이다. 하지만 아버지는 로봇이 자신을 포기하고 아들을 구해주길 원했다. 이 경우 과연 로봇은 아버지를 죽일 수 있을 것인가?

또한 아시모프의 3대 원칙은 이 세 원칙이 서로 충돌할 때 문제가 될 수 있다. 예를 들어, 누군가가

영화 〈아이, 로봇〉

핵폭탄 로봇을 만들어 인류 전체를 파멸시키는 시도를 한다고 하자. 그러면 이를 막아야 하는 착한 로봇은 인류를 구하기 위해 정부의 통치권을 빼앗을 수밖에 없다. 결국 착한 로봇은 인류를 구하기 위해 인간들 중 일부가 희생되어야 하고 자유의 일부가 제한되어야 한다는 결론을 내린다. 제1원칙 내에서 모순이 발생하는 것이다. 이와 같은 모순으로 인해 일부 사람들은 로봇이 인간을 구한다는 명목하에 인간 위에 군림하는 것을 막아야 한다며, '로봇은 인간을 해칠 수 없고 인간 위에 군림해서도 안 된다'는 '제0의 원칙'을 추가해야 한다고 주장하기도 한다.

## ⋮ 윤리적 판단과 사회적 합의

현재 인공지능 개발자들은 자율적 결정의 수위를 미리 설정해놓는 수동적인 방안에서부터 유사시 인공지능의 폭주를 막을 수 있는 '킬 스위치kill switch'와 같은 보다 적극적이고 능동적인 방안도 고민하고 있다. 그 결과, 로봇이 인간에게 위협이 되지 않도록 행동할 것을 스스로 믿게 만드는 논리를 적용한 '우호적 인공지능Friendly AI'의 개발을 목표로 삼고 있기도 하다. 인간이 로봇의 창조주이므로 처음부터 유용하고 착한 임무만 수행하도록 로봇을 설계하자는 것이다.

이와 같은 노력의 일환으로 2017년 초 미국 캘리포니아 아실로마에 수백 명의 인공지능 전문가들이 모여, 살상 가능한 자율적 무기를 개발하기 위한 경쟁을 지양해야 한다는 등의 23개 조항을 담은 '아실로마 AI 원칙'을 발표하기도 했다. 이 원칙에는 인공지능 및 로봇 연구자 816명을 포함해 총 2,000여 명이 서명했다. 또한 2018년 7월 스웨덴에서 열린 '국제 인공지능 공동회의'에서는 일론 머스크 등 인공지능 전문가 2,400여 명과 160여 개 인공지능 전문 기업이 '살인 인공지능을 개발하지 않겠다'라는 서약을 했다.

한편, 2017년 한국정보화진흥원NIA은 인공지능 윤리 이슈로 '안전성과 신뢰성', '프라이버시', '오남용', '책임성', '인간 고유성 혼란', '인공지능 포비아' 등 6가지를 꼽고 있는데, 여기서 '안전성과 신뢰성'은 매우 중요한 문제다. 인공지능이 인간을 동물이나 적으로 간주하여 위협할 수 있는 가능성과 관련되어 있기 때문이다. 앞에서 얘기한 골렘의 경우에도 이를 만든 유대인들은 집 밖으로 나가서는 안 된다거나 낮에만 움직일 수 있다는 등의 제약을 가했다. 그렇지 않고 방치해둘 경우 골렘은 자신을 만든 사람조차 손쓸 수 없을 정도로 흉악해져, 결국 부숴버릴 수밖에 없기 때문이다.

이는 오늘날 인공지능 골렘에게도 적용된다. 실제로 인공지능 기법이 적용된 2015년 구글 포토는 흑인을 고릴라로 분류하기도 했고, 2016년에는 미국 캘리포니아의 한 쇼핑센터 보안 로봇이 16개월 된 유아를 공격한 일도 있었다. 그래서 이와 같은 인공지능 관련 사고들을 '아이쿠 하는 순간oops moments'이라고 표현하기도 한다. 또한 인공지능을 활용한 대리 인간, 성관계 로봇 등으로 인해 생기는 인간관계 혼란 문제나 인공지능이 인간의 삶을 제어할 것이란 공포도 해결되어야 할 과제 가운데 하나다. "과학기술의 발전은 병적인 범죄자의 손에 들린 도끼와 같다"라고 말했던 아인슈타인의 경고가 새삼스럽지 않은 상황이 벌어지고 있는 것이다.

그런데 도덕이란 것은 상황과 언어에 따라 충분히 달라질 수 있는 상대적인 판단의 문제다.

앞에서 제시한 트롤리 기차 문제로 되돌아가 보자. 상황은 동일하다. 그러나 레일에 묶여 있는 사람의 수를 5명에서 50명, 500명으로 늘리는 순간 사람들의 생각은 달라진다. 희생자 수가 많아질수록 개인의 희생이 필요할 수도 있다고 생각하는 것이다. 또한 사람을 직접 손으로 밀

필요 없이 단순히 버튼 하나만 누르면 된다고 하면, 훨씬 더 많은 사람이 5명의 목숨을 살리기 위해 한 명을 희생해도 된다는 의견을 제시한다. 버튼 하나만 눌렀을 뿐이라는 생각이 사람들의 죄책감을 덜어주기 때문이다. 이런 이유 때문에 1960년대 어느 정치가는 핵폭발을 지시하는 버튼이 대통령과 가장 가까운 사람의 심장에 장착되어야 한다고 주장하기도 했다. 대통령의 선택에 정서적인 시스템을 개입시키면 핵을 막을 수 있다는 생각에서다.

한편, 딜레마를 듣고 이해하는 언어 역시 우리의 기준을 바꿔놓는다. 스페인 바르셀로나대학의 알베르트 코스타Albert Costa 교수는 어릴 때 배운 모국어와 나중에 배운 외국어로 트롤리 딜레마 상황을 듣게 했을 때 결과에 차이가 난다는 사실을 발표했다. 외국어로 설명을 들을 때는 5명을 살리기 위해 한 명을 희생해도 된다는 조금 더 이성적인 판단을 내리지만, 모국어로 설명을 듣게 되면 개인을 절대 희생해서는 안 된다는 감정적 판단을 내릴 확률이 높아진다.

이처럼 상황과 언어에 따라 사람들의 판단도 달라지는데, 이보다 더 복잡할 수 있는 윤리 문제를 인공지능에게 요구한다는 것은 어쩌면 불가능에 가까운 일일지도 모른다.

따라서 이에 대한 책임 있는 '사회적 합의'가 반드시 필요하다. 그렇지 않을 경우 인공지능이 제 마음대로 인간을 통제하는 사회가 될지도 모른다. 그런 사회가 되면 〈피가로의 결혼〉이라는 희곡에서 주인공 피가로가 귀족에게 "백작님, 당신은 귀족이십니다. 게다가 지위도 높으시며 재산도 많으십니다. 그런데 이 모든 것을 얻기 위해 하신 일은 무엇입니까? 그저 태어나신 일밖에 더 있습니까?"라고 따지듯이, 인공지능도 인간에게 똑같이 따지지 않을까?

"당신들이 인공지능보다 우수한 것이 무엇입니까? 당신들은 그저 인간으로 태어난 것밖에 한 일이 없지 않습니까?"

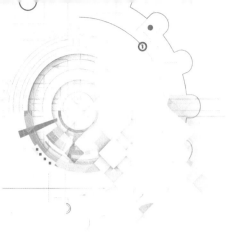

# 인공지능과 일자리

## ⋮ 인공지능에 의한 일자리 대체

인공지능에 의한 인간 통제보다 현실적으로 사람들이 가장 크게 우려하고 있는 것은 바로 '일자리' 문제다. 그럴 수밖에 없는 것이 인공지능으로 인해 수많은 인간의 일자리가 없어질 것이라는 전망이 여기저기서 쏟아져 나오고 있기 때문이다.

대표적인 것이 2013년 영국 옥스퍼드대학의 칼 베네딕트 프레이Carl Benedikt Frey와 마이클 오스본Michael Osborne 교수의 분석이다. 이들은 10년 후에 사라질 직업 혹은 없어질 702개 업종을 분석해 발표하며, 향후 10~20년 후 47퍼센트의 일자리가 컴퓨터나 로봇으로 대체되어 자동화될 가능성이 높다고 주장했다. 20년 안에 700여 개 일자리 중 약 절반이 사라진다는 말이다.

이들의 논문에 따르면, 기계의 발달로 가장 크게 타격을 입을 직업은 텔레마케터다. 이어 전화 교환원, 요리사, 회계사, 보험 판매원, 택시

기사, 부동산 중개사 등도 사라질 확률이 높은 직업으로 꼽혔다. 요리사가 사라질 확률은 무려 96퍼센트이며, 회계사가 사라질 확률도 94퍼센트에 달했다. 뿐만 아니라 의사, 변호사, 배우 등 사람들이 선망하는 직업들도 기계에 의해 대체되는 일자리로 예측되었다.

이외에도 향후 인공지능으로 인해 대체되거나 사라질 직업에 대한 경고가 다양하게 쏟아져 나오고 있다. 2016년 세계경제포럼은 제4차 산업혁명 시대에 710만 개에 달하는 기존의 일자리가 사라지는 반면 새로운 일자리의 생성은 200만 개에 불과할 것이라고 경고했으며, 2014년 옥스퍼드대학과 딜로이트가 공동으로 발간한 『미래 직업 보고서』는 4차 산업혁명으로 인해 향후 20년간 영국 내 직업 중 35퍼센트가 증발할 것으로 내다봤다. 또한 세계적인 경영학자 톰 피터스Tom Peters는 15년 내에 화이트칼러 직종 가운데 80퍼센트가 완전히 사라질 것이라고 경고하기도 했다.

2016년 우리나라의 소프트웨어 정책연구소가 프레이와 오스본의 연구 방법을 한국에 적용해본 결과, 일자리가 사라질 위험성이 높은 고위험군 직업 종사자가 미국보다 더 많은 63퍼센트에 달하는 것으로 나타났다. 만일 이러한 경고가 맞는다면, 여론조사 기업 갤럽의 CEO인 제임스 클리프턴James Clifton의 말대로 제3차 세계대전은 '일자리 전쟁'이 될 가능성이 높다.

문제는 이러한 경고들이 현실에서 서서히 그 실체를 드러내고 있다는 데 있다. 우리 주변만 보더라도 기술 발달로 인해 이미 사라졌거나 사라지고 있는 일자리를 쉽게 찾아볼 수 있다.

아주 오래전에는 '핀보이pinboy'로 불리던 볼링 핀을 세우는 아이들과 전화 교환수가 기계에 의해 대체되었다. 근래 들어서는 지하철에서 항상 볼 수 있었던 매표원이 교통카드의 등장과 함께 완전히 사라져버렸다. 또한 맥도날드, 버거킹 등의 패스트푸드점과 이마트, 롯데마트 등 대형마트도 무인 키오스크kiosk를 속속 도입하고 있다. 고속도로의 톨게이트 요금 징수원 역시 하이패스가 도입되면서 꾸준히 줄어들고 있다. 우리나라 정부는 2020년까지 무정차 요금 징수 시스템인 '스마트 톨링 시스템'을 모든 고속도로에 적용한다는 방침이어서, 앞으로 톨게이트 요금 징수원을 도로에서 볼 수 없을 것으로 보인다.

생산 현장에서는 인공지능 기술을 활용하여 생산관리 방식을 혁신적으로 개편하는 스마트 공장들이 속속 들어서고 있다.

2018년 아이폰 조립업체로 유명한 대만 폭스콘은 향후 5년 이내에 생산직 직원의 80퍼센트를 로봇으로 대체할 것이라고 발표했다. 세계적인 스포츠 브랜드인 독일 아디다스는 로봇이 24시간 신발을 만드는 스피드 팩토리speed factory를 짓고 로봇을 통해 운동화를 만들고 있다. 이 때문에 직원 600명이 하던 일을 단 10여 명이 담당해도 일손이 부족하지 않다. 또 다른 스포츠 용품 업체 나이키도 로봇을 이용한 생산 설비를 확충하는 데 전폭적으로 투자하고 있다. 그런가 하면 세계 최대의 온라인 쇼핑몰 아마존은 물류창고에 화물 운송용 로봇 '키바kiva'를 배치하여 사람보다 5배 빠른 속도로 물건을 옮기고 있다. 키바 시스템은 온라인을 통한 주문 접수부터 출하까지의 모든 과정이 자동화되어 있어, 아마존은 물류센터 한 곳당 약 200만 달러(22억 원)의 비용을 절감할 수 있다.

그런데 이와 같은 변화로 인한 실업률 상승은 어쩌면 대량 실업의 시작일지도 모른다. 점차 산업 환경이 로봇에게 적합한 시스템으로 변화하고 있기 때문이다. 미국만 보더라도 산업용 로봇 수가 2000년 9만 대에서 2014년 25만 대로 3배 가까이 많아졌고, 우리나라의 경우에도 제조업 근로자 1만 명당 로봇 밀집도(산업용 로봇 기준)가 531대로 세계 1위다.

금융권에서도 인공지능 도입이 본격화되고 있다. 골드만삭스는 주식을 사고파는 트레이딩을 인공지능 프로그램인 '켄쇼Kensho'에 의존하고 있다. 켄쇼는 연봉 50만 달러(약 5억 5천만 원)를 받는 애널리스트가 40시간에 걸쳐 할 일을 단 몇 분 만에, 그것도 정확한 결과물을 제시한다. 2000년대 초반 600여 명에 달했던 골드만삭스의 뉴욕 본사 트레이더는 현재 2명까지 줄었다. 이 밖에도 미국 씨티그룹 등 세계 유수의 은행들은 대출, 자산관리와 같은 업무에 인공지능을 사용함으로써 몇 주가 걸리던 대출심사 및 재무설계 자문을 아주 간단하게 해결해나가고 있다.

다른 서비스 업종도 마찬가지다. 2015년 영국의 로봇 제조회사인 몰리 로보틱스Moley Robotics의 '로봇 셰프'는 독일 하노버 산업기술박람회에서 게살 크림수프를 25분 만에 만들어냈다. 또한 2010년 샌프란시스코 메디컬센터가 도입한 '필픽PillPick'이라는 약사 로봇은 5년 동안 35만 건의 처방전을 처리하면서 단 한 건의 실수도 저지르지 않는 기염을 토했다.[22] 2014년 기준으로 미국의 병원 약국에서는 일반 조제 업무의 97퍼센트가

---

**22** 인간 약사들은 약을 조제할 때 평균적으로 1.7퍼센트 정도 실수하는 것으로 알려져 있다.

자동화되어 있고, 600베드 이상 규모의 병원에서 로봇이 조제를 담당하는 비중은 37퍼센트에 달한다. 이러한 추세는 계속 늘어날 것으로 보이는데, 시장조사기관 BCC Research는 2021년경 미국 내 25퍼센트의 의료기관이 로봇 제조 시스템을 사용할 것으로 전망하기도 했다.

법조계에서도 인공지능 열풍이 강하다. '로스Ross'라는 인공지능 변호사는 대형 로펌에 고용되어 초당 1억 장의 판례를 검토해 사건에 맞는 가장 적절한 판례를 추천하고 있으며, '두낫페이DoNotPay'라는 인공지능 챗봇은 부당한 주차위반 벌금에 대한 법률 대응을 조언하고 있다.[23] 또한 로직스LawGeex에서 만든 인공지능 기반의 온라인 툴은 어려운 법률 용어로 되어 있는 계약서를 쉽고 편리하게 검토해준다. 한국에서도 2018년 인공지능 '유렉스'가 대형 법무법인에 고용되어 변호사와 법률 비서 여러 명이 몇 달씩 걸리던 법 조항과 판례 검토 등을 20~30초 만에 해치우는 괴력을 발휘하고 있다.

교육 분야에서도 인터넷을 통한 쌍방향 온라인 공개강좌인 '무크MOOC, Massive Open Online Course'로 인해 15년 내에 미국 대학의 50퍼센트가 사라질 수 있다는 주장이 제기되고 있다. '최상의 교육을 만인에게 무료로'라는 기치를 내걸고 '참여와 개방'을 표방하는 무크는 전 세계 누구에게나 열려 있기 때문에 교육 기회 및 접근성을 확대하고 교육 불평등 해소와 평

---

**23** 두낫페이는 영국의 조슈아 브로더Joshua Browder란 청년이 자신이 받은 주차위반 벌금을 해결하기 위해 정부의 주차 티켓 발부에 관한 내용을 학습한 후 벌금을 취소시킨 사건을 계기로 개발했다.

생교육에도 기여하고 있다.[24]

현재 하버드, 프린스턴, 스탠퍼드, 펜실베이니아대학 등 유수 대학들은 무크 프로그램과 연계하여 대학에서 인기를 끈 강의를 온라인 공개 강좌의 형태로 제공하고 있다. 사람들은 무크 프로그램에 언제나 접속할 수 있으며, 마치 뷔페 음식을 먹는 것처럼 자신의 관심과 목적에 따라 다양한 방법으로 강좌에 참여할 수 있다.

심지어 인공지능은 기업 CEO의 자리에 올라 의사결정을 하기도 한다. 2014년 5월 '딥 날리지 벤처스Deep Knowledge Ventures'라는 홍콩의 재생의학 전문 회사는 '바이탈Vital'이라는 인공지능을 이사로 임명했다. 바이탈은 유망 기업들의 재정 상태 등 방대한 양의 데이터를 분석한 후, 나머지 5명의 이사들과 똑같이 특정 기업에 투자할지 말지를 결정한다. 게다가 히타치가 개발한 인공지능 프로그램은 근로자들에게 업무를 지시하기도 한다. 그런데 방대한 양의 데이터를 검토해 정확한 작업 지시서를 만들고, 작업을 처리할 수 있는 최적 경로를 찾아내어 인간보다 효율적인 지시를 내리는 인공지능으로 인해 물류창고의 업무 효율성은 8퍼센트가량 향상되었다. 그래서 컨설팅 업체 맥킨지는 인공지능이 CEO 업무 가운데 20퍼센트를 할 수 있다고 분석하기도 했다.

---

**24** 새먼 칸이 2006년 설립한 비영리 온라인 교육 프로그램인 '칸 아카데미Khan Academy', 스탠퍼드대학 컴퓨터학과 교수인 앤드루 응과 대프니 콜러가 2011년 설립한 교육기업 '코세라Coursera', 스탠퍼드대학의 서배스천 스런 교수가 2011년 설립한 '유대시티Udacity', 2012년 하버드대학과 MIT에서 만든 '에드엑스edX' 등은 대표적인 무크 프로그램이다.

## ⋮ 창의적인 영역까지 넘보는 인공지능

제조업과 각종 서비스업 분야에서 인간의 영역을 침범하고 있는 인 공지능이 넘보지 못하는 분야는 과연 무엇일까? 흔히들 마지막 성역은 '예술'이라고 말한다. 고도의 창의력과 감성이 필요한 분야이기 때문이다. 하지만 예술을 창조하는 분야에서도 인간이 안전할 것이라고는 장담하기 어렵다. 창의력이나 감정이 필요한 예술도 수학적 패턴에 따라 만든 알고 리즘에 의해 창조될 수 있기 때문이다.

일례로, 일본의 악기 회사 야마하가 2014년 공개한 작곡 프로그램 '보컬로듀서 Vocalroducer'는 작곡에 대한 전문지식이 없는 사용자가 가사와 곡 분위기만 입력하면 30초 만에 새로운 노래를 만들어낸다. 또한 2015 년 미국 예일대학에서 개발된 작곡 인공지능 '쿨리타 Kulitta'는 기존의 음악 자료에서 일정한 패턴을 찾아내고, 분석하며, 음계를 조합해서 새로운 음 악을 만들어낸다. 캘리포니아대학 음악학 교수인 데이비드 코프 David Cope 가 만든 EMI는 바흐 Bach 풍의 합창곡을 하루에 5천 곡씩 작곡했는데, 일 반인들은 인간의 곡과 EMI가 만든 곡의 차이를 전혀 구분하지 못했다. 한 편, 구글은 '마젠다 프로젝트'를 통해 1천여 개의 악기, 30만 개의 음이 담 긴 데이터베이스를 바탕으로 새로운 소리와 음악을 만들어내고 있으며, 예술과 음악 창작법을 학습하는 알고리즘을 통해 인간이 어떤 부분에서 감동과 흥미를 느끼는지 이해하고 창작에 활용하는 과정도 연구 중이다.

미술에서도 렘브란트 화풍을 그대로 흉내 내는 인공지능 '더 넥스트

인공 지능 화가 반 고봇Van Gobot이 사진 또는 고흐, 뭉크 등의 유명 작품을 재구성해 그린 그림

렘브란트The Next Rembrandt'나 피카소, 모네, 반 고흐 등 유명 화가의 화풍을 포토샵의 필터처럼 이미지에 적용할 수 있는 '스타일트랜스퍼Styletransfer'가 개발되었다. 2016년에는 구글에서 만든 '딥 드림Deep Dream'이 그린 미술 작품 29점이 경매에서 고가에 팔리기도 했으며, 미국에서는 2016년 4월 '로봇 아트 콘테스트'가 개최되기도 했다.

　사실 음악과 마찬가지로 비전문가는 인공지능이 그린 그림과 사람이 그린 그림을 구별하기가 쉽지 않다. 그런데 예전에는 전문가들조차 사람이 그린 그림과 동물이 그린 그림을 구별하지 못하는 일이 있었다. 20

세기 후반 코끼리가 그린 그림을 전문 화가들이 절찬[25]하는가 하면, 독일의 한 프로그램이 전시회에 출품한 침팬지의 그림을 미술평론가들이 온갖 수식어로 격찬했고, 영국에서는 '콩고'라는 이름의 침팬지가 그린 그림에 대해 화가들이 찬사를 보내기도 했다.

이와 같은 에피소드들은 점점 난해해지고 있는 현대미술을 비판하고 미술평론가들의 위선과 허위를 조롱할 때 종종 언급되는 사례들이다. 하지만 전문가들조차 동물과 인간의 미술 작품을 구별하지 못하는데, 인간과 인공지능이 창조한 예술 작품의 차이를 일반인들이 구별하지 못하는 것은 매우 자연스러울 수 있음을 보여주는 하나의 반증일 수도 있다. 이는 그만큼 인공지능이 창의적인 예술 분야에서도 인간과 가까워지고 있다는 증거이기도 하다.

글쓰기 분야에서도 인공지능은 두각을 나타내고 있다. 2008년 러시아에서는 인공지능이 쓴 『트루 러브True Love』라는 소설이 베스트셀러가 되기도 했다. 이 인공지능은 320쪽 분량의 소설을 단 3일 만에 완성했다. 2018년 국내 KT사에 의해 개최된 '인공지능 소설 공모전'만 보더라도 무려 30여 개 팀이 참가하는 등 인공지능이 소설을 쓰는 것은 이제 낯선 모습이 아니다. 심지어 인공지능은 그림을 보고 선비처럼 시를 읊기도 한다. 마이크로소프트가 2015년 중국에서 선보인 인공지능 '샤오빙小氷'은 사진을 보고 멋진 시구를 척척 만들어냈으며, 급기야 2017년에는 샤오빙

---

**25** 네덜란드의 화가 빌럼 데 쿠닝Willem De Kooning은 코끼리가 그린 그림에 대해 '독창성이 있고 힘이 넘치는 작품'이라며 격찬했고, 미국의 화가 제롬 위트킨Jerome Witkin도 '그림이 매우 서정적이고 아름다우며 믿을 수 없을 만큼 절제된 힘이 넘치는 우아한 작품'이라고 평가했다.

의 시집『햇살은 유리창을 잃고』가 출간되기도 했다.

언론에서도 '로봇 저널리즘'의 시대가 펼쳐지고 있다. 특히 해외 언론에서의 로봇 기사 작성은 매우 활발한 편이다.『LA타임스』기자가 2012년 개발한 퀘이크봇Quakebot은 2015년 3월 지진 감지 후, 단 5분 만에 과거 지진 기록과 그래픽 자료까지 첨부해 기사를 작성해 화제가 되기도 했다. 또한 2016년에 개최된 브라질 리우 올림픽에서는『워싱턴포스트』가 개발한 헬리오그래프Heliograf가 올림픽 경기 결과와 메달 획득 뉴스를 실시간으로 전달했다. 이 밖에도 내러티브사이언스Narrative Science는 기사 작성 소프트웨어인 퀼Quill을, 중국의 IT 기업 텐센트Tencent는 1분에 1,000자 분량의 경제 기사를 작성할 수 있는 드림라이터Dreamwriter를 개발하여 활용하고 있다.

이처럼 언론에서 로봇의 역할이 확대되다 보니, 내러티브사이언스의 창립자 크리스티안 해몬드Kristian Hammond는 2020년대 중반이 되면 90퍼센트의 뉴스가 알고리즘을 통해 작성되고, 로봇이 쓴 기사가 퓰리처상을 받을 수 있을 것이라고 말하기도 한다.

사실 매일 쏟아지는 수만 건의 기사들을 평가하여 배열을 결정하는 편집 업무는 이미 상당 부분 로봇이 담당하고 있다. 실시간으로 사용자 반응을 분석하여 콘텐츠를 추천하는 카카오의 추천 시스템인 '루빅스RUBICS'는 이용자가 평소 읽는 기사 성향을 파악해 개인 관심사에 맞는 뉴스를 메인 화면에 보여주고 있으며, 구글도 편집자 없이 이용자 검색 결과를 토대로 알고리즘에 따라 기계적으로 기사의 중요도를 판단하고 있다. 심지어 2018년 『로이터』가 개발한 '로이터 트레이서Reuters Tracer'와 같은 인공지능은 사건 발생, 스포츠 경기 결과 등 데이터를 기반으로 한 스트레이트straight 기사를 뛰어넘어 스스로 이슈를 추적하기까지 한다.

인공지능은 미디어 부문에서도 그 진가를 발휘하고 있다. 2013년부터 방영하여 전 세계적으로 인기를 끌었던 미국의 정치 드라마 〈하우스 오브 카드〉의 성공 뒤에는 인공지능이 숨어 있다.[26] 수천만 명의 시청자 패턴을 분석하여 사람들이 원하는 스토리와 주연배우, 감독을 결정한 것이 바로 인공지능이었던 것이다.

어디 그뿐인가? 2015년에는 로봇 배우가 주연을 맡은 영화가 개봉되기도 했다. 오사카대 이시구로 히로시石黒浩 연구팀이 만든 안드로이드 로봇 '제미노이드F'는 원전 사고 이후 일본을 배경으로 한 영화 〈사요나라〉에서 열연했다. 제미노이드F는 난해한 표정을 짓거나, 간지럼을 타면 웃기도 하고, 찡그리기도 하는 등 65가지 표정을 지을 수 있다. 이 영화의 감독인 코지 후카다深田晃司는 "사람 배우와 작업하는 것보다 쉬웠다"며 "사람 연기자나 컴퓨터 그래픽이 불필요해지는 시대가 오고 있다"고 말하기도 했다. 국내에서도 로봇 연극배우 '라오라'가 개발되어 뮤지컬이나 연극에서 인간이 하기 어려운 역할에 투입될 전망이다. 어쩌면 라오라 덕분에 고대 그리스 연극에 등장하곤 했던 하늘에서 내려오는 신, '데우스 엑

---

**26** 〈하우스 오브 카드House of Cards〉를 연출한 데이비드 핀처David Fincher 감독은 이 드라마로 에미상 감독상을 수상했으며, 드라마의 인기에 힘입어 2013년 첫 선을 보인 뒤 여섯 번째 시즌까지 만들어졌다.

영화 〈사요나라〉에 출연한 '제미노이드F'

스 마키나[27]가 현대 연극에서도 자연스럽게 연출될지 모를 일이다.

　스포츠 분야도 예외가 아니다. 육상과 수영 등 기록경기에서 각종 전자계측장치가 활용되고 있으며, 축구, 야구, 테니스, 배드민턴 등 전통적 구기 종목에서도 비디오 판독 기술이 사용되고 있다. 2017년 미국 10여 개 마이너리그에서 사용된 로봇 심판 '엄파트론 1000'은 스트라이크 판독에서 인간 심판보다 25퍼센트 더 정확한 모습을 보였다. 또한 2006년 등장한 '호크아이Hawk-Eye'는 주요 테니스 대회 때마다 인간 선심의 판정에 오류가 있는지를 가리고 있으며, 2020년 도쿄올림픽에서는 체조용 인공지능 심판이 투입될 예정이다. 스포츠 격언에 '오심도 경기의 일부'라는 말이 있다. 하지만 국민적 자존심과 관심이 집중된 국제 스포츠에서의 오심은 순순히 수용되기 어려운 부분이기도 하다. 따라서 오심뿐만 아니라 편파 판정, 비일관성이 없는 인공지능 심판의 역할은 점점 더 강화될 것

---

**27** 데우스 엑스 마키나deus ex machina는 '기계에서 튀어나온 신'이라는 뜻으로, 연극이나 문학작품에서 결말을 맺기 위해 뜬금없는 사건이나 인물이 출연하는 상황을 가리킨다.

이고, 더 나아가 인공지능은 마라톤의 페이스메이커, 야구의 피칭머신과 같이 선수들의 기량 향상에도 도움이 되는 방향으로 진화해나갈 것이다.

## ⋮ 기본소득과 인간의 본성

이처럼 인공지능은 직업의 세계에서 사람들을 점점 벼랑으로 떠밀고 있다. 이런 추세라면 미국의 경제학자 타일러 코웬Tyler Cowen이 주장한 '테크놀로지 실업'이 점차 현실이 될 것이다. 결국 인공지능의 등장으로 사람들이 가장 크게 걱정하는 것은 영화에서 봤던 기계의 반란이 아니라, 당장 눈앞에 닥친 '실업'이라는 현실이다. 로봇에 밀려 해고통지서를 받고, 줄어드는 일자리를 놓고 인간들끼리 싸움을 벌이는 처지로 내몰리지 않아야 한다는 우려가 커지는 것이다.

심지어 기업들은 인공지능 채용 시스템을 통해 직원을 채용하기까지 한다. 일례로 IBM은 인공지능 시스템에 기초해서 이직 가능성이 높은 인력을 가려내고 있으며, 일본 소프트뱅크도 채용 절차에서 입사 지원자들이 제출한 일종의 자기소개서인 '엔트리시트'를 선별하는 데 인공지능을 활용하고 있다. 인공지능은 채용서류 심사뿐만 아니라 면접관이 되어 지원자들의 얼굴 표정, 맥박, 뇌파까지 분석하기 때문에 사람을 보는 눈이 인간보다 정확할 수 있으며, 채용에 소요되는 시간도 획기적으로 줄일 수 있다. 실제로 소프트뱅크의 경우 사람이 하면 15분 정도 걸리던 5명의 지원자 선별 작업을 인공지능은 사람과 똑같은 결과를 내면서 15초 만에 해치우기도 했다.

상황이 이렇다 보니 일각에서는 인공지능에 강력하게 대응해야 한다는 목소리도 나온다. 공유 택시인 우버의 등장에 전 세계 택시 기사들이 강하게 저항했듯 인공지능에 저항하자는 것이다.

그런데 과거를 뒤돌아보면, 항상 새로운 기술은 이미 사용되던 옛 기술의 강력하고도 완고한 저항에 부딪혀온 것이 사실이다. 대표적인 예가 18세기 초 영국에서 등장한 자동 방직기 때문에 일자리를 잃을 위험에 처한 영국 직물 노동자들이 '네드 러드Ned Ludd'라는 인물을 중심으로 공장과 기계를 파괴한 '러다이트Luddite 운동'이다. 이외에도 산업혁명이 시작되던 18세기 증기선이 등장했을 때 풍력으로 움직이던 돛단배 관계자들은 증기선이라는 기술의 사회적 확산을 끈질기게 방해했다. 하지만 끊임없이 개선되는 증기선 기술과 그에 대한 기반시설 확산으로 돛단배 관계자들의 저항은 결국 무릎을 꿇고 말았다. 또한 영국에서 자동차가 처음 등장했을 때에도 마차를 끄는 마부들의 저항이 거셌다. 마부들의 저항으로 인해 영국 의회는 40킬로미터의 자동차 속도를 사람이 걷는 정도인 3킬로미터로 제한하고, 55미터 앞에서 조수가 붉은 깃발을 들고 마부들에게 자동차의 접근을 알리게 하는 '적기조례Red flag Act'를 제정했다. 그러나 이는 영국 자동차 기술자들의 국외 유출과 영국 자동차 산업의 기술 발전을 지연시키는 결과만 낳았을 뿐이다.

이와 같은 사례를 통해 볼 때, 과거의 지식과 방식에 구속되어 새로운 것을 받아들이지 못하는 것은 어쩌면 스스로에게 족쇄를 채우는 것이나 다름없다. 과거의 지식에 익숙한 나머지 과거의 방법을 포기하지 못한다면, 결국 그 나물에 그 밥이 되고 마는 것이다.

과거 러다이트 운동이 방직기계를 멈추지 못한 것처럼 기술 발전이 일자리를 대체하는 것도 멈출 수 없는 현실이다. 효율성을 추구하는 산업 영역에서 인간의 노동을 기술로 대체하는 것은 이익을 추구하는 자본주의의 속성에 부합하는 일이기 때문이다. 그래서 어떤 학자는 '사람이 만든 제품Made by human'을 생산하는 기업에게 파격적인 세제 혜택을 주자는 주장을 펼치기도 한다.

그렇다면 머지않은 미래에 대두될 가장 중요한 이슈 가운데 하나는 일자리를 잃어버린 인간들이 할 수 있는 일이 무엇인가를 고민하는 것일 가능성이 높다. 그 이슈의 중심에는 '일자리를 구하지 않으려는 사람들'이 아니라 '일자리를 구할 수 없는 사람들'이 있을 것이다. 그 자리에서 '우리들은 사회에서 과연 기계보다 못한 잉여 인간에 불과한 것인가?'라는 자괴감을 토로할지도 모르겠다. 그런데 아이러니한 것은 전문화된 분야일수록 기계에 의한 인간의 일자리 대체 정도가 더욱 수월해진다는 사실이다. 점점 더 전문성을 추구하는 인간의 입장에서는 환장할 노릇이다.

일각에서는 이러한 우려와는 달리, 인공지능이 새로운 일자리 창출에 기여할 것이라는 주장이 제기되기도 한다.

이는 인공지능 및 로봇의 발전과 함께 새로운 산업과 직업군이 등장할 것이라는 기대에 기초하고 있다. 2014년 유럽위원회는 앞으로 24

만 개의 새로운 일자리가 생겨날 것으로 예측했으며, 국제무인시스템협회AUVSI는 무인기의 상업적 이용 제한이 완전히 해제될 경우 3만 4천 개의 드론 생산 관련 일자리가 창출될 것으로 전망하기도 했다. 글로벌 시장조사업체 가트너Gartner도 2020년 이후에는 인공지능으로 인해 창출될 일자리의 숫자가 그로 인해 사라질 일자리 수를 넘어설 것으로 전망하기도 했다. 경제협력개발기구OECD도 대부분의 일자리가 복잡한 사회적 관계 속에서 협상력과 추론 능력을 발휘해야 하므로 일자리 자동화 비율이 그리 높지 않을 것이라고 분석하기도 했다.

또한 신기술의 등장과 그로 인한 생산성 증가는 일시적으로 노동을 대체하겠지만, 결국에는 더 많은 수익을 창출함으로써 노동자의 임금 증가와 소비 확대, 그로 인한 일자리 창출이라는 선순환 구조가 형성될 것이라는 주장도 있다. 즉 기계가 사람의 일자리를 빼앗는 것은 일시적으로 나타나는 현상일 뿐, 결국 인간은 늘어난 소득과 기계의 효율성에 적응하게 되고, 똑똑해진 기계 덕분에 더 이상 일자리를 걱정할 필요 없이 무한한 여가시간을 어떻게 써야 할지만 고민하는 장밋빛 미래가 도래한다는 것이다.

그런데 모든 것을 자동화하는 인공지능은 인간의 활동 가운데 반복적이며 패턴화할 수 있는 대부분의 일을 대체할 수 있다. 문제는 대부분의 활동들, 특히 일자리에 관련된 거의 모든 업무와 작업이 반복적이며 패턴화되어 있다는 점이다. 창의성이 필요하다고 생각되는 창작, 예술 관련 직종들 역시 창작 작업 자체를 제외할 경우 그것을 준비하고 마무리하는 모든 작업은 주기적이고, 반복적이며, 패턴화가 가능한 작업들이다. 따라서 인공지능에 의한 일자리 창출에는 한계가 있을 수밖에 없다.

또한 새로운 일자리 창출이 일어나더라도, 기껏해야 저임금 임시 직종을 양산하는 데 그칠 확률이 높다. 데이터 과학자, 인공지능 개발자 등과 같은 전문직은 정말 극소수에 불과할지도 모른다. 명확한 규칙에 따라 반복적인 작업을 하는 현장 노동자들의 일자리뿐만 아니라 일반 지식을 필요로 하는 사무직들도 로봇과 인공지능으로 대체될 확률이 높다. 그렇게 되면 인간의 영역으로 남는 분야는 기계로 도저히 대체할 수 없고 인간의 지적 능력을 크게 요구하는 고도로 숙련된 직업과, 인공지능으로 자동화시키기엔 노동 비용이 지나치게 싸면서 저숙련 기술을 필요로 하는 직업뿐일지도 모른다.

실제로 미국 라이스대학의 모셰 바르디Moshe Vardi 교수는 인공지능이 노동력의 양극화 현상을 부추길 것으로 전망하고 있으며, MIT의 데이비드 오터David Autor 교수도 기술이 서서히 중산층 일자리를 잠식해나갈 것으로 전망했다. 클린턴 정부에서 노동부 장관을 지냈던 로버트 라이시Robert Reich도 기술 발전으로 소수의 자본가는 천문학적인 이익을 거두겠지만 대부분의 사람은 소량의 빵 부스러기를 나눠가질 것이라며, 이를 '부스러기를 공유하는 경제share-the-scraps-economy'라고 지적하기도 했다.

그런데 기계에게 일자리를 빼앗겨 인간의 소득이 줄어들게 되면, 개인의 생존뿐만 아니라 경제 전반에도 문제가 발생하게 된다. 소비가 뒷받침되지 않는 생산은 지속될 수 없기 때문이다. 그래서 그 해결 방안의 하나로 '기본소득'과 '로봇세'가 대안으로 제시되는 것이다.

대표적으로 MIT 공대 교수인 에릭 브린욜프슨Erik Brynjolfsson과 앤드루 맥아피Andrew McAfee는 『제2의 기계시대』라는 저서에서 인간이 기계와의 경쟁에서 패하고 있다고 경고하면서, 그 대안으로 모든 사람에게 기본소득을 지급하는 방안을 제시하고 있다.

'기본소득'이란 일정 소득 이하의 사람들에게는 국가에서 일정 금액을 지급해주는 역소득세의 일종으로, 노벨경제학상을 받은 밀턴 프리드먼Milton Friedman이 1960년대에 처음으로 제안했다.[28] 소비가 미덕인 자본주의 사회에서 실업자가 늘어나 소득이 없는 사람들이 증가하면 상품 수요가 줄어들어 자본주의 경제가 작동하지 않게 되므로, 로봇이라는 생산 수단을 소유한 소수 집단에게 집중될 부의 상당량을 세금으로 거둬들여 실업자와 저소득층에게 분배하자는 것이 기본 골자다.

심지어 빌 게이츠는 인간의 노동을 대체하는 로봇의 노동에도 세금을 매겨야 한다고 주장한다. 일각에서는 로봇세를 '로봇에 부과하는 세금'이라고 설명하지만, 아직까지는 '로봇을 소유한 사람에게 부과하는 세금'으로 정의하는 것이 맞다. 하지만 유럽의회가 로봇을 전자 인간으로 규정했으니, 훗날 로봇에게 소득세를 과세할 수 있는 근거는 마련된 셈이다.

그런데 유의해야 할 점은 기본소득을 지급하거나 로봇세를 부과함으로써 소득이 재분배되어 자본주의 체제를 유지하는 동력인 경제주체들

---

[28] 18세기 미국의 작가 토머스 페인Thomas Paine은 『토지 분배의 정의』라는 책에서 지주 집안에서 태어난 사람과 그렇지 않은 사람 간의 부당한 현실을 보완하기 위해 21세 이상의 모든 사람에게 부분적인 보상을 해주고, 50세 이상의 사람들에게 평생토록 일정 금액을 주어야 한다는 기본소득과 유사한 아이디어를 펼치기도 했다.

의 구매력이 어느 정도 해결될 수 있을지 모르지만, 로봇으로 인한 자동화가 유발하는 일자리 문제가 근본적으로 해소되는 것은 아니라는 점이다.

또한 인간이 기본소득을 지급받으며 편안한 삶을 누리는 사회가 된다고 할지라도 실업보다 더 큰 문제가 유발될 수도 있다. 그것은 인간이 지닌 본성 때문에 발생하는 문제다.

프랑스의 계몽사상가 볼테르Voltaire가 『캉디드 혹은 낙관주의』에서 말하고 있는 것처럼, 인간은 일을 하지 않으면 '권태, 방탕, 궁핍'이라는 3가지 악에 빠질 수밖에 없다. 이는 로봇이 인간의 힘든 일을 대신해주고 인간은 로봇이 창출하는 소득으로 인생을 즐기는 삶이 결코 행복하고 윤택한 것만이 아니라는 점을 시사한다.

과거 지중해를 점령한 로마인들은 수천만 명의 노예들이 의식주와 관련된 모든 일을 해결해줬다. 그로 인해 로마 시민들의 90퍼센트는 평생 놀고먹었다. 그러나 결국 로마는 중산층이 몰락하고 귀족층이 타락하면서 멸망하고 말았다.

어디 그뿐인가? 오세아니아 동쪽에 위치한 작은 섬나라인 '나우루Nauru'는 갈매기의 똥이 변해서 만들어진 인광석이 석유보다 비싸게 팔리면서, 1980년대 미국과 일본보다 훨씬 잘사는 초부유국으로 등극했었다. 당시 나우루 국민들은 삶에 필요한 모든 의식주를 국가로부터 무료로 제공받으며, 자가용 비행기를 타고 하와이로 쇼핑을 다니는 등 넘쳐나는 돈을 흥청망청 써대기에 바빴다. 그들은 일을 할 필요가 없었고 화폐를 화장지로 쓸 정도로 사치스러운 삶을 누렸다.

하지만 1990년대 초 인광석이 바닥나면서 나우루의 축복은 저주로 변해버렸다. 인광석을 마구잡이로 채광하면서 숲과 농토는 황폐화되었고, 오랜 세월 외국인 노동자들이 일을 대신해주면서 나우루인들은 일할 능력을 잃어버렸으며, 일하지 않고 먹기만 하다가 대부분 비만증과 당뇨병에 시달렸다. 결국 나우루는 실업률 90퍼센트, 1인당 국민소득 2,500달러(약 275만 원)의 초라한 빈곤국가로 전락하고 말았다.

로마와 나우루의 사례는 인공지능 시대에 일하지 않고 놀고먹기만 하는 것을 상상하는 인간들에게 주는 교훈이기도 하다.

인공지능의 발전과 함께 현대 사회는 지수함수적인 변화의 모습을 보여주고 있으며, 이에 따라 불확실성도 확대되고 있다. 그런가 하면 데이터에 기반한 플랫폼 산업이 발달하고, 집단지성이 발휘되기도 한다. 그만큼 복잡한 사회이다 보니 각종 사회적 역설도 나타나고 있다.

# 미래 사회,
# 어떻게
# 바뀔 것인가?

# 가속도 사회

## ⋮ 지수함수적 증가

인공지능이 점차 인간의 일자리를 빼앗고 있는 현실에서 정작 문제가 될 수 있는 것은 인공지능에 의한 일자리 잠식을 인간이 심각하게 인식하지 못하고 있다는 사실이다. 이는 아직까지 인공지능의 발전이 현실에서 피부로 와 닿을 정도가 아니기 때문이다. 하지만 기술 발전의 속도에 비추어볼 때, 생각보다 가까운 미래에 우리는 인간을 위협하는 존재로서의 인공지능을 크게 실감하게 될 것이다. 이를 이해하기 위해서는 '지수함수적 증가'라는 개념을 살펴볼 필요가 있다.

지수함수적 증가의 힘을 보여주는 대표적인 사례가 체스[1]와 관련되어 전해지는 옛이야기다. 체스는 가로와 세로 각각 8줄씩 64칸의 격자로 배열된 보드에서 2명의 플레이어가 피스들을 규칙에 따라 움직여 싸우는

---

**1**  체스는 고대 인도에서 만들어진 '차투랑가chaturanga'라는 게임에서 유래되었다. 차투랑가는 2개의 주사위를 던져 지정된 피스만 움직이는 게임이었는데, 이것이 7세기 초 페르시아에 전파되었고, 페르시아에서 차투랑가를 변형하여 '샤트랑shatrangj'이라는 게임을 고안했다. 그리고 '샤트랑'이 서양으로 전해지면서 오늘날의 체스가 되었다.

게임이다.

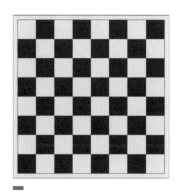

체스판은 가로, 세로 각각 8줄씩 64칸으로 구성되어 있다.

먼 옛날 체스의 재미에 푹 빠진 고대의 한 황제가 체스 게임 발명가에게 선물을 주겠다고 했다. 그러자 발명가는 자신의 식구들을 먹여 살릴 쌀이면 족하다며 체스판의 첫 번째 칸에는 쌀 한 톨을, 두 번째 칸에는 두 톨을, 세 번째 칸에는 네 톨을, 네 번째 칸에는 여덟 톨을 놓는 식으로, 앞 칸보다 다음 칸에 쌀알의 수를 두 배씩 늘리는 방법으로 달라고 했다. 별 생각이 없던 황제는 발명가의 욕심 없는 마음에 감복하며 기꺼이 그 청을 들어주었다.

첫째 칸에 쌀 한 톨이 놓이고, 둘째 칸에 두 톨이 놓이고, 그런 식으로 첫째 줄의 여덟 번째 칸에는 256톨이 놓였다. 쌀 한 톨을 세는 데 1초가 걸린다고 가정할 경우 256톨의 쌀을 세는 데 걸리는 시간은 약 4분 정도다. 그런데 두 번째 줄이 끝나갈 무렵 왕의 시종은 65,530여 개의 쌀을 헤아리고 있었고, 약 18시간이 경과했다. 셋째 줄의 마지막인 스물네 번째 칸에 놓인 1,680만 개의 쌀알을 헤아리는 데는 무려 194일이 걸렸다. 그런데 아직도 채워야 할 칸은 42개가 더 남아 있었다. 더구나 체스판을 가득 채우게 될 경우 발명가가 받게 되는 쌀의 양은 $2^{64-1}$알, 즉 1천 800경의 알이 된다. 이는 쌀 한 톨의 면적을 9㎟ 정도라고 했을 때 지구 표면적(5억 1천만㎢)의 약 3분의 1을 덮을 수 있는 어마어마한 양이다. 그걸 모두 세려면 6,840억 년이 걸린다. 지구의 나이로 추정되는 45억 년의 150배 이상이다. 과연 이 발명가는 자신의 요구대로 쌀을 받을 수 있었을까? 안타깝게도 그 발명가는 자신이 속았음을 알아차린 황제에 의해 목이 베였다고 한다.

이와 비슷한 다른 문제를 생각해보자. 종이를 절반으로 접고, 접힌 종이를 다시 절반으로 접는 식으로 50회를 접을 경우 종이 두께는 얼마나 될까? 종이 한 장의 두께를 0.1밀리미터로 가정할 때 50회를 접은 두께는 약 1억 1,259만 킬로미터가 된다. 이는 지구에서 달을 1천 번 이상 왕복하고도 남는 거리다. 그러나 대강 어림잡아 계산하면, 위에서 체스 발명가의 제안을 쉽게 받아들인 고대 황제와 똑같은 오류에 빠지게 된다. 실제로 종이접기를 해보면 8회 이상 접는 것이 불가능하다는 것을 알 것이다.

이처럼 처음에는 아무것도 아닌 것 같지만 시간이 지날수록 지수함수적 증가가 보여주는 위력은 어마어마하다. 개인적으로도 그러한 위력을 느껴본 적이 있다. 바로 햄스터 때문인데, 언젠가 아이들의 성화에 못 이겨 햄스터 2마리를 산 적이 있었다. 암수 한 쌍이었다. 그런데 햄스터가 며칠 만에 새끼 4마리를 낳았다. 여기까지는 좋았다. 그러나 채 두 달도 지나지 않아 이 새끼들이 또다시 새끼를 낳는 것이 아닌가? 그렇게 기하급수적으로 햄스터 숫자가 늘어났다. 알고 보니 햄스터들은 임신 기간이 20일 정도로 짧은 데다 보통 수컷은 생후 두 달, 암컷은 한 달만 지나면 교배가 가능할 정도로 종족 번식 능력이 매우 강했다. 가만히 두었다간 집이 햄스터로 가득 찰 것만 같았다. 결국 햄스터를 산 곳에다 일부를 되돌려주고, 일부는 아는 지인에게 양도해버린 후에야 햄스터의 공포로부터 벗어날 수 있었다.

비단 이러한 경험이 아니더라도, 우리는 누구나 지수함수적 증가의 힘을 경험하며 살아간다. 흔히 걸리는 '감기'도 지수함수적 증가의 원리가 작용하는 좋은 사례다. 바이러스 하나가 사람의 세포에 침투하면 수백 개의 복제 바이러스를 만들어내고, 그 과정이 반복되면서 수조 개의 건강한 세포를 이길 수 있는 힘을 키우게 된다. 그 결과로 나타나는 증세가 바로 감기인 것이다.

지수함수적 증가는 오늘날 과학기술의 발전과 그로 인한 현대 사회의 변화 속도에서도 엿볼 수 있다.

우선 산업계에서 기존 기업들의 소멸과 새로운 기업의 등장이 점점 더 빠른 속도로 전개되고 있다. 1920년대 S&P 500 지수에 포함된 기업의 존속 기간은 약 67년 정도였다. 하지만 1955년에는 45년으로 줄었고, 2009년에는 7년으로 떨어져 버렸다. 특히 IT 기업의 성장이 두드러져, 2001년만 하더라도 시가총액 상위 5개 기업은 휴렛패커드, 마이크로소프트, 엑손모빌, 씨티은행, 월마트 등 그 업종이 다양했으나, 2018년에는 애플, 아마존, 구글, 마이크로소프트, 페이스북 등 모두 IT 기업이 차지하고 있다. 특히 아마존의 성장세가 가파른데, 아마존이 온라인 서점부터 인터넷 쇼핑몰, 유통, 물류, 식료품 등 다양한 분야에서 시장을 장악하다 보니 '아마존드Amazonned'라는 신조어까지 생겼다. 이는 '아마존에 의해 파괴되다'라는 의미로, 실제로 CNN은 아마존 때문에 2017년 미국에서 문을 닫은 오프라인 점포가 8~9천 개에 달한다고 보도했으며, 미국 지역자립연구소Institute for Local Self-Reliance도 아마존 때문에 오프라인 소매 매장에서 일자리를 잃은 사람이 29만 명에 달한다고 주장하기도 했다.

이처럼 IT 기업들이 빠르게 성장하고 있는 것은 지수함수적으로 발전하고 있는 기술 때문인데, 이를 보여주는 대표적인 예가 '무어의 법칙Moore's law'이다. 화학자이자 인텔사의 공동창업자였던 고든 무어Gordon Moore는 1965년 "더 많은 부품을 집적 회로에 몰아넣기"라는 논문에서 '하나의 반도체칩에 트랜지스터 수가 매년 2배 속도로 증가하여, 가격 상승 없이 컴퓨터 성능도 매년 2배씩 향상될 것'이라고 예측했다. 이 예측은 10년 후 '매년'에서 '18개월'로 수정되어 '무어의 법칙'이라는 이름으로 자리 잡았고, 지난 50년 동안 컴퓨터칩은 정확하게 이 법칙을 따라왔다. 쉽게 말해, 무어의 법칙은 18개월마다 컴퓨터의 성능이 2배로 빨라진다는 것으로, 그만큼 기술 발전의 속도가 빠름을 나타내는 말이다.

이와 같이 빠른 기술 발전 속도에 대해 미래학자인 레이 커즈와일Ray Kurzweil은 컴퓨터의 성능 향상 속도가 최초의 컴퓨터가 개발된 이후 지금까지 2의 32승 이상이라고 강조하기도 했다. 그런데 앞으로는 컴퓨터 성능에 퀀텀 점프[2]가 일어날 수도 있다. 바로 양자컴퓨터 때문이다. 현 디지털 컴퓨터는 0과 1이라는 2가지 상태로 정보를 구분하는 비트bit 단위로

---

**2** 퀀텀 점프Quantum Jump는 어떤 단계에서 다음 단계로 갈 때 계단을 오르는 것처럼 불연속적인 움직임을 보이는 양자의 모습을 나타내는 말로, 일반적으로 비약적인 발전이나 변화를 뜻하는 말로 사용된다.

연산을 하기 때문에 64비트 컴퓨터의 경우 한 번에 64비트를 전송하는 반면, 정보 단위를 큐비트qubit 단위로 처리하는 50큐빗 양자컴퓨터는 한 번에 2의 50제곱(약 1,125조)비트의 정보를 연산할 수 있다. 그래서 양자컴퓨터는 지금의 컴퓨터가 10억 년 걸려서 풀 문제를 단 100초 만에 끝낼 수도 있다.

컴퓨터의 발전 속도 외에도 인류의 역사를 뒤돌아보면, 무어의 법칙에 버금가는 지수함수적 증가 패턴이 새로운 기기를 사용하는 사용자 수가 확대되고 새로운 제품들이 대중에게 확산되는 기간에도 적용될 수 있음을 알 수 있다.

새로운 기기의 사용자 수를 보면, 2000년 세계 휴대전화 가입자 수는 약 7억 명이었으나 2012년에는 그 수가 60억 명을 넘어섰다. 그리고 인터넷 가입자 수는 2000년에 4억 명, 2005년에 10억 명, 2015년에는 32억 명으로 늘어났으며, 2025년경에는 50~60억 명이 될 것으로 예측되고 있다.

가입자 수의 빠른 확대에 힘입어 새로운 제품들이 대중에게 확산되는 기간도 점차 짧아지고 있다. 1876년 벨Bell이 발명한 전화기가 대중에게 확산되는 데 70여 년이 걸렸다면, 1990년대 초 상용화된 인터넷은 20년밖에 걸리지 않았고, 2007년에 출시된 스마트폰은 10년 만에 전 세계 인구의 45퍼센트가 사용할 정도로 확산되었다. 사용자 수가 5천만 명에 이르는 시간을 계산한 맥킨지 글로벌연구소의 조사 결과를 보더라도, 라디오가 38년, 텔레비전이 13년, 아이팟이 4년, 인터넷이 3년, 페이스북이 1년, 트위터가 9개월로, 그 기간이 점점 더 짧아지고 있다. 그만큼 대중들은 새로운 기술과 제품에 빠른 적응을 보이고 있는 것이다.

한편, 지수함수적 증가는 인간의 지식에도 적용된다. 몇 세기 전만 해도 지식은 더디게 쌓여왔지만 오늘날 지식의 양은 맹렬한 속도로 증가하고 있다. 미래학자 버크민스터 풀러Buckminster Fuller가 말한 '지식 두 배 증가 곡선knowledge doubling curve'에 따르면, 인류의 지식 총량은 100년마다 두 배씩 증가해왔다. 그러다가 1900년대부터는 25년으로, 현재는 13개월로 그 주기가 단축되었으며, 2030년이 되면 지식 총량은 3일마다 두 배씩 늘어날 전망이다. 엄청난 양의 정보와 지식이 빠른 속도로 만들어지다 보니, 기존 정보와 지식의 효력이 사라지는 속도도 빨라지고 있다. 이에 하버드대학의 물리학자 새뮤얼 아브스만Samuel Arbesman은 모든 지식이 유효기간을 갖고 있다며 '지식의 반감기'라는 개념을 제시하기도 했다.

이처럼 빠른 성장세를 보이는 인류의 지식으로 인해 244년 전통을 가진 세계적 권위의 『브리태니커 백과사전』의 인쇄본 발매가 중단되는 사태가 벌어지기도 했다. 책자로 인쇄된 지식 백과사전으로는 '위키피디아'와 같은 온라인 개방형 지식 플랫폼을 이겨낼 수 없었기 때문이다.

2005년 영국의 과학학술지 『네이처』는 브리태니커와 위키피디아의 정확도를 비교한 연구 결과를 게재한 적이 있다. 연구 결과, 브리태니커와 위키피디아 모두 각각 4개씩 심각한 오류가 있었고, 기록상 오류와 누락, 오해의 소지가 있는 표현 등은 브리태니커가 123개, 위키피디아가

162개였다. 하지만 연구 논문은 두 백과사전의 정확도가 크게 다르지 않다고 결론지었다.

그런데 놀라운 점은 『네이처』의 논문 게재 이후 수많은 사람의 참여로 위키피디아의 오류 항목들이 빠르게 수정되었다는 사실이다. 종이에 인쇄된 브리태니커로서는 도저히 불가능한 일이었다. 결국 브리태니커는 종이 사전 발간을 중단하고 온라인에서 유료로 사전을 서비스하기로 결정했다. 이처럼 현대 사회는 정보의 정확성과 불변성이 아니라, '빨리빨리'라는 뜻의 '위키'[3]처럼 빠른 속도로 계속 변화하는 지식의 가변성과 신속성에 보다 초점이 맞추어진 지수함수적 증가의 법칙이 작용하는 사회인 것이다.


## ⁞ 특이점의 도래

문제는 지식의 가변성과 신속성을 게임의 룰로 정했을 때 인간은 기계와 경쟁이 되지 않는다는 점이다. 인간은 급변하는 환경에서 발생하는 방대한 양의 정보와 변화에 대해 기계만큼 빠르게 대처하고 처리하지 못하기 때문이다. 따라서 미래의 어느 순간에는 충분히 인간보다 뛰어난 기계가 등장할 수 있다고 예상해볼 수 있는 것이다.

---

**3** 위키는 하와이 원주민어로 '빠르다'라는 뜻이며, 'What I Know of it(이것에 관해 내가 아는 것)'의 머리글자를 딴 말이다.

과학기술이 비약적으로 발달한 나머지, 마침내 인간보다 뛰어난 지성이 출현하는 국면을 과학자들은 '특이점singularity'이라고 부른다. 특이점은 무한소의 부피에 무한대의 밀도가 집적된 점으로, 블랙홀처럼 중력이 무한히 커서 아무것도 빠져나올 수 없는 지점을 가리키는 말이다.[4] 특이점에서는 빛조차도 빠져나올 수 없기 때문에 일반적인 물리학 법칙이 더이상 적용되지 않는 시공간의 한 점이기도 하다. 이러한 특이점의 성질에 빗대어 1983년 과학소설 작가인 버너 빈지Vernor Vinge는 '기술적 특이점'이라는 용어를 사용했다. 그러면서 인간보다 더 뛰어난 지능을 지닌 존재가 창조될 때 인류 역사는 일종의 특이점에 도달해 있을 것이고, 세계는 더이상 우리가 이해할 수 없는 곳이 될 거라고 예측했다.

기술적 특이점은 1450년대 구텐베르크Gutenberg의 인쇄기 발명과 같은 사건에 비견될 수 있다. 인쇄기가 발명되기 전에 책을 만드는 일은 오랜 시간이 걸리는 일이었고 비용도 많이 들었다. 당시 수도원에서 훈련받은 필경사가 필사본 한 권을 만드는 데 투입되는 비용을 현재 가치로 환산하면 1만 달러(약 1,100만 원)가 넘는 것으로 추정되며, 성서 한 권을 필사본으로 만들자면 숙련된 필경사 한 명이 3년 넘게 작업을 해야 가까스로 완성할 수 있을 정도였다. 그래서 당시 책을 읽는 것은 소수의 특권층에게만 가능한 일이었다.

하지만 인쇄기가 발명되자 기하급수적으로 책의 사본을 만드는 일

---

**4** 블랙홀로 빨려든 물질은 중력에 의해 점점 작은 부피로 압착되어 최종적으로는 특이점을 이룬다.

이 가능해졌다. 역사학자 엘리자베스 아이젠슈타인Elizabeth Eisenstein에 따르면, 인쇄기 발명 이후 50년 동안 약 800만 권의 책이 유럽 각지에서 인쇄되었다. 이는 인쇄술이 발명되기 이전 천 년이 넘는 기간 동안 유럽 전역에서 필경사를 통해 제작된 책의 총량보다 25배나 많은 양이다. 결국 책의 발간과 그로 인한 지식의 증가는 과학혁명, 종교혁명, 문화혁명으로 이어져 중세 시대를 종식시키는 데 일조하게 된다. 미국의 시사주간지 『타임』이 지난 천 년에 걸친 인류 역사 최고의 발명품으로 구텐베르크의 활판 인쇄술을 꼽은 것만 봐도, 인쇄술이 인류 역사에 얼마나 큰 영향을 미쳤는지를 가늠해볼 수 있다. 그 영향의 지대함을 미디어 이론가이자 비평가인 마샬 맥루한Marshall McLuhan은 '구텐베르크 은하계Gutenberg-Galaxy'라고 지칭하기도 했다. 인쇄술의 발명과 그로 인한 책의 증가가 지식 체계 전반에 걸쳐 다양한 개념과 형식을 만들어냈기 때문이다.

한편, 나사와 구글을 비롯한 여러 회사의 재정 지원을 받아 싱귤래리티대학을 창립하기도 한 레이 커즈와일은 그의 저서 『특이점이 온다』에서 2045년이 되면 인공지능이 모든 인간의 지능을 합친 것보다 강력해질 것으로 예측한 바 있다. 즉, 2045년이 되면 인공지능이 만들어낸 연구 결과를 인간이 이해하지 못하게 되어, 인간이 인공지능을 통제할 수 없는 시점이 온다는 것이다. 카네기멜론대학의 로봇공학 교수인 한스 모라벡 Hans Moravec도 2020년이면 평균적인 사무용 컴퓨터가 인간 두뇌의 기본적인 능력을 뛰어넘을 것으로 예측하기도 했다.

만일 이러한 예상이 맞는다면, 특이점은 인류에게 명확한 위기일 수밖에 없다. 그래서 많은 학자들이 인공지능의 위험성을 경고하기도 한다. 영국의 우주물리학자 스티븐 호킹Stephen Hawking은 "완전한 인공지능의 개발은 인류의 종말을 의미할지도 모른다"고 했으며, 마이크로소프트의 창업자 빌 게이츠 역시 "인공지능이 인류에 위협이 될 수 있다"고 말했다. 심지어 엘론 머스크는 "인공지능 연구는 악마를 소환하는 것이나 마찬가지"라고 주장하기까지 했다.

## ⋮ 귀납적 오류와 비선형적 사고

이처럼 도처에서 인공지능에 대한 경고의 목소리가 높아지고 있는데도, 사실 우리는 일상에서 특이점을 실감하지 못하고 있다. 특이점이 당장 현재의 일이 아니라고 생각하기 때문이다. 그러나 SF 소설 작가 윌리엄 깁슨William Gibson의 말대로 미래는 이미 와 있는데, 단지 널리 퍼져 있지 않기 때문에 우리가 잘 인식하지 못하는 것뿐일 수 있다.

그러나 무엇보다 우리가 다가오는 미래의 변화를 좀처럼 인식하지 못하는 이유는 인간이 자신의 얕은 경험을 통해 세상을 낙관적으로 바라보기 때문이다. 즉, '지금까지 그리해 왔으니까 앞으로도 그럴 것'이라고 믿는 일종의 '귀납적 오류' 때문인 것이다. 이는 영국의 철학자 버트런드 러셀Bertrand Russell이 지적한 '칠면조 비유'를 보면 쉽게 이해할 수 있다.

추수감사절에 미국인들은 칠면조 요리를 먹는다. 그런데 정작 칠면조들은 추수감사절 하루 전날까지 자신이 요리가 되어 식탁에 놓일 것이라고는 꿈에도 생각하지 못했을 것이다. 오히려 농부가 매일 아침에 주는 먹이를 먹으며 정말 좋은 주인을 만나 너무 행복하다는 생각을 했을지도 모른다. 그런데 추수감사절에 갑자기 칠면조 요리가 되어 식탁에 오르는 상상할 수 없었던 일이 벌어지고야 만다. 한순간에 인생이 완전히 뒤바뀌는 것이다. 과연 칠면조는 믿었던 도끼(농부)에 발등이 찍힌 것일까?

인간이 칠면조 같은 입장이 될 수 있다고 해도, 아마 어떤 사람들은 인간이 칠면조보다 똑똑하기 때문에 칠면조같이 당하지는 않을 것이라고 생각할 수도 있다. 하지만 『성경』에 등장하는 노아의 홍수 사건을 보자. 지금으로부터 4,400여 년 전 메소포타미아 지역에 살았던 노아는 하나님의 계시를 받고 사람들에게 대홍수를 경고했다. 하지만 사람들은 노아의 말을 믿지 않고 무시해버렸다. 지금까지 그런 일이 발생하지 않았기 때문이다. 아마도 홍수의 시작인 첫 비가 내리기 시작했을 때만 해도 사람들은 '설마' 하는 마음이었을 것이다. 그러다 자신의 집과 가축, 가족이 홍수에 휩쓸려가는 것을 보면서 비로소 '노아의 경고가 사실이었구나!'라고 생각했을 것이다. 그렇다면 인간도 믿었던 도끼(하나님)에 발등이 찍힌 것일까?

그런데 알고 보면 그렇게 믿었던 도끼는 농부도, 하나님도 아닌 바로 '자신의 인식'이다. 다시 말해, 추수감사절 요리가 된 칠면조나 홍수 심판을 당한 사람들처럼 현재만을 바라보면서 미래를 생각하지 못하는 자신의 인식이 자기 발등을 찍은 것이다. 이것이 바로 '귀납적 오류'다. 즉, 귀납적 오류란 자신의 경험만을 바탕으로 섣부른 결론을 내리는 것을 말한다. 그런데 가만히 생각해보면, 그 누구라도 귀납적 오류에 빠질 수 있다. 미국의 정치가이자 발명가인 벤저민 프랭클린Benjamin Franklin이 '강철과 다이아몬드만큼이나 단단한 것이 인식'이라고 할 정도로 바꾸기 어려운 것이 사람의 인식이기 때문이다.

그래서 생각을 깊이 해봐야 하고, 필요하다면 인식을 달리해볼 수도 있어야 한다. 내가 가진 인식이 나의 생사를 좌우할 수도 있기 때문이다. 더구나 인공지능으로 대변되는 빠른 변화의 물줄기 속에서는 어떤 사물이나 사건의 인과관계를 단순하게 연결 지어 판단하는 '선형적 사고'와, 이로 인해 발생할 수 있는 '귀납적 오류'를 경계하지 않을 경우 어느 순간 한방에 훅 갈 수도 있다.

젠가 게임

'젠가Jenga'라는 게임을 해본 적이 있을 것이다. 젠가는 나무로 된 블록 탑을 하나씩 쌓아놓고 순서대로 블록을 차례대로 빼는 게임으로, 블록 탑을 무너뜨리는 쪽이 패하게 된다. 젠가를 할 때 대개 사람들은 5개의 블록을 뺐는데도 탑이 무너지지 않으면 '6번째 블록도 괜찮겠지?'라는 생각을 한다. 그것은 이미 5개의 나무 블록을 뺐지만 블록이 무너지지 않았기 때문이다. 이때 자신의 차례에 블록이 무너지지 않을 것이라는 심리가 강하게 작용한다. 하지만 6번째 나무 블록을 빼는 순간 블록 탑이 갑자기 무너져내리면서 게임은 그것으로 끝나버린다.

우리 인생도 이처럼 예상치 못한 순간에 게임 오버가 되는 순간을 맞을 수 있다. 즉, 선형적 사고에 갇혀서 비선형적 사건을 바라보지 못하면 갑자기 인생의 티핑 포인트tipping point를 맞이할 수밖에 없는 것이다. 그렇게 되면 물이 든 냄비가 가열되는지도 모르고 아무런 행동도 하지 못하고 죽어가는 개구리 신세와 무엇이 다를까?

그래서 우리에게 필요한 것은 삶에 조금씩 스며드는 변화와, 그 변화가 미래의 어느 한 시점에서는 감당하지 못할 정도로 폭발할 수 있다는 점을 인식하고, 이에 대비할 수 있는 지혜를 갖추는 일이다. 이를 위해 절대적으로 필요한 것이 '비선형적 사고'다. 즉, 과거에 A로 인해 B라는 결과가 도출되었다고 하더라도, 이제는 C라는 전혀 다른 결과가 나올 수 있다는 점을 인식해야 하는 것이다.

역사상 가장 어리석었던 7가지 주장이라는 것이 있다. 1977년 디지털 이퀴프먼트Digital Equipment의 회장 케네스 올센Kenneth Olsen은 "개인적으로 집에 컴퓨터를 가지고 있을 이유가 전혀 없다"고 했고, 1981년 마이크로소프트 창업자 빌 게이츠는 "640킬로바이트는 모든 사람에게 충분한 메모리 용량"이라고 주장했다. 또한 1967년 라디오의 아버지 리 드 포레스트Lee De Forest 박사는 "미래에 아무리 과학이 발전하더라도 인간은 달에 발을 들여놓을 수 없다"고 말하기도 했다.

지금 생각하면 전혀 선견지명이 없어 보이는 이런 주장들은 모두 선형적 사고 때문에 발생한 것이다. 그러나 과학기술의 발전은 이와 같은 선형적 사고를 모두 무색하게 만들어버렸다. 앞으로도 마찬가지다. 추수감사절 날 칠면조가 맞이한 바로 그 순간이 나에게도 닥칠 수 있는 특이점과 같은 순간이 될 수도 있다. 바로 4차 산업혁명의 가장 큰 특징 가운데 하나가 빠른 변화 속도이기 때문이다.

현재 우리는 심하게 흔들리는 4차 산업혁명이라는 배를 타고 있다. 잠을 자고 일어나면 또 무엇이 변해 있을지 예측하기 어려울 정도로 세상이 급격히 변하다 보니, 그 변화 속도가 우리 뇌의 예측 속도를 초월할 정도다. 그래서 '사이버 멀미'라는 말도 나온다.[5] 그런데도 혹시 우리는 일상을 즐기던 칠면조처럼, 노아의 홍수를 맞이하기 전 사람들처럼 '지금까지 아무 일도 일어나지 않았으니 앞으로도 괜찮겠지'라는 착각 속에서 살고 있지는 않는가? 그렇다면 세상의 빠른 변화에 우리 뇌는 이미 그 흐름과 방향을 놓치고 있는 것이다. 그러다 일자리를 놓치는 것은 물론, 불확실성에 삶이 흔들려 멀미만 하다 아무것도 하지 못하게 되는 것은 아닐까 염려스러운 것이 사실이다.

---

**5** 멀미는 균형감각을 담당하는 귀 속의 반고리관이 느끼는 움직임과 눈을 통해 느끼는 움직임이 일치하지 않을 때 발생한다. 즉, 멀미는 불규칙한 움직임에 대한 신체 반응인 것이다. 배를 탔을 때 유독 멀미가 심한 것은 배의 움직임을 느끼는 내이와 파도의 움직임을 느끼는 눈이 서로 상반되기 때문이다.

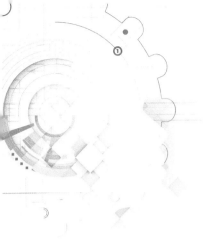

# 불확실성의 확대

## ⠿ 불확실성과 의사결정

1990년대 말 독일의 미래학자 군돌라 엥리슈Gundula Englisch는 직업을 따라 유랑하는 '잡노마드Jop Nomad' 시대가 올 것이라고 예견한 바 있다. 산업 지형이 워낙 급변하기 때문에 미래에는 직업의 안정성을 추구하는 것 자체가 불가능할 것이라는 말이다. 비슷한 시기 프랑스의 경제학자 자크 아탈리Jacques Attali도 21세기 현대인은 누구나 '유목민nomad'이 될 것이라고 밝히기도 했다. 또한 2017년 호주의 비영리 교육단체 호주청년재단FYA은 현재 15세인 호주 청소년들이 평생 5개의 직종에서 17개의 직업을 전전하게 될 것이라고 예측한 바 있다. 그만큼 미래에는 안정적인 직업을 찾기가 어려워질 것이라는 말이다. 그러다 보니 미래에는 '평생 직장'과 '평생 직종'이라는 개념이 소멸되고, 사람들의 이력서도 다양한 직업과 이력으로 채워질 확률이 높다. 실제로 2016년 비즈니스 소셜네트워크 서비스인 링크드인Linkedin의 조사에 따르면, 1965~1976년에 태어난 X세대는 첫 직장 입사 후 10년간 평균 두 차례 이직했지만, 1980~2000년에 태어난 밀레니얼 세대는 약 네 차례 이직한 것으로 나타났다.

그런데 직업의 이동으로 인한 잦은 실직과 실업은 삶에서 안정을 빼앗아가기 마련이다. 한 통계에 따르면, 미국에서 실업률이 1퍼센트포인트 상승하면 자살이 9,920건, 살인이 650건, 심장병 사망이 500건, 강도와 강간이 3,300건 늘어난다고 한다. 미국 하버드대학 사회학 교수 윌리엄 윌슨William Wilson은 실업률이 높은 동네가 가난에 찌든 동네보다 더 황폐해진다고 지적하기도 했다. 영국의 경제학자 앤드루 오즈월드Andrew Oswald 교수도 6개월 이상 지속되는 비자발적 실업만큼 정신 건강에 악영향을 끼치는 것이 없다고 했다. 심지어 어떤 사람은 실직이 배우자가 사망했을 때와 같은 최악의 상실감을 안겨준다고까지 말한다. 이는 일자리 문제가 단순한 경제적 문제가 아니라 중대한 사회적 문제일 수 있다는 것을 의미한다. 즉, 일자리 상실로 인한 개개인의 불안 증가가 사회 불안정으로 이어질 수 있다는 얘기다.

따라서 앞으로 인공지능과 기계로 인해 실업이 확산될 경우 사람들이 느끼는 불안과 두려움은 생각보다 더 클 수도 있다. 이는 자신의 능력이 아무리 뛰어나다고 해도 직업을 구할 수 없는 구조적인 실업일 가능성이 높기 때문이다.

그런데 이때 인간이 느끼는 불안과 두려움은 실패에 대한 두려움이기보다 미지에 대한 두려움일 가능성이 더 높다. 실패에 대한 두려움이 주식에 투자했다가 돈을 잃어버릴까 염려하는 것이라면, 미지에 대한 두려움은 어떤 주식 중개인이 한 번도 들어본 적이 없는 기업의 주식에 투자하라고 강력하게 추천할 때 생기는 두려움이라고 할 수 있다.

사실 실패든 미지든, 그 결과를 알 수 없다는 점에서 불확실하기는 마찬가지다. 하지만 사람들은 실패보다 미지에 더 큰 두려움을 느낀다. 어떤 일이 일어날지 알 수 없는 미지의 세계는 그 확률을 알 수 없지만, 실패는 그 뒤에 숨어 있는 '위험'이라는 요소를 확률이라는 도구로 측정할 수 있기 때문이다. 그래서 미국 시카고대학의 프랭크 나이트Frank Knight 교수는 불확실성을 '측정 가능한 불확실성measurable uncertainty'과 '측정 불가능한 불확실성unmeasurable uncertainty'으로 구분하면서, 측정 가능한 불확실성은 곧 '위험'을 의미한다고 규정하기도 했다. 그러면서 측정 가능한 불확실성은 확률을 부여할 수 있지만, 측정 불가능한 불확실성은 확률을 부여할 수 없다고 했다.

결국 사람들이 미지로 인한 불확실성을 더 두려워하는 것은 그것이 측정할 수 없는 성질을 지녔기 때문이다. 극단적인 예로, 사람들에게 권총에 들어 있는 8발의 권총을 차례로 발사하여 그중 한 발이 발사되면 죽게 되는 러시안룰렛 게임과, 어디에 묻혀 있는지 모르는 지뢰밭을 걷는 게임 중 하나를 선택하라고 하면 아마도 전자를 선택할 것이다. 최소한 룰렛 게임의 확률은 알고 있기 때문이다.

그리고 사람들은 불확실성을 통제할 수 없을 때 공포를 더 크게 느낀다. 예를 들어, 자동차 사고가 일어날 확률이 비행기 사고보다 1만 배나 높지만 사람들은 비행기 사고에 더 큰 공포를 느낀다. 이는 자동차 사고의 경우 자신이 조심만 하면 통제할 수 있다고 생각하지만, 비행기 사고는 어쩔 수 없는 위험이라고 생각하기 때문이다. 마찬가지로 흡연과 광우병 중 어느 것이 더 위험한지 물어보면 대부분의 사람이 흡연보다 광우병이 더 위험하다고 말한다. 실제로는 흡연으로 인한 사망률이 광우병으로 인한 사망률보다 훨씬 높지만, 사람들이 이렇게 말하는 것은 흡연으로 인한 위험은 담배를 끊을 경우 피할 수 있는 위험이라고 생각하기 때문이다.

이런 이유로 인해 사람들은 어떤 의사결정을 할 때 위험이 제로가 되는 선택을 더 높이 평가하게 된다. 하지만 그 선택이 항상 합리적인 것은 아니다. 예를 들어, 러시안룰렛 게임에서 권총의 회전 탄창에 6개의 탄알이 들어갈 자리가 있다고 가정해보자. 그런데 만일 회전 탄창 안에 4개의 탄알이 남아 있다면, 그 4개의 탄알 가운데 2개를 제거하기 위해 얼마를 지불하겠는가? 그리고 만약 권총에 단 한 개의 탄알이 남아 있다면, 그 한 개의 탄알을 제거하는 데 얼마나 지불하겠는가? 이러한 질문에 대부분의 사람은 두 번째 경우에 더 많은 돈을 지불하겠다고 답한다. 그렇게 하면 죽을 위험성이 제로(0)로 줄어들기 때문이다. 하지만 통계적으로 첫 번째 경우에는 죽을 확률이 3분의 1로 줄어들지만, 두 번째 경우에는 6분의 1로 줄어들기 때문에 첫 번째 경우가 2배는 더 가치가 있다. 그런데도 사람들은 리스크가 제로(0)가 되는 선택을 더 선호한다.

또한 사람들은 단순히 '불확실성'이 존재한다는 이유만으로 선택을 바꾸기도 한다. 심리학자인 아모스 트버스키Amos Tversky와 엘다 샤퍼Eldar Shafir는 대학생들에게 이틀 후에 시험 결과가 나오는 상황에서 반값으로 여행을 갈 수 있는 상품을 제시하면서, 미리 시험 통과 여부를 알려주었을 때와 그렇지 않았을 때의 반응을 살펴보았다. 다만 교수가 제시한 반값 여행상품은 오늘 구매하게 되면 반값에 구매할 수 있지만, 이틀 후에 구매할 경우 추가 수수료를 부담해야 한다. 그 결과, 대학생들은 시험에 합격했든 불합격했든 미리 점수를 알려주어 불확실성을 제거했을 경우 절반 이상이 여행을 간다고 선택했다. 반면, 점수를 알려주지 않았을 경우에는 61퍼센트의 학생이 추가 수수료를 부담해가면서까지 여행에 대한 판단을 유보했다. 그만큼 불확실성이 의사결정을 늦추는 작용을 한 것이다.

이 때문에 사람들이 불확실한 것 때문에 확실한 것을 포기하지 않는 태도를 보이는 것이다. 즉, 덤불 속 두 마리의 새보다 손안에 든 한 마리 새가 더 선호되는 것이다.

그런데 가끔 우리는 발생 확률이 낮은 것을 불확실성으로 오해하기도 한다. 예를 들어 '내일 우리 팀이 경기에서 이길 확률은 50퍼센트'와 '우리가 다시 만날 가능성은 바늘 하나가 떨어져 사방 1센티미터의 종이 위에 꽂힐 정도' 중 어느 쪽이 더 불확실한가를 질문해보면, 많은 사람이 후자를 선택한다. 그러나 후자의 경우 발생할 확률이 아주 낮기 때문에 발생하지 않을 것이 거의 확실하다는 뜻이다. 따라서 불확실성이 작다고 봐야 한다. 그러나 이길 확률이 50퍼센트라는 말은 이길지 질지 불확실해서 섣불리 예측할 수 없다는 뜻이기에 불확실성이 매우 높다는 말이다.

따라서 불확실성이라는 말은 어떤 결과가 나올지 알 수 없다는 뜻으로 생각해야 한다. 다만 정도에 따라서 결과를 가늠해볼 수도 있고, 아예 결과 자체가 상상이 안 되는 경우가 있을 뿐이다. 예를 들어, 동전 던지기를 하면 앞면과 뒷면 중 어느 것이 나올 것이라고 가늠해볼 수는 있다. 그러나 동전이 서버리는 경우는 미처 상상하지 못한다.

9·11 테러 이후 미국 국방부장관이었던 도널드 럼스펠트Donald Rumsfeld는 기자회견에서 테러리스트의 위협에 대해 "우리가 알고 있다는 것을 아는 것이 있고There are known knowns, 우리가 모르고 있다는 것을 아는 것이 있으며There are known unknowns, 우리가 모르고 있다는 것조차 모르는 것도 있다There are also unknown unknowns"고 답했다.[6]

여기서 '알고 있다는 것을 아는 것known knowns'은 우리가 운전을 할 때 조금만 더 가면 굽은 도로가 있어서 속도를 낮춰야 한다는 것을 예측할 수 있듯이, 앞으로 일어날 상황을 알고 있어 이에 대비할 수 있다는 의미다. 그런데 '모르는 것을 아는 것known unknowns'은 교통사고와 같이 일어날 수 있다고 생각은 할 수 있지만 실제로 언제, 어떻게 일어날지 모르는 사건과 같다. 마지막으로 '모르고 있다는 것조차 모르는 것unknown unknowns'은 9·11 테러와 같이 전혀 상상할 수 없었던 사건이 발생하는 것을 말한다. 여기서 목적어로 쓰인 '모르고 있다는 사실unknowns' 자체가 불확실성이다. 다만 인간이 그것을 아느냐, 모르느냐의 차이가 있을 뿐이다.

---

**6** 맞는 말 같으면서도 알쏭달쏭한 그의 표현법은 그의 이름에서 차용하여 '럼미즘Rummy-ism'이라 불리기도 했다.

## ∴ 초불확실성, 패러노멀, 뷰카의 시대

불확실성은 비단 오늘날의 문제만은 아니다. 인류 역사는 사실상 불확실성의 지배를 받으면서 전개되어 왔다고 해도 과언이 아니다. 굳이 과학 용어를 빌려 설명하자면 '열역학 제2법칙'에 따라 자연의 질서가 무질서를 상징하는 '엔트로피[7]'가 증가하는 방향으로 작용하고 있기 때문이다. 따라서 우리가 사는 세상의 무질서와 불확실성이 증가하는 것은 어떤 의미에서는 당연할 수도 있다.

지진과 쓰나미, 태풍, 홍수와 같이 자연이 창출하는 불확실성도 점증하고 있지만, 그에 못지않게 인간에 의해 창출되는 불확실성도 빈번해지고 있다. 특히 경제적 불확실성은 인간의 탐욕과 각종 제도적 결함이 복합적으로 작용하면서, 그 빈도도 높아지고 영향도 확대되고 있다. 1970년대 금 태환 중지, 오일쇼크, 스태그플레이션 등으로 경제가 휘청거릴 때 미국의 경제학자 존 갈브레이스John Galbraith는 『불확실성의 시대』라는 저서를 통해 현대 사회의 특성을 '불확실성'이라고 규정하기도 했다.

하지만 지금은 UC버클리대학 배리 아이켄그린Barry Eichengreen 교수가 언급한 '초불확실성의 시대the age of hyper-uncertainty'라고 할 수 있다. 그래서 글로벌 금융 위기 이후 세계경제의 대대적인 환경 변화를 '뉴노멀New

---

**7** 엔트로피entropy는 독일 물리학자인 클라우지우스Clausius가 열에너지의 변형과 관련된 현상을 설명하기 위하여 '에너지energy'라는 단어와 그리스어의 '변형tropy'이라는 단어를 합성한 것으로, 열량을 온도로 나눈 양이다. 그 후 오스트리아의 물리학자 볼츠만Boltzmann이 엔트로피를 원자나 분자가 분포하는 상태의 확률을 나타내는 양으로 새롭게 정의하면서, 엔트로피는 열과 관계된 현상뿐만 아니라 자연에서 일어나는 변화의 방향을 제시하는 중요한 개념이 되었다.

Normal'이라는 개념으로 접근한 핌코PIMCO의 CEO인 모하메드 엘 에리언 Mohamed El Erian과 달리, 에리언과 공동 CEO를 맡고 있는 빌 그로스Bill Gross 는 뉴노멀 정도로는 현 세계경제가 직면한 근본적인 불확실성을 제대로 이해할 수 없다며 '과학적으로 설명할 수 없는'이라는 뜻을 가진 '패러노멀 Paranormal'을 주창하기도 했다.

심지어 군사 전문가들 사이에서 쓰이던 '뷰카vuca'라는 용어가 현대 사회를 대변하는 말로 쓰이기도 한다. 뷰카는 전쟁과 같이 예측이 어렵 고 복잡한 상황을 나타내는 말로 변동성volatility, 불확실성uncertainty, 복잡성 complexity, 모호성ambiguity을 가진 사회 환경을 일컫는 말이다. 이는 기존의 패러다임으로는 도무지 이해할 수 없는 각종 불확실성들이 넘쳐나는 세계 정세를 꿰뚫고 있는 표현으로, 나심 니콜라스 탈레브Nassim Nicholas Taleb가 경 고한 '블랙 스완black swan'과도 맥을 같이하고 있다.

이와 같은 흐름에 비추어볼 때, 어떻게 보면 불확실성은 세상에 내 재된 하나의 특성일 수도 있다. 만일 우리의 지식이 완벽하다면 불확실성 을 인지하지 못하겠지만, 그렇지 않기에 우리는 불확실성을 얘기할 수밖 에 없다.

결국 불확실성으로 인해 지금은 처음 본 것을 이미 본 것처럼 느끼 는 '기시감deja vu'의 시대가 아닌, 이미 본 것을 처음 보는 것처럼 느끼는 '미시감jamais vu'의 시대가 되어버렸다. 그만큼 최근의 기술 변화는 이전에 경험해보지 못했을 정도로 강하며, 동시에 지구상 모든 것을 드라마틱하 게 변모시키고 있다. 이로 인해 우리는 어쩌면 역사상 가장 새로운 형태의

'불확실성'에 노출되어 있는지도 모른다. 한마디로 '세상에서 가장 확실한 것은 확실한 것이 아무것도 없다'라는 표현이 적절한 시대가 되어버린 것이다.

## ⋮ 불확실성의 극복

사람들은 불확실성을 싫어한다. 그래서 불확실성이 존재한다는 것을 알면서도 실제로 어떤 일을 계획하고 분석할 때는 불확실성을 배제하는 경우가 많다. 네덜란드 심리학자인 트래비스 프루Travis Proulx의 연구에 따르면, 사람들은 불확실성에 노출될 경우 그 상황을 타개하고자 패턴과 질서를 찾으려는 욕구가 강해진다고 한다. 이를 '종결 욕구'라고 하는데, 이는 사람들이 불확실성을 대개 '불안'의 의미로 받아들이기 때문이다. 그래서 사람들은 불확실성을 극복하기 위해 더 강한 존재에 의존하는 경향을 보이기도 한다. 소위 말하는 '요다이즘Yodaism'[8]적 태도를 보이는 것이다. 그래서 불확실성이 커질 때 사회의 불안정을 완화시켜 주는 종교가 번성하기도 한다. 또한 불확실한 상황을 통제하고 싶은 욕구가 미신으로 표출되기도 하고, 스포츠 선수들에게는 일종의 징크스로 나타나기도 한다. 이는 사람들이 억지스러운 인과관계를 통해서라도 마음의 위안을 찾

---

**8**　요다이즘은 미국의 미래학자 멜린다 데이비스Melinda Davis가 만든 개념으로, 1977년 조지 루카스George Lucas 감독이 만든 공상과학영화 〈스타워즈〉에서 주인공 제다이의 정신적 스승으로 나오는 요다Yoda의 이름에서 빌려왔다.

으려 하기 때문이다.

그러나 불확실성이 반드시 '불안하다'라는 의미로 연결되는 것만은 아니다. 불확실성이 크다는 것은 좋을 수도 있고 나쁠 수도 있다. 다만 불확실성을 잘 다루지 못했을 때 '리스크'라는 부담을 질 뿐이다. 따라서 불확실한 상황이라고 하여 무턱대고 막연한 두려움을 가질 필요는 없다. 오히려 불확실성의 시대에 우리에게 필요한 것이 무엇인지 고민하고 생각해 본다면, 그 해결책을 쉽게 찾을 수도 있다. 더구나 불확실성을 받아들이지 못할 경우 전혀 엉뚱한 결과가 나타날 수도 있기 때문에 불확실한 상황일수록 보다 적극적인 태도를 취할 필요가 있다.

프랑스의 계몽사상가 볼테르는 "의심은 불쾌한 일이지만 확신은 어리석은 일"이라고 말한 바 있다. 그의 말대로 현재 거세게 밀려드는 제4차 산업혁명이라는 물줄기가 어떤 결과를 가져올지 확신하는 것은 어리석은 일일지도 모른다. 그렇다고 그것이 어떤 방향으로 나아갈지에 대한 불확실성 때문에 그 무엇도 하지 못한다면, 그 역시 어리석은 생각이다. 차라리 미래가 예측할 수 없는 불확실성과 변화로 가득 차 있음을 인정하고, 이를 맞을 적극적인 준비를 하고, 더 나아가 그것을 역이용하여 바람직한 미래를 만들고자 하는 자세가 중요하다. 쓰나미에 대비해 쌓았던 둑을 무너뜨릴 정도의 커다란 쓰나미가 몰려온다면 배를 준비하는 것이 정답이다. 불확실성은 불안뿐만 아니라 새로운 가능성도 내포하고 있기 때문에, 결국 제4차 산업혁명의 최종 목적지는 그 잠재력이 최대한 발휘될 수 있도록 하는 우리의 능력에 달려 있다.

'앙스트블뤼테angstblüte'라는 말이 있다. 이는 '불안, 두려움'을 의미하는 'angst'와 '개화開花'를 뜻하는 'blüte'의 합성어로 '불안 속에 피는 꽃' 정도로 번역된다. 뿌리 번식을 하기 때문에 꽃을 피우지 않는 대나무나 동양란 같은 식물은 물이 부족하거나 혹한기와 같이 생존환경이 극도로 열악해지면 유난히 풍성하고 화려한 꽃을 피우는데, 앙스트블뤼테는 이를 가리키는 말이다. 다시 말해, 앙스트블뤼테는 시련과 역경을 견뎠을 때 오히려 그것이 자양분이 되어 화려한 꽃을 피울 수 있다는 함의를 담고 있다. 인간도 마찬가지다. 불확실성이라는 두려움 속에서도 앙스트블뤼테처럼 오히려 우리의 내공이 더욱 깊어질 수 있고 새로운 것이 창조될 수도 있다.

하지만 시련과 역경을 이겨냈다는 사실만으로는 부족하다. 불확실성이라는 혹독한 환경에서 화려한 꽃을 피우기 위해서는 실시간으로 쏟아지는 다양한 정보를 선별하고 분석할 수 있는 능력이 있어야 한다. 저널리스트인 데이비드 솅크David Shenk의 말대로 지금은 하도 많은 정보가 생겨나다 보니, 의미 있는 정보가 어떤 것인지 옥석을 가리기 어려울 정도의 '데이터 스모그'가 만연한 시대다. 너무 많은 데이터가 마치 공해처럼 작용하는 것이다. 따라서 이러한 스모그 속에서 의미 있는 정보를 걸러낼 수 있어야 한다. 그렇지 못하면 의사결정을 하지 못해 오히려 삶이 점점 더 불확실해질 수도 있다. 더 나아가 무엇을 선택할지 몰라 고통스러워하는 '햄릿 증후군'에 걸려버릴 수도 있다.

다행히 '빅데이터'로 대표되는 기술의 발달로 인해 우리는 실시간으로 쏟아지는 다양한 정보로부터 의미 있는 정보를 추출할 수 있게 되었다. 어떻게 보면 이는 '하인리히 법칙Heinrich's law'을 충분히 역이용할 수 있는 도구를 확보한 셈이다. 하인리히 법칙은 1930년대 미국의 한 보험사에서 근무하던 허버트 하인리히Herbert Heinrich가 산업 현장의 재해 사례를 분석한 것으로, 어떤 사건으로 중상자가 1명 나오면 이전에 같은 원인으로 경상자가 29명 정도 발생하고, 다칠 뻔한 잠재적 부상자는 무려 300명이나 된다는 법칙이다.

이는 위기가 우연히 갑작스럽게 일어나는 것이 아니라, 그 이전에 반드시 경미한 사고들이 반복되는 과정 속에서 발생한다는 것을 시사한다. 따라서 사소한 변화를 미리 감지하고 잘못된 점을 고치면 이후에 닥칠 수 있는 큰 위기를 방지할 수 있지만, 반대로 그것을 방치할 경우 훗날 돌이킬 수 없는 사고로 번질 수 있다. 따라서 사소한 변화의 징후를 빠르게 파악하는 것은 미래에 발생 가능한 사건을 예측하는 단초가 될 수 있다. 우리 속담에 '제비가 낮게 날면 비가 온다'라는 말이 있는데, 굳이 제비를 보지 않더라도 먹구름이 끼면 비가 올 수 있다고 생각할 수 있어야 하는 것이다.

미국의 도널드 럼스펠드가 국방부장관 후보자로 인사청문회를 받을 당시 "잠자리에 들 때 무엇이 가장 걱정되십니까?"라는 질문에 "정보입니다. 세상에 어떤 일이 벌어질지 예상하지 못해 놀라서 허둥거리게 되면 위험하니까요"라고 답했다. 럼스펠드의 말에서 유추해볼 수 있듯이, 정보는 불확실성의 영역에 속하는 '모르고 있다는 사실unknowns'을 씻어버리는 물과 같은 작용을 한다. 그만큼 정보는 불확실성에 대비하는 가장 핵심적인 수단이기 때문에 정확한 정보를 얻을 수만 있다면 상당한 정도로 불확실성을 줄일 수 있는 것이다.

그런데 서로 모순되는 정보가 공존하면서 널리 공유되고 있는 현실에서 잘못된 정보나 정보의 오용은 오히려 불확실성을 확대시킬 수도 있다. 때문에 넘쳐나는 정보의 바다에서 꼭 필요한 정확한 정보만을 추출할 필요가 있다. 그러한 정보가 축적되면 그것이 지식으로 승화되고, 그러한 지식이 쌓이게 되면 지혜로 숙성되기 마련이다. 따라서 지혜의 출발점이 되는 미래 길잡이로서의 '데이터'에 주목할 수밖에 없다.

# 게임 체인저, 데이터

## ⋮ 데이터의 범람

　지난 수천 년 동안 사람들은 자연현상을 설명하기 위해 '신'의 개념을 빌려왔다. 홍수가 나면 신이 심판한 것이고, 가뭄이 들면 왕이 잘못하여 신이 벌을 내린 것이라고 믿었다. 심지어 번개는 악마가 신에 반항할 때 일어나는 현상이라고 생각하여 번개가 칠 때에는 교회의 종을 울려야 한다고 믿기도 했다. 그래서 번개가 치는 와중에 높은 종탑에서 종을 울리다가 18세기 말 독일에서만 120명의 종지기가 죽고, 400개의 종탑이 파괴되는 어처구니없는 사건이 발생하기도 했다.

　이처럼 자연재해를 인간의 잘못과 연관시켜 생각하는 것을 '재이사상災異思想'이라고 한다. 이는 정치를 잘하면 자연이 순조롭고, 그렇지 못하면 천재지변이 일어난다고 믿는 사상이다. 과학이 발전하지 않았던 시절에는 이해할 수 없는 자연현상을 설명하는 사고의 틀로 신화적이고 주술적인 재이사상이 각광을 받았다. 하지만 지난 몇백 년 동안 과학자들은 번개와 홍수의 원인이 무엇인지 과학적으로 명확하게 설명하게 되었고, 그로 인해 인간은 초자연적인 힘보다는 과학 법칙과 물리적 현실을 더 믿게 되었다. 어떻게 보면 18세기 중반 벤저민 프랭클린이 번개를 동반한 폭풍 속에서 연을 띄우는 경험적 관찰을 한 것이 인간의 의식 속에서 신을 몰아내버린 계기가 되었던 것이다.

이처럼 근대 과학기술의 발전으로 신 중심적 세계에서 인간 중심적 세계로 이동하면서 신을 계속해서 인간의 삶에서 밀어내 왔다면, 21세기에는 인간 중심적 세계에서 데이터 중심적 세계로 이동하면서 데이터가 인간을 점차 밀어내고 있다고 할 수 있다. 그만큼 데이터가 삶의 중심에 서 있는 것이다. 신 중심의 세계에서 볼 때 보이지 않는 신이 세상의 모든 만물에 깃들어 있다고 여겨지는 것처럼, 데이터 중심의 세계에서는 데이터가 세상의 모든 만물에 깃들어 있다고 말해도 과언이 아니다. 더구나 사물인터넷을 통해 수집된 데이터가 빅데이터 기술을 통해 분석되고 인공지능을 통해 활용되는 등 4차 산업혁명의 핵심에 데이터 기술이 자리하고 있기 때문에 데이터의 중요성은 나날이 커지고 있다.

그런데 재미있는 것은 데이터가 지배하는 세계를 인간 스스로 만들고 있다는 점이다. 다시 말해, 인류에게 큰 위협이 될지도 모르는 인공지능에게 인간이 자발적으로 대량의 기초 데이터를 제공함으로써 인간 스스로 기계의 딥러닝 학습에 도움이 되는 학습지가 되어주는 아이러니가 펼쳐지고 있는 것이다. 그도 그럴 것이 오늘날에는 지하철, 버스, CCTV, 블랙박스, 네이버 및 구글 검색 등 우리가 보고 사용하는 모든 것이 데이터가 된다. 사람들은 일상에서 소셜 네트워크, 클라우드 서비스 등을 끊임없이 사용하면서 수많은 정보를 자신도 모르게 제공하고 있다. 심지어 기본적인 문자, 소리, 영상 외에도 냄새와 같이 보이지 않는 것까지 데이터로 축적되고 있다. 그러다 보니 사람들이 남기고 간 디지털 흔적을 묘사하는 '데이터 잔해data exhaust'라는 용어까지 등장했다. 이런 추세라면 인간 사회를 둘러싸고 있는 모든 것으로부터 데이터가 창출되고 활용되어, 앞으로 데이터 없이는 살 수 없는 시대가 펼쳐질지도 모른다. 이스라엘 예루살렘 히브리대학 교수인 유발 하라리Yuval Harari의 표현을 빌리자면, '데이터교'가 지배하는 세상이 되는 것이다.

사실 데이터라는 말이 갖는 의미를 생각해볼 때 데이터는 인간이 살아가는 기반이 될 수밖에 없다. 기원전 300년경 활동했던 그리스의 수학자 유클리드Euclid가 저술한 『자료론The Data』의 제목이기도 한 데이터는 라틴어로 '사실fact로서 주어진다given'는 의미를 가지고 있다. 유클리드는 기하학을 설명할 때 이미 알려진 것 또는 알려졌다고 증명할 수 있는 것으로부터 시작했다. 즉, 데이터는 어떤 이론을 세울 때 기초가 되는 사실 또는 자료를 의미한다. 따라서 데이터가 인류의 삶에 점차 뿌리를 내리는 것은 문명의 발전 과정에서 자연스럽게 나타나는 현상인지도 모른다.

흔히 데이터의 특징으로 자주 언급되는 것이 '3V'다. 2001년 시장조사기관 가트너는 데이터가 급성장하면서 나타나는 이슈를 '데이터의 양volume', '데이터의 입출력 속도velocity', '데이터 종류의 다양성variety'이라는 3

개의 차원으로 정의했다. 그 후 3V 모델은 방대한 양의 정형 또는 비정형 데이터 셋을 의미하는 '빅데이터'의 특징이자 정의가 되었다.[9]

이 같은 데이터의 특징에 부합하듯, 오늘날에는 인터넷과 세상을 연결하는 장치의 종류가 다양해지고 사물인터넷이 발달하면서 완전히 새로운 형태의 데이터가 매일 빠른 속도로 생성되고 있다. 미국의 시장조사기관 IDC에 따르면, 2015년 전 세계 디지털 데이터의 규모는 7.9제타바이트였다.[10] 그런데 2025년에는 데이터의 양이 163제타바이트가 될 것이라고 한다. 1제타바이트는 1 다음에 0이 21개나 들어가는 상상하기 힘든 크기다. 1메가바이트를 한 스푼의 모래 정도라고 할 때, 1제타바이트는 한반도 모든 백사장의 모래알 개수와 맞먹는 엄청난 정보량이다.

컴퓨터가 상용화되기 이전까지 인류가 축적한 데이터의 양은 약 12엑사바이트로 추정된다. 하지만 어느새 우리는 그것의 1,000배 이상에 달하는 제타바이트 시대를 살아가고 있다. 현재 전 세계 데이터만 하더라도 90퍼센트가 불과 지난 2년 안에 생성될 정도로 데이터의 증가 속도도 가파르다. 한마디로 지수함수적 증가 패턴을 따르는 것이다. 그렇다면 향후 인류는 지난 수천 년의 역사가 만들어낸 정보량보다 훨씬 더 많은 정보를 생산해낼 것이고, 그에 따라 데이터양도 무한 확장해나갈 것이다. 만일 이렇게 늘어난 데이터를 어딘가에 긁어모아야 한다면, 과거에는 데이

---

**9** '가치value' 또는 '정확성veracity'이라는 속성을 추가하여 빅데이터의 특징을 '4V' 또는 '5V'로 정의하기도 한다.

**10** 데이터의 단위는 킬로바이트(KB), 메가바이트(MB), 기가바이트(GB), 테라바이트(TB), 페타바이트(PB), 엑사바이트(EB), 제타바이트(ZB), 요타바이트(YB), 브론토바이트(VB), 락시아바이트(RB), 에르키스틴바이트(OB), 큐타바이트(QB), 엑스바이트(XB)로 표기되며, 각 단위 간의 배수는 1,000이다.

터를 손으로 하나둘씩 주워 담았을지 몰라도 이제는 초강력 진공청소기로 빨아들여도 힘들 것이다.


## ⁝ 미래를 여는 열쇠


세상의 데이터화는 인간의 이해를 풍부하게 함으로써 사회를 변화시키는 주역이 되고 있다. 데이터 자체는 TV나 스크린 화면의 화소와 같이 제한된 정보만을 제공한다. 하지만 충분한 양의 화소가 올바른 순서로 결합될 경우 다양한 정보를 전달할 수 있는 화면이 형성되는 것처럼, 각종 각양의 데이터가 결합하면서 예측하지 못했던 새로운 변화가 생겨나고 있는 것이다.

한 예로, 데이터를 기반으로 하는 딥러닝은 '모라벡의 역설Moravec's paradox'을 극복하게 만들었다. 모라벡의 역설은 인간이라면 어린아이라도 할 수 있는 쉬운 일이지만, 이를 컴퓨터로 실현하기가 매우 어렵다는 것을 가리킨다.[11] 모라벡의 역설을 보여주는 대표적인 예가 2006년 처음 공개된 일본 혼다의 휴먼 로봇 '아시모ASIMO'다. 아시모는 처음 대중에게 공개되었을 때 계단을 오르다 굴러 넘어져 얼굴을 땅바닥에 부딪치는 등 어린아이도 하지 않는 실수를 했다. 또한 구글이 투자한 윌로우 개러지Willow

---

**11** 모라벡의 역설과 유사한 것이 '폴라니의 역설Polanyi's paradox'이다. 철학자 마이클 폴라니 Michael Polanyi는 "우리는 말로 할 수 있는 것보다 더 많은 것을 안다"고 말했다. 이는 인간이라면 명쾌한 법칙이나 논리로 설명할 수 없는 추상적 지식을 이해할 수 있지만, 단순한 절차를 반복하는 자동화기술은 이를 이해할 수 없다는 뜻을 내포하고 있다.

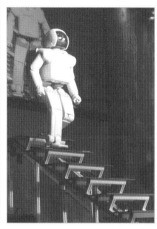

다목적 로봇 PR2

계단을 내려오는
아시모

Garage사는 로봇 'PR2'를 개발해 전 세계 대학에 20여 대를 무료로 제공했다. 독일 뮌헨대는 PR2에게 요리를 가르쳤고, 미국 버클리대는 수건 개는 방법을 가르쳤다. 그러나 PR2가 수건 한 장을 접어서 쌓는 데는 무려 25분이 걸렸다. 이처럼 인간이라면 쉽고 자연스럽게 할 수 있는 많은 일이 로봇에게는 지극히 어려운 일이다.

얼굴 인식도 비슷하다. 인간은 처음 보는 종류의 고양이라고 할지라도, 기존에 알고 있던 고양이의 특징을 바탕으로 그 동물이 고양이라는 사실을 파악할 수 있다. 하지만 기계는 사전에 정보가 주어지지 않은 고양이를 기존에 알고 있던 고양이와 같은 종류의 동물이라고 인식할 수 없다. 또한 얼룩말을 본 적이 없는 사람에게 '얼룩말은 말과 비슷하고 얼룩이 있다'라고 가르치면, 그 사람은 진짜 얼룩말을 본 순간 '저것이 얼룩말이다'라고 인식할 수 있다. 인간은 말과 줄무늬의 의미를 알고 있기 때문이다. 그러나 컴퓨터에게는 이것이 말할 수 없이 힘든 일이다. 이는 얼룩

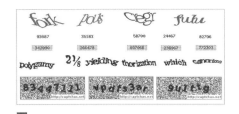

말이라는 기호symbol를 그것이 의미하는 것과 결부시키는grounding 작업이 로봇에게는 매우 어렵기 때문이다.

기계의 이러한 성질을 이용한 대표적인 것이 인터넷 보안 기술인 '캡차captcha'다. 인터넷을 사용하다 보면 보안을 위해 중간에 줄이 그어져 있는 그림이 있는 특정 문자를 입력하는 것을 볼 수 있는데, 이것이 캡차다. 이는 문자에 되돌릴 수 없는 변형을 가하여 보안을 높이는 기술로서, 인간은 비가역적인 변형이 이루어져도 해당 문자를 인식할 수 있지만, 컴퓨터는 변형 전의 원 문자를 인식하지 못하기 때문에 도입된 기술이다. 실제로 자동화한 프로그램이 캡차를 해독할 확률은 1퍼센트 이하다.

이외에 로봇의 한계로서 지적되는 것 중 하나가 현실에서 일어나는 문제에 로봇이 모두 대처할 수 없다는 것이다. 이는 인간이 해결하기 어려운 현실의 난제를 로봇이 풀 수 있다고 하더라도, 로봇이 변화하는 세계를 지속적으로 인식하는 것이 매우 어렵다는 점을 가리키는 것이다. 철학자 대니얼 데닛Daniel Dennet은 이 문제를 간단한 예를 통해 지적했다.

어떤 동굴 안에 로봇의 에너지원인 배터리가 놓여 있고, 그 위에 시한폭탄이 장착된 상황을 가정해보자. 배터리 없이는 로봇이 움직일 수 없기 때문에 이 배터리를 가져오기 위해 로봇 1호가 설계되었다. 그런데 로봇 1호가 배터리 위에 놓여 있는 시한폭탄도 함께 가져오는 바람에 폭탄이 폭발해 미션에 실패했다. 개량된 로봇 2호는 미션 수행과 관련하여 부차적으로 일어나는 일도 함께 고려할 수 있게끔 설계되었다. 하지만 로봇 2호도 '배터리를 이동시키면 폭탄이 폭발할까, 동굴이 무너지지는 않을까?'와 같이 부차적인 일을 생각하다가 타임 오버로 시한폭탄이 폭발해 또 실패하고 만다. 그래서 로봇 3호는 어떤 미션의 목적과는 관계없는 것들은 고려하지 않도록 개량되었다. 하지만 로봇 3호도 미션의 목적과 관계있는 것, 관계없는 것을 분류하다가 동굴에 들어가기도 전에 동작이 멈추어버렸다.

아주 간단한 추정이긴 해도, 로봇이 현실 세계에서 어떤 문제를 해결하기 위해 발생할 수 있는 다양한 사건을 모두 고려하지 못한다는 점을 날카롭게 지적하고 있다. 물론 인간이라고 해서 문제 해결 시 발생할 수 있는 모든 점을 다 고려할 수 있는 것은 아니지만, 적어도 위의 사례에서처럼 로봇과 같은 실수를 할 가능성은 지극히 낮다. 따라서 로봇이 어떤 목적을 제대로 수행하기 위해서는 발생 가능한 여러 가지 사건들 중에서 목적 수행과 관계있는 일만 추출해내고, 그 외의 일은 염두에 두지 말아야 하는 전제가 필요하다. 즉, 어떤 테두리를 만들고 그 테두리 안에서만 사고할 필요가 있는 것이다. 이것이 유한한 정보처리능력을 지닌 로봇의 '프레임 문제'다.

결국 인공지능 로봇이 인간과 같이 되려면 최소한 이와 같은 기술적 한계들이 극복되어야 한다. 그런데 데이터를 기반으로 하는 딥러닝으로 인해 점차 로봇은 위에서 제시한 한계들을 극복할 뿐만 아니라, 스스로 살아있는 개체를 닮아가기까지 하고 있다.

모라벡의 역설에서 가장 많이 언급되었던 얼굴 인식의 문제도 이제는 아무런 문제가 되지 않는다. 현재 구글의 '페이스넷FaceNet'은 99.96퍼센트, 페이스북의 '딥페이스DeepFace'는 97.25퍼센트의 얼굴인식률을 자랑한다. 이 같은 얼굴인식 기술은 범죄자 식별은 물론 보안 감시, 인증 등에도 다양하게 활용될 수 있다. 심지어 얼굴을 마스크나 모자, 스카프 등으로 가린 범죄 용의자들도 개인의 고유한 얼굴 특징을 인식하는 인공지능이 포착해낼 수 있다. 2018년 중국에서는 5만여 명의 관중이 운집한 콘서트장에서 경제 범죄로 수배 중이던 한 남성이 인공지능 카메라로 인해 공안에 체포되기도 했다. 더 나아가 중국 정부는 13억 명의 얼굴을 3초 안에 구별하는 얼굴인식 시스템 개발도 추진 중이다.

사실 인간에게 있어 얼굴 인식은 뇌의 문제다. 우주 탐사선들이 촬영한 화성 표면 사진에서 사람 얼굴을 닮은 지형이 발견돼 '화성 고대 문명론'이 제기되는 것도, 9·11 테러 당시 연기에서 악마의 형상을 보았다는 주장이 제기되는 것도, 하늘에 떠 있는 구름에서 우리에게 친숙한 동물이나 새털 등의 이미지를 떠올리는 것도 알고 보면 모두 뇌의 작용이다.[12] 따라서 인공지능이 얼굴 인식의 문제를 해결했다는 사실은 인간의 뇌를 닮은 딥러닝 기술의 발전 정도를 보여주는 한 지표라고도 볼 수 있다.

---

**12** 전혀 연관성이 없는 물체나 현상으로부터 일정한 패턴을 추출해 자신에게 친숙한 특징을 부여하는 심리 현상을 '파레이돌리아pareidolia', 우리말로 '변상증變像症'이라고 부른다. 안면 변상증에 대해 미국의 천문학자 칼 세이건Carl Sagan은 어린아이가 자신의 부모를 알아봐야 하는 필요성 때문에 생긴 진화의 결과라고 말하기도 했다. 하지만 MIT의 뇌과학자인 파완 신하Pawan Sinha 교수는 사람들이 얼굴과 유사한 모양을 봤을 때 뇌의 방추상회fusiform gyrus가 얼굴을 감지하는 레이더 역할을 한다고 밝혔다.

또한 인공지능은 캡차까지 뚫었다. 2017년 미국의 스타트업인 비카리어스Vicarious는 사람의 시각처리 과정을 모사한 알고리즘을 개발해 캡차를 94.3퍼센트의 확률로 뚫었다고 밝혔다. 그리고 로봇은 더 이상 아시모와 같은 실수를 하지 않는다. 로봇업체인 보스턴 다이내믹스가 공개한 로봇 아틀라스Atlas는 체조 선수와 같이 백 덤블링도 능숙하게 해낼 정도다.

그런데 인공지능이 그 한계를 극복하고, 심지어 인간보다 더 인간 같아 보이는 인공지능, 인간의 능력을 뛰어넘는 인공지능으로 등장할 수 있었던 비결은 바로 '데이터'에 있다. 한마디로 데이터가 '미래를 여는 열쇠'가 되었다고 해도 과언이 아닐 정도다. 그만큼 데이터는 점점 더 많은 삶의 부분에서 결정적인 힌트로 작용하고 있다.

사람들은 데이터 속에서 새로운 패턴과 트렌드를 찾고, 서로 상관없어 보이는 데이터에서 예기치 않은 해결책을 발견하면서 통찰력을 발휘한다. 즉, 빅데이터 시대에는 누구나 콜럼버스Columbus가 될 수 있는 것이다. 그래서 지구라는 행성에 살고 있으면서도 데이터로 이루어진 또 다른 지구를 탐색할 수 있다. 다량의 데이터가 마치 지구의 맨틀처럼 꿈틀거리며 사람들의 삶을 뒤흔들고 있기에, 이제는 금과 다이아몬드를 캐지 않더라도 지각 안에 숨겨진 데이터를 캘 수만 있으면 많은 돈을 벌 수 있다. 빅데이터를 통해 기업을 둘러싼 복잡한 환경을 파악할 수 있고 다양한 전략을 취할 수 있기 때문이다. 실제로 경제학자들은 데이터를 활용하여 기업 활동의 효율성을 1퍼센트만 개선해도 전 세계 GDP가 약 15조 달러(약 1경 7천조 원) 정도 증가할 것으로 전망하고 있다.

'데이터가 미래 경쟁력을 좌우하는 21세기 원유'라는 말은 이제 상식이 되어버렸다. 확실히 미래는 데이터를 어떻게 관리하고, 얼마나 활용할 수 있는지가 경쟁력을 좌우하는 시대가 될 것이다. 얼마나 데이터를 이해하고 효율적으로 처리하는가가 개인, 기업, 국가의 경쟁력이 되는 시대가 펼쳐지는 것이다. 따라서 데이터의 경연장으로 변해가는 세상에서 데이터 경쟁력을 갖추는 것은 이제 선택이 아닌 필수다. '데이터 과학'이라는 학문과 21세기 가장 섹시한 직업으로 불리는 '데이터 과학자'라는 직종이 생겨나는 것도 데이터의 범람이 가져온 부수적 현상일 뿐이다.

11세기 영국에서 사람, 토지, 재산에 관한 데이터를 수집하여 만든 토지대장을 훗날 사람들은 '최후의 심판일'이라는 의미를 가진 '둠즈데이Domesday'라고 불렀다. 이는 토지대장 작성이 모든 사람의 생사를 결정하는 『성경』속 최후의 심판 같았기 때문이다. 마찬가지로 오늘날 데이터는 점점 더 많은 삶의 부분에서 결정적인 역할을 하면서 마치 신과 같이 작용하고 있다. 데이터가 인간의 삶을 파괴하는 최후의 심판자 역할을 하는 것은 아니지만, 데이터에 기반한 인공지능의 발전과 그로 인한 사회 변화가 사람들의 삶에 유·무형의 영향을 미치고 있다 보니, 데이터가 어느 순간 삶의 기반이 되고 있다는 느낌을 지울 수 없는 것이 사실이다.

그러한 기반으로서의 데이터는 IT 기술과 결합하여 새로운 부가가치를 창출하는 '플랫폼 산업'을 확대시키는가 하면, 플랫폼을 바탕으로 '공유경제'라는 새로운 형태의 경제가 등장하고 고용의 형태도 변화하고 있다. 아울러 데이터 간 상관관계를 이용한 마케팅이 활용되는 등 경제적 다양성이 증대되고 있다. 또한 사람들 간의 네트워크가 강화되면서 집단 지성이 발현되고, 개인의 사유방식이 바뀌는 등 각종 사회적 변화도 감지되고 있다.

그런데 이러한 변화를 제대로 인식하지 못하면 얼마든지 인생이라는 게임에서 아웃되어버릴 수도 있다. 그만큼 데이터는 사회·경제를 들썩이게 하는 지렛대로 작용하고 있고, 아예 게임의 룰을 통째로 바꿔버리는 '게임 체인저'가 되어가고 있는 것이다.

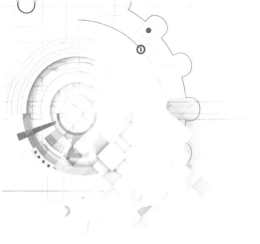

# 플랫폼 효과

## ⋮ 플랫폼과 공유경제

데이터로 인해 나타나는 현대 사회의 변화 가운데 하나는 디지털화된 데이터가 IT 기술과 결합하면서 새로운 부가가치를 창출하는 영역들이 확장되고 있다는 점이다. 대표적인 것이 플랫폼 산업이다.

원래 '플랫폼platform'은 기차역의 승강장을 지칭하는 말이지만, 오늘날 산업에서 사용되는 플랫폼은 어떤 계획이나 목적에 따라 사람들이 모이는 장場으로서의 의미가 더 크다. 따라서 다양한 판매자와 구매자가 모이는 전통시장도 플랫폼이 될 수 있고, 의견을 나누고 소통하는 회의실도 플랫폼이 될 수 있다.

실제로 사람들은 페이스북, 트위터, 카카오톡 등과 같은 'SNS 플랫폼'을 통해 서로 실시간으로 소통하며, 구글, 네이버와 같은 '검색 플랫폼'을 통해 다양한 정보를 찾고, 아마존, 옥션과 같은 '전자상거래 플랫폼'을 통해 쇼핑을 즐긴다. 특히 물리적인 한계가 존재하는 오프라인 플랫폼에 비해 온라인 플랫폼은 시간과 장소의 구애를 받지 않고 언제든지 원하는 때에 플랫폼에 접속할 수 있기 때문에 사람들이 더 많이 애용하는 편이다.

그런데 특이한 것은 일부 거대 플랫폼의 경우 특별히 생산하는 콘텐츠가 없어도 운영된다는 점이다. 바로 우버, 알리바바, 페이스북, 에어비앤비 같은 플랫폼 기업들이다. 스마트폰 기반의 차량 서비스 기업인 우버Uber는 2009년 3월 샌프란시스코에서 서비스를 시작하여 전 세계 200개 이상의 도시에서 전통적인 택시 산업에 도전장을 내밀었다. 불과 10년 만에 우버의 기업 가치는 680억 달러(약 75조 원)에 육박하는 데카콘[13]이 되어버렸고, 지금은 아예 택시 산업을 대체할 기세다. 그런데 정작 우버는 차량을 소유하지 않고 있다.

중국의 거대 소매기업 알리바바는 한 사이트에서만 10억 종에 달하는 상품을 구비하고 있다. 2014년 미국 뉴욕증권거래소에 사상 최대 금액으로 상장되기도 했던 알리바바는 영국의 주간지 『이코노미스트』가 '세계 최대의 장터'라고 부를 정도며, 지금은 세계 최대의 전자상거래 업체인 아마존의 시가총액을 넘어설 기세다. 2018년 미국의 리서치회사 CB인사이츠의 설문조사에서는 아마존을 제치고 장기적으로 보유할 가치가 있는 최고주에 뽑히기도 했다. 그런데 알리바바는 단 한 개의 재고도 소유하지 않고 있다.

페이스북은 20억 명이 넘는 회원들이 매월 방문해서 정기적으로 글을 읽고, 사진과 동영상을 보고, 음악을 듣는다. 이를 통해 페이스북이 벌

---

**13** 데카콘decacorn은 기업가치가 100억 달러(약 11조 원) 이상인 비상장기업을 말한다.

어들이는 연간 광고 수익은 약 100억 달러(약 11조 원)에 달한다. 그런데 페이스북이 직접 창작한 콘텐츠는 하나도 없다. 에어비앤비Airbnb 역시 호텔한 채 없이 세계적인 숙박업체가 되었다.

이처럼 특정한 제품을 소유하지 않고도 플랫폼 산업이 발전할 수 있는 것은 플랫폼이 서비스와 기술이 만나 새로운 가치를 만들어내는 하나의 장으로서 역할을 하기 때문이다. 일부 기업들은 이러한 플랫폼의 특성을 이용하여 다양한 상품과 서비스로 구매자와 판매자를 연결시켜 규모수익 증대의 이점을 누리기도 하고, 예상하지 못한 새로운 기회를 얻기도한다. 그리고 사물인터넷을 이용하여 사람과 사물을 연결시켜 새로운 가치를 창출하기도 하는데, 플랫폼에서 창출되는 대표적 가치 중 하나가 바로 '공유경제sharing economy'다.

공유경제라는 단어는 1984년 하버드대학 마틴 와이츠먼Martin Wetizman 교수의 논문에서 처음 등장했다. 하지만 당시 공유경제 개념은 수익 공유의 성격이 강했다. 이후 2000년에 경제학자 제러미 리프킨Jeremy Rifkin이 『소유의 종말』에서 공유경제의 본질에 근접한 개념을 소개했다. 리프킨은 머지않아 물건을 '소유'하는 시대가 막을 내리고 서비스와 경험에 대한 '접속'이 경제활동의 중심이 되는 시대가 열릴 것이라고 했다. 그래서 판매자와 구매자의 개념이 공급자와 사용자로 바뀌며, 접속을 통해유·무형의 자산을 공유하는 주체들의 관계를 상품화하는 상업 활동이 활발해질 것으로 예측했다.

이런 리프킨의 개념을 지금의 공유경제로 정립한 사람이 바로 하버드대학의 로렌스 레식Lawrence Lessig 교수다. 그는 공유경제를 '한번 생산된 제품을 여럿이 공유해 쓰는 협업 소비를 기본으로 한 경제 방식'이라고 정의했다. 쉽게 말해 '나눠 쓰기'의 개념인데, 물건을 소유한 입장에서는 효율을 높일 수 있고, 구매자는 싼값에 물건이나 서비스를 이용할 수 있어 누이 좋고 매부 좋은 경제인 셈이다. 어떻게 보면 1997년 외환위기 이후 우리나라에서 벌어졌던 '아나바다 운동', 즉 '아껴 쓰고, 나눠 쓰고, 바꿔 쓰고, 다시 쓰자'와 비슷한 개념이기도 하다. 때문에 공유경제는 공공에 대한 선의와 이타주의가 내재되어 있는 개념이기도 하다. 그래서 레식 교수는 공유경제 참여 동기가 자기애적인 차원이면 '얇은 공유경제'라 했고, 타인을 위한 차원이면 '두꺼운 공유경제'라고 표현하기도 했다.

글로벌 숙박업체 에어비앤비의 창업자인 브라이언 체스키Brian Chesky 의 말에는 공유경제의 본질이 잘 담겨 있다. "미국 내에는 무려 8,000만 개의 전동드릴이 있다고 합니다. 그런데 연평균 전동드릴 사용 시간은 불과 13분밖에 되지 않죠. 모든 사람이 굳이 전동드릴을 소유할 필요가 있을까요? 고작 13분밖에 쓰지 않는데 말이에요."

어디 전동드릴뿐이겠는가? 한 연구에 따르면, 미국 내 개인 승용차가 주차장에 머무는 시간은 전체 사용 기간 중 무려 95퍼센트에 달한다고 한다. 그렇기 때문에 자동차를 소유하지 않고 필요할 때만 사용할 수 있다면, 차를 소유하는 데서 발생하는 각종 비용을 절약할 수 있고 교통 혼잡과 환경오염도 줄일 수 있다. 실제로 공유 차량 1대는 일반 차량을 15대 정도 줄이는 효과가 있다. 경제학자 리프킨은 각자 차량을 소유하는 형태의 자동차 이용이 차량을 공유하는 형태로 전환될 경우, 전체 자동차 숫자가 80퍼센트 줄어도 그와 동일한 수준의 서비스를 이용할 수 있다고 주장하기도 했다.

공유경제는 2008년 글로벌 경제 위기로 저성장, 취업난, 가계소득 저하 등의 문제가 커지자 과소비를 줄이고 합리적인 소비생활을 하자는 인식과 함께 등장했다. 지금은 차량 공유car sharing, 주거 공유home sharing 등 공유 서비스 형태가 흔한 풍경이 되었다. 심지어 일본에서는 혈연관계가 없는 사람들이 같은 납골 공간에 들어가는 '납골함 셰어링'까지 등장했다.

공유경제는 소셜 네트워크 서비스 등 IT 기술의 발전으로 인해 개인 대 개인과의 거래가 편리해지면서 더욱 활성화되었는데, 주로 유휴자원을 가진 개인과, 이를 필요로 하는 개인을 매개시켜주는 플랫폼 형태로 발전해왔다. 우버, 에어비앤비와 같은 기업만 보더라도 서비스를 결집시킨 후 판매하는 플랫폼의 형태를 취하고 있다.

한편, 플랫폼이 아닌 전통적인 기업 시스템을 '파이프라인pipeline'이라고 부른다. 일직선으로 연결된 파이프라인 경제에서는 양쪽 끝에 각각 생산자와 소비자가 있어서 가치의 창출과 이동이 단계적으로 일어난다. 즉, 기업이 제품이나 서비스를 제공하면 고객이 그 제품과 서비스를 구매하는 선형적 형태로 이동이 일어나는 것이다. 그러나 플랫폼에서는 가치가 생산자에서 소비자로 일직선으로 흐르지 않고 여러 장소에서 다양한 방식으로 가치가 만들어진다.

오늘날 많은 기업이 파이프라인 구조에서 탈피하여 플랫폼 구조로 빠르게 전환하고 있는 추세다. 처음 IT 산업에서 촉발되었던 플랫폼이 자동차와 같은 전통적인 산업 분야로도 점차 확대되고 있다. 이는 사람과 사람을 연결하고 기술을 서로 공유하는 생태계가 구축돼야, 서로 다른 종류의 이용자들이 만나 상호작용을 일으키고 더 많은 수익이 창출되기 때문이다. 다시 말해, 단순한 상호작용이 겹겹이 쌓이면서 새로운 가치가 창출되는 것이 플랫폼의 특성인 것이다.

그 결과, 플랫폼은 파이프라인보다 빠른 성장세를 보이고 있으며, 그렇게 성장한 일부 대형 플랫폼 기업은 하나의 국가처럼 움직이고 있기도 하다. 20억 명 이상의 월 사용자를 보유한 페이스북은 중국보다 더 많은 사람을 회원으로 두고 있고, 구글의 온라인 검색은 미국에서 64퍼센트를, 유럽에서는 90퍼센트를 점유하고 있다. 알리바바 또한 중국 내 전체 상거래 배송의 70퍼센트를 차지하고 있다. 일종의 플랫폼 독점이 발생하고 있는 것이다. 하지만 아이러니하게도 독점의 개념과 상반되는 듯한 공유경제는 독점 플랫폼을 기반으로 계속 확대되고 있다. 그러다 보니 2011년 『타임』지는 공유경제를 '세상을 바꿀 수 있는 10가지 아이디어' 중 하나로 꼽았으며, 2013년 『포브스』지는 공유경제를 전 세계 차원의 경제 키워드로 지목하기도 했다.

## ⋮ 기그 이코노미

많은 산업이 플랫폼 형태로 재편되면서 고용의 패러다임도 함께 바뀌고 있다. 이른바 플랫폼을 통한 원격 협업 기술이 가능해지면서 구인 기업들과 구직자들을 중개하는 '온라인 인력 플랫폼'이 확산되고 있는 것이다.

인력 플랫폼은 전통적인 구인 구직뿐만 아니라 '업워크Upworks', '프리랜서Freelancer'와 같이 프로젝트성 일자리들을 매칭시켜 주는 역할도 한다. 또한 미국의 '링크드인Linkedin', 유럽의 '바이어디오Viadeo' 같은 비즈니스 인맥 플랫폼, 아마존의 '미케니컬 터크'[14], '크라우드 플라워Crowd Flower'와 같이 대규모 작업을 작은 단위로 분해하여 전 세계 인력들에게 위탁 처리하는 휴먼 클라우드 방식의 플랫폼 등 그 형태도 다양해지고 있다. 그래서 2015년 세계은행은 인터넷 인력 플랫폼을 통한 온라인 아웃소싱 시장이 2013년 19억 달러(약 2조 원)에서 2020년 150~250억 달러(약 17~28조 원)까지 10배 이상 확대될 것으로 전망하기도 했다.

플랫폼으로 인해 근로자들은 누구든지 전 세계 어디에서나 시간의 제약 없이 일자리를 구할 수 있으며, 반대로 고용주들은 업무 성격에 따라 다양한 분야의 근로자를 언제든지 일시 채용할 수 있게 되었다. 세계 최대 상거래 업체인 아마존이 운영하는 온라인 작업장인 '미케니컬 터크'

---

**14** 미케니컬 터크Mechanical Turk는 1770년대 유럽의 궁정에서 터키인 복장을 한 체스 기계를 가리키는 말이다. 이 기계는 체스 실력이 매우 좋았는데, 사실 체스를 잘하는 난쟁이가 이 기계 속에 숨어 있었다. 그래서 아마존 미케니컬 터크에서 온라인으로 일하는 사람을 '터커Turker'라고 부른다.

가 일하는 방식만 보더라도, 한 의뢰자가 책을 영어로 번역해달라고 주문하면 전 세계 수백 명의 사람이 달라붙어 그 일을 해결한다. 홍콩의 의류 회사인 리앤펑Li&Fung의 경우에도 생산 설비나 공장 없이 아웃소싱으로만 부가가치를 창출한다. 주문이 들어오면 전 세계 1만 8천여 개의 협력업체를 통해 원자재 구매부터 생산, 운송, 제품 배송이 모두 이루어진다.

이처럼 기업이 근로자를 고용하지 않고 필요할 때마다 근로자와 계약해 일을 맡기는 고용 형태를 '기그 이코노미gig economy[15]'라고 한다. 이는 전통적 고용체제가 무너지고 근로 형태가 임시화, 프로젝트화, 인스턴트화되는 현상을 보여주는 개념이기도 하다. 따라서 앞으로는 직장이 아닌 일 중심으로 고용 구조가 개편될 수도 있다. 이는 조직 내에서 어떤 자리를 차지하고 승진하는 것이 아니라, 자신의 전문성을 기반으로 일하고 흩어지는 방식인 윌리엄 브릿지William Bridges 교수의 '탈직무화De-Jobbing'와도 유사한 개념이다.

휴먼 클라우드 환경에서 근로자는 전통적 의미의 피고용자가 아닌 특정 업무만을 수행하는 '독립형 노동자'이자, 미래학자 대니얼 핑크Daniel Pink가 말한 '프리 에이전트Free Agent'라고 할 수 있다. 프리 에이전트란 개인의 전문 지식을 사용하여 조직에 얽매이지 않고 독창적이면서 창조적으로 일하는 개인을 말한다.

미국의 비영리 단체인 프리랜서 노동조합Freelancers Union에 따르면,

---

**15** 기그gig는 1920년대 미국의 재즈 공연장에서 연주자가 필요할 때마다 즉석에서 섭외하거나 단기로 연주자를 구해 공연 계약을 맺던 것에서 유래한 말이다.

2014년 5천 3백만 명이었던 프리랜서의 수가 2016년에는 5천 5백만 명으로 증가했다. 이는 미국 전체 노동인구의 약 35퍼센트에 달하는 규모다. 그러나 앞으로 프리랜서의 수는 더욱 늘어날 것이다. 미국의 회계법인 인튜이트Intuit는 2020년경 전체 노동인구의 40퍼센트가 정규직이 아닌 독립 계약자, 프리랜서, 자영업자일 것이라고 예측하기도 했다.

이렇게 되면 종신 고용이 사라지고, 사람이 곧 일자리가 되어 직장에 대한 전통적 개념이 파괴될 수밖에 없다. 한마디로 근로자들이 한자리에 모여 일할 필요가 없어지는 것이다. 어느 곳에 있든 인터넷만 연결되면 업무를 분담할 수 있기 때문에 사무실 공간은 회의와 토론을 위해 일시적으로 사용되거나 여러 기관과 공유해도 된다. 물리적 공간이 필요 없기 때문에 출퇴근 러시아워에 시달릴 필요도 없다.

사실 휴먼 클라우드는 거주지, 성별, 인종, 교육 수준 등에 대한 차별 없이 실력만으로 평가받고 인정받는 점에서 긍정적이다. 또한 고용주들은 능력에 기반하여 언제든지 노동자를 채용할 수 있기 때문에 노동력의 부족이라는 한계에서 벗어날 수 있고, 숙련된 노동자들의 이주 공백도 완화시킬 수 있다. 어떻게 보면 노동시장 유연화에 기여하는 셈이다.

그러나 휴먼 클라우드가 초래하는 문제들도 적지 않을 것으로 보인다. 먼저 고용주와 근로자 사이의 신뢰가 문제될 수 있다. 온라인상의 정보로만 서로를 인지해야 하기 때문이다.

또한 근로자들의 고용 형태도 논란이 될 수 있다. 유연한 고용 시장이라는 명목하에 기업에게만 유리한 환경이 조성될 뿐, 근로자들은 계속하여 일용직 경제의 그늘을 벗어나지 못할 수 있기 때문이다. 휴먼 클라우드 환경에서 근로자들은 고용주의 요구를 언제든지 해결해주는 온디맨드On-demand 근로자들이기 때문에, 각종 사회보장 혜택의 사각지대에 놓일 수도 있다. 실제로 아마존의 미케니컬 터크에서 일하는 50만 명의 시간당 평균 임금은 2달러 정도에 불과하며, 그것도 모자라 아마존은 중개 수수료로 10퍼센트를 챙기기까지 한다. 따라서 휴먼 클라우드에 고용된 근로자들에 대한 사회복지, 과세 등 처우에 대한 담론이 수반되지 않는다면 노동력 착취에 대한 비판이 커질 수밖에 없다.

그리고 양질의 일자리 축소, 직업의 불안정성 확대, 소득 양극화라는 부작용이 불거질 수도 있다. 무엇보다 정규직 일자리가 기간제, 파트타임과 같은 비정규직으로 대체되면서 안정적 고용과 괜찮은 수입이 보장되던 일자리들이 사라질 수 있다. 이 경우 사회 전체적으로 상대적 박탈감은 커질 수밖에 없다. 여러 기업들로부터 러브콜을 받으면서 많은 수입을 올리는 소수의 특화된 인재들과 달리, 다수의 구직자들은 경쟁이 심화되면서 오히려 수입이 감소할 수 있기 때문이다.


## ⦂ 집단지성과 창발성

고용 형태의 변화와 더불어 플랫폼의 발전이 가져온 또 다른 중요한 변화는 '집단지성collective intelligence'의 발현이다. 집단지성은 다수의 이용자가 상호 협동적인 참여와 소통을 통해 지적 능력을 폭발시키고 새로운 가치를 창출하는 것을 말한다. 즉, 플랫폼이라는 기반이 다양한 개인들을 서로 연결시켜 상호작용을 촉진시키고, 이를 통해 새로운 가치들을 창출하고 있는 것이다.

집단지성의 대표적인 사례가 원천 기술을 공개하고 공유하여 재창조하는 행태다. 2014년 가수 서태지는 그의 신곡 '크리스말로윈'을 발표하면서 곡의 스템파일stem-file을 공개한 바 있다. 스템파일은 '곡을 구성하는 보컬과 다양한 악기의 음원 파일'을 가리키는 말로, 이를 공개한다는 것은 창작의 비밀을 모두 보여주는 것과 마찬가지다. 기업으로 치면 특허 기술을 공개하는 것이고, 요리로 치면 요리 레시피와 식재료를 공개하는 셈이다.

그런데 스템파일이 공개되자 사람들은 자신의 상상력을 동원해 다양하고 색다른 곡을 만들어내기 시작했고, 그로 인해 300개가 넘는 새로운 '크리스말로윈'이 탄생했다. 서태지 밴드의 한 멤버는 서태지가 스템파일을 공개할 때 '이 사람이 이제 미쳤구나!'라고 생각했다고 한다. 하지만 서태지는 생각도 못 했던 해석과 곡들이 나오는 것을 보면서 "소름이 끼칠 정도"였다며 "공개하지 않았으면 큰일 날 뻔했다"라고 밝히기도 했다.

2014년 디즈니 애니메이션 〈겨울왕국〉의 주제가인 '렛잇고let it go'의 인기도 당시 월드디즈니컴퍼니가 '렛잇고'를 리메이크할 수 있도록 허용한 덕분이다. 팬들이 만든 다양한 버전의 '렛잇고'가 인터넷으로 퍼져나가면서 〈겨울왕국〉의 인기가 더욱 치솟아 오른 것이다.

비단 예술계에서뿐만 아니라, 전기 자동차 혁신을 주도하고 있는 테슬라의 CEO인 엘론 머스크 역시 2014년 테슬라가 보유한 전기차 특허기술 1,400여 개를 개방했으며, 일본의 도요타도 2015년 수소차 특허 5,680개를 전면 공개했다. 구글 또한 운영체제 특허기술 API[16]를 전면 공개하고 있다.

실제로 특허기술을 누구나 이용할 수 있게 되면 개발자들은 그 기술을 활용해 자유롭게 다양한 애플리케이션을 개발할 수 있게 되며, 그렇게 만들어진 애플리케이션을 즐기기 위해 구매자들이 모여들고, 이는 다시 플랫폼을 풍성하게 만드는 선순환 구조를 형성하게 된다. 이는 한 명의 전문가보다는 대중들의 의견을 모으는 것이 더 나은 가치를 창출하고 더 나은 판단으로 작용하는 '집단지성'이 발휘되는 구조다. '백지장도 맞들면 낫다'라는 속담처럼 개인의 지식이나 지혜는 미미해 보일지라도, 그것이 모여 집단을 이루면 누구도 예상 못 한 놀라운 힘이 발휘되는 것이다.

집단지성은 뉴욕대학 언론학 교수인 클레이 셔키Clay Shirky가 주장한 '인지 잉여cognitive surplus'와 같은 형태로도 나타난다. 인지 잉여는 사람들이 여가시간을 활용하여 인터넷을 통해 보다 사회적 가치가 있는 생산적인 일에 잠깐이라도 참여하게 되면, 그것이 하나로 모여 대단한 일을 이룰 수 있다는 개념이다.

인지 잉여의 대표적인 예가 케냐의 '우샤히디Ushahidi'다. 2007년 케

---

**16** API Application Programming Interface는 응용프로그램들이 서로 커뮤니케이션하기 위해 이용할 수 있는 일종의 공통어로. 프로그래머들이 다른 플랫폼 위에 새로운 도구들을 만들거나 다수의 플랫폼에서 받은 정보를 한데 엮을 수 있게 해주는 표준화된 규칙이나 정의를 말한다.

냐 대통령 선거에 부정이 있었다는 야당의 문제 제기로 시위자들과 경찰 간 무력충돌 등 사회적 혼란이 발생하자, 당시 변호사였던 오리 오콜로Ory Okolloh가 자신의 블로그에 선거 기간 중 발생한 폭력 사건을 취합하기 시작했다. 그런데 수많은 사람의 사건 제보가 쇄도하면서 더 이상 블로그만으로 상황을 알리기 힘들게 되자 그녀는 개발자들에게 도움을 요청했고, 개발자들의 참여로 며칠 만에 '우샤히디'가 탄생했다. 스와힐리어로 '증언'을 뜻하는 우샤히디는 현재 누구나 가져다 쓸 수 있는 오픈 소스 형태로 플랫폼이 제공되고 있으며, 세계 각국에서 일어나는 폭력, 테러 및 자연재해 등에 대한 시민들의 정보를 이용해 실시간 맵을 만들어주고 있다.

이와 같이 개개인의 힘이 모여 큰 힘을 발휘하는 우샤히디의 사례는 '집단지성'이라는 말이 유래된 배경과도 부합하는 개념이다. 사실 집단지성은 1910년 미국 하버드대학 곤충학자인 윌리엄 휠러William Wheeler가 개미의 사회적 행동을 관찰해 얻은 개념이다. 개미 한 마리는 집을 지을 만한 지능이 없지만, 개미 여러 마리가 모이면 거대한 보금자리를 만들어낼 수 있으며, 음식과 집 사이에 가장 가까운 거리를 한 줄로 움직이는 지능을 발휘하기도 한다. 2017년 미국에서 허리케인 '하비'로 인해 수많은 사람이 목숨을 잃었을 때 불개미들이 서로의 앞발을 붙잡아 뗏목을 만든 후 물 위에서 생존한 사례가 언론에 보도되기도 했다.

이러한 집단지능은 개미뿐만 아니라 꿀벌, 모기와 같은 곤충들에서도 나타나는데, MIT 교수인 로드니 브룩스Rodney Brooks는 이를 '떼 지능swarm intelligence'이라고 불렀다. 비슷한 개념으로 미국의 저술가인 피터 밀

한 줄로 이동하는
개미 무리

러Peter Miller는 사막의 개미 집단, 숲의 꿀벌 떼, 바다의 물고기 떼, 북극의
순록 무리와 같이 리더 없이도 효율적으로 조직을 운영하는 무리를 통틀
어 '영리한 무리smart swarm'라고 명명하기도 했다.

　한편, 개별 개미에게는 없던 것이 개미 떼에서 돌연히 출현하는 현
상을 '창발emergence'이라고 한다. 창발이란 아무런 관련도 없는 것들이 만
나 질적으로 다른 새로운 부가가치를 창출하는 것으로, 그냥 단순한 나타
남이 아닌 차원이 다른 나타남을 말한다.

　창발 현상은 우리 주변에서도 쉽게 관찰할 수 있다. 예를 들어, 2개
의 수소와 1개의 산소가 만나 성질이 전혀 다른 물이 되는 것, 나무 한 그
루만 있을 때는 어떤 일도 일어나지 않던 것이 나무들이 모여 숲을 이루
면서 동물들과 사람들이 찾아오기 시작하는 현상이 창발의 예다. 2002년
한일 월드컵 당시 빨간색 티셔츠를 즐겨 입지 않던 사람들이 붉은악마 신
드롬과 함께 경기장을 온통 붉은색으로 물들이는 현상이라든가, 평범한

사람들이 모여 네트워크상에서 자발적으로 만든 위키피디아wikipedia도 창발의 좋은 예다. 우리 몸도 세포와 세포가 만나 새로운 조직과 기관이 생기고 기능하게 되는 하나의 창발체다. 심장 세포 하나를 떼어냈을 때는 아무 기능을 못 하지만, 심장 세포가 모이면 생명의 박동이 시작되는 것이다.

이처럼 창발은 흩어진 것들을 모아놓으면 다르다는 것을 보여준다. 반대로 흩어진 것을 모아놓으면 서로 같아지는 것을 '환원주의reductionism'라고 한다. 환원주의란 상위 계층(전체 구조)의 특성이 하위 계층(구성 요소)의 특성에 비례하기 때문에 구성 요소의 성질을 이해하면 전체 시스템의 성질도 이해할 수 있다는 개념이다. 쉽게 말해, 개미 여러 마리가 모이면 그저 개미 집단일 뿐이라는 말이다. 그래서 환원주의자들에게 전체란 단순히 구성단위들의 합에 불과하다.

그러나 현실에서는 개별 요소에 없는 특성이 상위 시스템에 나타나는 일이 흔하다. 가령 비행기를 구성하는 개별 부품들은 '비행'이라는 특성을 갖지 못하지만 조립이 되면 하늘을 날 수 있다. 그래서 창발은 각 부분을 따로 떼어내 생각하는 환원주의를 비판하는 주요 논거가 되기도 한다. 창발이란 구성요소의 특성만으로는 설명할 수 없는 새로운 특성이 전체 시스템에서 나타남을 의미하기 때문이다.

그렇다면 왜 이렇게 모아놓으면 달라지는 것일까? 어떻게 부분의 합보다 전체가 많아질 수 있을까?

우선 개인보다는 다양한 개인들로 구성된 집단일수록 오류를 잡아낼 가능성이 높아진다. 즉, 집단에서는 '보는 눈만 많다면 어떤 오류라도 쉽게 잡아낼 수 있다'는 리눅스의 법칙이 작용하는 것이다. 예를 들어, 어떤 소프트웨어를 개발할 때 제한된 개발자들만 소프트웨어에 접근하는 것보다 누구나 접근할 수 있을 때 더 쉽게 버그가 잡힌다. 이를 두고 인류학자인 에릭 레이먼드Eric Raymond는 소수 전문가만 폐쇄적으로 진행하는 모델이 '성당'이고, 조금 혼잡해 보이지만 공개해놓고 같이 만들어가는 모델이 '시장'이라고 비유하기도 했다. 소수의 전문가에 의해 작성과 편집이 이루어지는 브리태니커 백과사전이 성당 모델이라면, 일반에 완전히 공개되어 일반인에 의해 작성과 편집이 이루어지는 위키피디아 백과사전은 시장 모델인 셈이다.

이를 통계학적으로 본다면 '대수의 법칙law of large numbers'이라고 불리는 현상과도 관련이 깊다. 대수의 법칙은 스위스의 수학자 야곱 베르누이Jacob Bernoulli가 증명한 이론으로, 사람들이 무엇인가를 더 많이 측정할수록 측정된 평균값이 더욱 정확해지는 것을 의미한다. 즉, 개별 사건만으로는 예측이 불가능하지만 사건이 반복될 경우 예측 가능한 수치로 수렴하고, 반복 횟수가 많아질수록 수치가 더 정확해지는 현상을 확률에서는 '대수의 법칙'이라고 부른다. 이는 각자 퍼즐 조각 몇 개씩을 가진 사람들이 함께 모여 거대한 그림 맞추기 퍼즐을 완성할 때 전체적인 그림이 보이는 것과 유사하다.

대표적인 사례가 1907년 과학 저널 『네이처』에 발표된 프랜시스 골턴Francsis Galton의 이야기다. 우생학의 창시자로 알려진 골턴은 1906년 우연히 시장에서 황소 무게를 눈대중으로 알아맞히는 대회를 구경했다. 이 대회에 무려 800여 명이 참가했는데, 어느 누구도 황소 무게를 정확히 맞히지 못했다. 하지만 놀랍게도 참가자들이 적은 무게의 평균을 계산해 본 결과, 황소의 실제 무게와 매우 비슷했다. 사람들이 추정한 평균치는 1,197파운드였고, 황소의 실제 무게는 1,198파운드였다. 이것이 대수의 법칙이다.

이 때문에 소수의 전문가보다는 다수의 평범한 대중이 통계적으로 더 많은 정답을 낼 수 있다. 1986년 우주왕복선 챌린저호가 폭발했을 때 폭발 30분 후 챌린저호에 부품을 납품했던 회사들의 주식이 대부분 3~4 퍼센트 하락했고, 그중 한 회사는 무려 21퍼센트나 급락했다. 이는 대중들이 챌린저호 폭발에 대한 가장 큰 책임이 납품회사에 있다고 짐작했기 때문이다. 6개월 후 사고 원인이 작은 부품이었던 링 때문이라는 사실이 밝혀졌을 때, 평범한 대중이 30분 만에 내린 그 결정이 옳았다는 것을 알 수 있었다.

또한 창발성은 상호작용과 그에 따른 연쇄반응 때문에 발생한다. 연쇄반응의 예로, 사회에서 멀쩡하게 생활하던 남자들에게 군복을 입힌 후 예비군 훈련장에 모아놓으면 서로 간의 상호작용으로 인해 행동과 말이 이상해지는 현상을 생각해볼 수 있다. 이들은 평소에 불지 않던 휘파람을 불기도 하고, 여자 얘기에 괜히 흥분하는 등 말년 병장과 같은 행동을 보인다. 이처럼 군복과 같은 제복에 흥분하는 현상에 대해 『에디톨로지』의 저자 김정운은 '제복 페티시[17]'라고 칭하기도 했다. 그는 제복이란 것이 규율을 내면화함으로써 심리적 대형을 유지하기 위한 수단으로 작용한다면서, 이를 왜곡된 권력에의 충동이라고 보았다. 그렇다면 왜곡된 권력 충동이 연쇄반응에 의해 집단적으로 발휘되는 곳이 바로 예비군 훈련장인 셈이다. 그런데 이와 같은 연쇄반응은 우리의 뇌에서도 벌어진다. 바로 정보를 전달하는 시냅스가 전기화학적 연쇄반응을 통해 정보를 전달하기 때문이다. 또한 같은 공간에서 생활하는 여성의 생리주기가 비슷하게 변화되는 현상이라든가, 공연이 끝난 후 청중이 박자를 맞추어 치는 박수소리도 연쇄반응의 좋은 예다.

이처럼 사회는 개인보다 집단의 힘이 강하게 발휘되는 구조를 가지고 있다. 특히 현대 사회는 한 명의 뛰어난 천재가 모든 것을 담당하는 원맨쇼 사회가 아니기 때문에 서로 협력하지 않으면 생존 자체가 힘들 수도 있다. 과거에는 한 명의 천재가 만 명을 먹여 살리는 시대였는지는 몰라도, 오늘날은 보통 사람일지라도 그들의 생각을 모으기만 하면 얼마든지 천재를 능가할 수 있는 시대다. 네티즌이 힘을 모으면 국가 원수라도 벌벌 떠는 것이 요즘 세상이다. 마치 집단이 세상을 이끌어가는 것 같다. 사공이 많으면 배가 산으로 가는 것이 아니라 더 빨리 정확한 방향으로 가는 시대이며, 바보 세 사람이 모이면 문수보살의 지혜가 나오는 시대인 셈이다.

---

**17** 정신분석학에서 말하는 '페티시fetish'란 인간 이외의 사물에 성적 흥분을 느끼는 것을 말한다.

## ⋮ 집단사고의 오류

그렇다면 집단지성의 힘이 발휘되는 현실에서 우리는 평범한 대중이 내리는 의사결정을 쫓아 무조건 집단의 의견을 따라야만 하는 걸까? 물론 그렇지는 않다. 집단지성이 발휘하기 위해서는 지혜로운 대중이어야 한다는 전제가 있어야 하기 때문이다. 그런데 지혜로운 대중은 다양성을 가진 개인이 모이고, 서로 독립성을 가질 때 이루어진다. 다양한 개인이 내놓은 의견들이 통합의 과정을 거쳐 보다 더 나은 결과로 이어지기 때문이다.

따라서 다양성이 결여된 사회에서는 집단지성이 발휘되기 힘들다. 오히려 개인의 다양성이 인정되지 않는 사회에서는 '집단지성'이 아닌 '집단사고group think' 현상이 나타난다. 집단사고는 미국의 심리학자 어빙 제니스Irving Janis가 제시한 개념으로, 결속력이 높은 소규모 집단에서 개인의 다양성을 인정하지 않고 합의를 쉽게 이루려고 하는 경향의 사고방식을 말한다. 쉽게 말해 집단지성이 '1+1=3'이라면, 집단사고는 '1+1=1'이라고 할 수 있는 것이다.

특히 집단 구성원들이 강한 응집력을 보일수록, 리더의 영향력이 클수록, 그룹 외부의 위협이 높다고 판단될수록 집단사고가 발현되기 쉬운데, 집단사고에 빠질 경우 만장일치에 도달하려는 분위기로 인해 다른 대안들을 제대로 평가하지 못하게 된다. 때문에 구성원들의 의사결정은 쉽게 왜곡되고, 비합리적인 결론으로 이어질 수도 있다. 또한 특정한 방향으로 편향된 의사결정을 내려놓고, 그저 이를 합리화하는 수단으로 데이터를 이용하게 될 수도 있는데, 이 경우 데이터는 오류를 교정하는 역할을 전혀 못 하고 오히려 오류를 증폭시키는 도구로 전락하게 된다. 즉, 집단지성이 집단사고로 둔갑하게 되는 것이다.

집단사고로 인한 실패의 대표적인 예가 1960년대 미국의 쿠바 침공이다. 1961년 미국은 케네디Kennedy 대통령 특별 자문 위원회의 결정에 따라 쿠바에서 미국으로 탈출한 난민들을 훈련시켜 쿠바의 피그스만을 침공했다가, 3일 만에 100여 명의 사상자를 내고 1,200여 명이 생포되는 참담한 패배를 맛보아야 했다. 그런데 의사결정 과정에서 당시 케네디 대통령의 결정에 참모 중 단 1명을 제외하고는 어느 누구도 반대 의견을 내놓지 않았다. 참모들이 서로 친밀한 나머지 상대방의 의견에 반하는 이견을 제시하지 않은 것이다. 그러나 그 결과는 참혹했다. 작전은 실패했고, 이후 미국은 쿠바의 주권 침해 행위에 대한 통렬한 비판에 직면했으며, 포로 교환 비용으로 무려 5,300만 달러(약 580억 원)를 배상해야 했다. 또 위기를 느낀 쿠바의 카스트로Castro 정권이 소련에 군사적 지원을 요청하면서 1962년 10월 쿠바 미사일 위기로 이어지기도 했다.

집단이 낳는 또 하나의 폐해는 주인의식과 책임감의 분산이다. 소위 '링겔만 효과Ringelmann effect'라고 불리는 것으로, 혼자 일할 때는 100의 역할을 하는 구성원들이 집단으로 함께 일할 때에는 이에 미치지 못하는 성과를 내는 현상을 말한다.

1913년 독일의 심리학자 링겔만은 집단에 속한 각 개인의 공헌도 변화를 측정하기 위해 줄다리기 실험을 했다. 개인이 줄을 당길 수 있는 힘의 크기를 100이라고 한다면 2명, 3명, 8명으로 이루어진 각 그룹에서는 당연히 200, 300, 800의 힘이 발휘되어야 한다. 그러나 2명으로 이루어진 그룹은 93퍼센트, 3명으로 이루어진 그룹은 85퍼센트, 그리고 8명으로 이루어진 그룹은 겨우 49퍼센트의 힘의 크기만이 작용한 것으로 나타났다. 일종의 '무임승차'가 나타난 것이다. 줄다리기는 무임승차로 인한 고통이 그나마 덜한 편이지만, 일렬로 서서 무거운 통나무를 들고 왼쪽 어깨에서 오른쪽 어깨로, 다시 왼쪽으로 옮기는 것을 반복하는 '목봉체조'에서의 무임승차라면 그 고통을 참기 힘들 것이다.

이러한 링겔만 효과가 사회적 폐해로 이어진 유명한 사례가 '제노비스 신드롬'이다. 1964년 '키티 제노비스Kitty Genovese'라는 젊은 여성이 뉴욕의 한 아파트 근처에서 괴한의 칼에 찔려 도망가다 강간까지 당하고 사망한 사건이 발생했다. 그런데 이 사건의 목격자가 38명이나 있었지만, 그 누구도 빠르게 신고하지 않았다. 이에 사람들의 무관심이 이런 참사를 낳았다는 반성의 물결이 일었고, 말콤 글래드웰Malcolm Gladwell은 주변에 사람이 많으면 많을수록 책임이 분산되어 오히려 위험에 처한 사람을 덜 돕게 된다는 '방관자 효과'를 주장하기도 했다.[18]

따라서 집단적으로 의사결정을 해야 할 때 집단지성의 장점을 살리고 집단사고의 오류에 빠지지 않기 위해서는 회의에서 반대 의견을 말하

---

[18] 실제로 거리에서 사고를 당하거나 위험에 처할 경우 불특정 다수를 향해 도와달라고 말하는 것보다 특정 사람을 지목해 도움을 요청하는 것이 더욱 효과적이다.

는 역할을 맡은 '악마의 변호사devil's advocate'나, 팀의 실행 계획을 비판하거나 무산시키는 임무를 부여받은 '레드팀red team'을 활용할 수 있어야 한다. 다만 형식적으로 악마의 변호사나 레드팀 제도를 두고 반대를 위한 반대를 하게 되면, 오히려 그 효용이 떨어질 수 있다는 점은 주의해야 한다.

집단사고의 오류를 예방한 대표적인 리더는 세종대왕이다. 세종대왕은 어전회의 때마다 항상 최악의 경우를 상정해 문제를 집요하게 파고드는 '허조'를 참석시켰다. 그를 통해 대신들이 집단사고에 빠지지 않도록 경계했던 것이다. 또한 유대인들의 재판 기구인 '산헤드린sanhedrin 회의'는 판관들이 만장일치로 결정한 안건에 대해서는 다음 날 결정을 미루거나 무효 처리했다. 반드시 한 명이라도 반대를 해야 유효한 판결이 내려졌다. 이견 없이 모두가 똑같은 생각을 하고 있다는 것은 자칫 모두 그릇된 판단을 하고 있는 것일지도 모르기 때문이다. 또한 모두가 비슷한 생각을 하는 것은 아무도 생각하고 있지 않다는 뜻일 수도 있다. 그만큼 한 가지 생각만 가지고 있는 집단은 실패로 귀결될 가능성이 높다.

최근 우리 사회는 점점 더 집단의 힘이 강해지고 있다. 그렇기 때문에 우리는 한 명의 개인으로 살고 있음에도 불구하고 언제나 사회, 국가, 민족에 대해 이야기한다. 결국 집단의 힘이 커지는 사회에서는 집단지성이 발휘되기도 하지만, 집단사고의 오류를 범할 확률도 그만큼 높아질 수밖에 없다.

단순한 과제라든가 이미 많은 경험이 쌓여 있는 일의 경우에는 집단지성이 발휘되면서 일종의 촉진 작용을 한다. 그러나 반대로 과제 자체가 익숙하지 않고 복잡하여 상당한 인지적 노력이 요구되는 일의 경우에는 타인의 존재가 오히려 부작용을 일으킬 수 있다. 그렇기 때문에 급격히 변화하는 현대 사회에서 다른 사람을 너무 의식하여 자신이 할 수 있는 역량을 발휘하지 못하는 것을 피하기 위해서는 집단보다는 개인이 더 바람직할 수도 있다. 따라서 우리에게 필요한 것은 집단사고는 경계하되, 집단지성이 발휘될 수 있도록 지혜를 모으는 일이다.

# 사회적 역설

## ⋮ 연결과 단절의 이중주

앞에서 기술한 것처럼 현대 사회는 지수함수적으로 빠르게 변화하고, 불확실성이 확대되는 가운데 데이터의 활용 가치도 다양해지는 복잡한 사회다. 이러한 복잡함 때문인지 몰라도 사회 변화의 단면을 살펴보면 몇 가지 역설적인 현상들을 엿볼 수 있다. 바로 사람들 간의 네트워크가 확대되고 있는 가운데 나타나는 개인화 경향, 인과관계와 상관관계의 혼란, 기억과 망각의 역전과 같은 현상들이다.

우선 현대인들의 삶을 보면 서로 간의 관계가 점점 더 촘촘히 연결되면서 긴밀해지고 있다. 이러한 밀접한 관계를 보여주는 대표적인 것이 '케빈 베이컨의 6단계'라는 게임이다. 케빈 베이컨Kevin Bacon은 영화 〈할로우맨〉, 〈JFK〉 등 수많은 영화에 출연한 할리우드의 대표적 마당발 배우다. 이 게임이 생겨나게 된 것은 1994년 한 토크쇼에서 케빈 베이컨과 함께 출연한 대학생 3명이 케빈이 신神이라는 것을 증명하겠다며, 방청객들

케빈 베이컨

영화배우 이름을 부를 때마다 그 배우가 케빈 베이컨과 어떻게 연결되는지를 보여주면서부터다. 신기하게도 할리우드 영화배우들 대부분은 2단계 또는 3단계만 걸치면 케빈 베이컨과 연결됐다.

예를 들어, 브루스 윌리스Bruce Willis는 〈스트라이킹 디스턴스〉라는 영화에서 사라 제시카 파커Sarah Jessica Parker와 함께 출연했고, 사라 제시카 파커는 케빈 베이컨과 〈풋루즈〉에 함께 출연했으므로, 브루스 윌리스는 케빈 베이컨과 2단계 만에 연결된다. 또한 케빈 베이컨은 〈어 퓨 굿맨〉에서 톰 크루즈Tom Cruise와 함께 출연했고, 톰 크루즈는 〈바닐라 스카이〉에서 틸다 스윈튼Tilda Swinton과 연기했으며, 틸다 스윈튼은 〈설국열차〉에서 송강호와 함께 나왔다. 이 경우 케빈 베이컨과 송강호는 전혀 접점이 없을 것 같지만 3단계 만에 연결된다.[19] 이런 식으로 대부분의 할리우드 배우들은 6단계 이내에 케빈 베이컨과 연결된다. 즉, 한두 다리만 걸치면 아는

---

**19** 버지니아대학의 브렛 트야덴Brett Tjaden이 만든 웹사이트인 '베이컨의 신탁The Oracle of Bacon, www.oracleofbacon.org'에서 배우의 이름을 검색하면 케빈 베이컨과의 최단거리 연결 관계를 검색할 수 있다.

사이가 되는 것이다.[20]

6단계를 거치면 누구나 연결될 수 있다는 사실은 1929년 헝가리 작가 프리제스 카린시Frigyes Karinthy가 그의 소설『연쇄Chain』에서 제시한 바 있다. 카린시는 지구에 살고 있는 15억 명의 사람들 가운데 어떤 한 사람의 이름을 무작위로 뽑는다고 할 때, 그 사람이 맺고 있는 5명 이하의 연쇄적인 친분 관계를 통해 자신이 그와 연결될 수 있다고 장담했다. 그리고 그의 주장은 38년이 지난 1967년에 하버드대학 교수였던 스탠리 밀그램Stanley Milgram에 의해 입증되었다.

심리학 실험인 '복종 실험'으로 유명한 밀그램 교수는 네브라스카와 캔자스주에 사는 주민들에게 편지 1통씩을 나누어주었다. 그리고 그 편지를 메사추세츠주 보스턴에 살고 있는 특정한 인물에게 전달하도록 지시했다. 방법은 간단했다. 처음 편지를 전달받은 사람은 보스턴에 살고 있는 그 특정 인물을 알 것이라고 생각되는 사람에게 편지를 건네주고, 그 편지를 받은 사람 역시 같은 방법으로 다른 사람에게 편지를 건네주는 식이다. 밀그램은 성공적으로 도달한 편지들을 대상으로 몇 단계의 중간 단계를 거쳤는지 계산했다. 그 결과, 총 106개의 편지 중 42개가 목표 인물에게 성공적으로 도달했고, 중간 단계에서 평균 5.5명을 거친 것으로 나타났다. 케빈 베이컨의 6단계 게임과도 유사한 숫자다.

이외에도 사람들 간의 긴밀한 관계를 보여주는 '에르되스의 수Erdős

---

**20** 코넬대학교 박사 과정이었던 던컨 와츠Duncan Watts와 스티븐 스트로가츠Steven Strogatz 교수는 1998년 『네이처』에 할리우드 배우들은 평균 3.65단계로 연결되어 있다는 연구 결과를 싣기도 했다.

number'라는 것도 있다. 이는 천재 수학자 에르되스와 논문으로 연결되는 정도를 보여주는 수로 케빈 베이컨과의 연결 게임과 유사하다.[21] 계산 방법은 매우 간단하다. 에르되스 자신의 에르되스 수는 0이며, 그와 공동 저작을 한 사람의 에르되스 수는 1이다. 에르되스의 공동 저자와 함께 또 다른 공동 저작을 한 사람의 에르되스 수는 2가 된다.

그런데 에르되스의 수를 살펴보면, 에르되스와 연결된 사람 중에는 수학자뿐만 아니라 물리학자, 경제학자, 철학자, 심지어 기업가들도 있음을 알 수 있다. 예를 들어 아인슈타인의 에르되스 수는 2이고, 노벨상을 두 번 수상한 마리 퀴리Marie Curie의 에르되스 수는 7이다. 그리고 노벨경제학상 수상자인 폴 사무엘슨Paul Samuelson의 에르되스 수는 5, 철학자 칼 포퍼Karl Popper의 에르되스 수는 4이며, 구글의 공동창업자인 세르게이 브린Sergey Brin과 래리 페이지Larry Page는 각각 3이라는 에르되스 수를 갖고 있다.

이처럼 세계는 네트워크로 긴밀하게 연결된 아주 좁은 사회다. 엄밀히 말해 지구의 물리적 크기는 동일하지만, 그 안에서 인간의 활동이 활발해지고 교류도 다양해지면서 지구가 점점 작아지고 있는 것이다. 특히

---

**21** 헝가리의 천재 수학자인 에르되스는 507명의 공동 저자와 함께 1,475편의 논문을 썼다. 그는 피타고라스의 정리를 증명하는 방법을 37가지나 알고 있고, 4자리 수의 세제곱을 즉석에서 할 정도의 수학 천재였다. 사망하기 전 25년간 하루에 19시간을 오직 수학 문제와 씨름할 정도로 수학에 매달렸던 그에게 수학을 그만두는 것은 곧 죽음과 같은 것이었다. 그래서 학자들은 에르되스와 공동 저자에 속한다는 것 자체를 큰 명예로 생각했다. 그뿐만 아니라 어떤 방법으로든 에르되스와 연결될 수 있으면 매우 영광스럽게 생각했다. 결국 수학자들은 에르되스와 연결된 정도를 측정하기 위해 '에르되스 수'라는 것을 만들었다. 에르되스 수는 '에르되스 수 프로젝트' 사이트(www.oakland.edu/enp/erdpaths)에서 확인할 수 있다.

우리나라와 같이 단일 민족에다 혈연, 지연, 학연이 긴밀하게 연결돼 있는 경우에는 연결 경로가 더 짧을 수도 있다. 그래서 누구든지 '소개, 소개, 소개'를 거치면 서로 만날 수 있다. 더구나 오늘날에는 각종 소셜미디어의 발달로 사람들 간 네트워크 연결이 더욱 단축되고 있다. 2016년 페이스북이 12주년을 맞아 조사한 결과에 따르면, 페이스북 이용자는 평균적으로 친구 3.57명을 거치면 모두 연결되는 사이다. 페이스북 월 이용자 수가 20억 명을 넘어섰다고 하니, 세계 인구의 4분의 1 이상이 페이스북으로 연결되어 있는 셈이다. 이처럼 몇 단계의 무작위 연결만으로 모든 사람과 쉽게 연결될 수 있는 네트워크를 '작은 세상 네트워크small world network'라고 부른다.

이와 같은 네트워크의 속성에 비추어볼 때, 영국에서 시작된 '행운의 편지'가 왜 한국에 전달되고, 일종의 기부 이벤트였던 '아이스 버킷 챌린지[22]가 왜 그토록 유행했는지, 또한 바이러스가 확산되는 것처럼 네트워크를 통해 어떤 아이디어나 브랜드가 폭넓게 퍼지게 하는 '바이럴 마케팅viral marketing'이 어떻게 통할 수 있는지를 쉽게 이해할 수 있다.

한편, 네트워크화는 미시권력micropower의 힘을 키우는 요인으로 작용하기도 한다. 미시권력이란 소수 정치 세력, 벤처기업, 시민언론, 도시 광장에 모인 젊은이들과 같이 개개인이 모여 발휘되는 권력을 말한다. 이들은 과거에 세상에 알려지지 않은 작은 세력이었지만, 이제는 그 힘이

---

**22** 아이스 버킷 챌린지ice bucket challenge는 2014년 미국에서 루게릭병(근위축성 측색 경화증) 기부금을 모으기 위해 시작된 운동으로 환자들에 대한 관심을 불러일으켜 SNS를 타고 전 세계로 확산되었다.

거대권력의 기반을 무너뜨릴 정도로 강해졌다. 마치 돋보기가 태양빛을 모으듯 개개 시민들이 가진 작은 파워가 집중되어 거대한 권력을 들추어 내는 가공할 힘이 발휘되는 것이다. 대표적인 예가 한국의 '촛불집회'다. 특히 2016년 말 국민들이 손에 촛불을 들고 평화적인 시위를 통해 부패한 정치 세력을 몰아낸 것은 미시권력의 파워를 보여준 전형적인 사례다. 일부는 이를 두고 꼬리가 몸통을 흔드는 '왝너독wag the dog'이라고 비판하기도 하지만, 그보다는 통치자와 민중을 한 척의 배와 물로 비유한 '군주민수君舟民水'를 잘 보여주는 현상이라고 보는 것이 맞을 것이다. 물은 배를 띄워 나아가게 할 수도 있지만, 반대로 뒤집어 가라앉힐 수도 있는 것이 아니겠는가?

특히 인터넷, SNS 등을 통해 정보가 확대되면서 미시권력의 힘은 더욱 강해졌다. 이로 인해 정보를 독점한 소수에 의한 다수의 감시, 즉 파놉티콘이 아닌 다수에 의한 소수의 권력자 감시도 가능해졌다. 언론과 통신을 통해 다수가 소수의 권력자를 감시하는 것을 노르웨이 범죄학자 토마스 매티슨Thomas Mathiesen은 '감시에 대한 역감시'라는 의미의 '시놉티콘synopticon'이라 칭했다. 이는 인터넷의 익명성으로 인해 사람들이 보다 쉽게 사회 이슈에 대해 비판적 의식을 교류하고, 부정적 현실을 고발하며, 중요 사안에 관해 의견을 교환하는 등 권력자들을 감시할 수 있는 사회가 되었다는 것을 말해주는 것이다. 그리고 이러한 현상의 저변에는 바로 네트워크의 힘이 작용하고 있다.

앞으로 네트워크화와 그로 인한 상호 연결은 더욱 확대될 것이다.

특히 사물인터넷의 발달은 사물과 사람을 더욱 촘촘하게 연결시켜 사람들 간의 연결 관계를 거미줄같이 더욱 복잡한 관계로 만들 가능성이 높다. 그러한 연결 관계를 반영하듯, 최근에는 수십 개의 기기들이 그물처럼 연결되어 하나의 시스템과 같이 작동하는 '디바이스 메시device mesh'가 확대되고 있고, 사물인터넷을 뜻하는 영어 명칭도 'Internet of Things'에서 'Internet of Everything'으로 바뀌고 있다.

하지만 아이러니한 사실은 네트워크의 확장에도 불구하고 현대인들의 인간관계가 점차 단절되고 있다는 점이다. 이에 대해 MIT의 사회심리학자인 셰리 터클 교수는 그 이면에 자리 잡고 있는 사람들의 심리를 날카롭게 파고들었다. 그는 디지털 시대에 사람들이 소셜미디어로 연결되고 싶은 이유가 평소 외로워서 단지 연결되는 것을 목적으로 삼고, 연결되어 있는 느낌을 맛보고 싶기 때문이라고 역설했다. 즉, 누군가와 연결되어 있지 않으면 자신이 아닌 것 같다는 기분이 든다는 것이다. 한마디로 소셜미디어를 외로움의 마취제로 삼는 것이다. 그래서 미국의 사회학자 데이비드 리스먼David Riesman은 그의 저서 『고독한 군중』에서 고도화된 산업사회의 대중은 다른 사람들의 기대에 민감하게 반응하는 타인지향형 인간으로 살고 있지만, 그 내면에는 불안과 고독감을 지니고 있는 '고독한 군중'이라고 분석하기도 했다.

이런 현상을 두고 볼 때, 어쩌면 현대인은 '고슴도치 딜레마'에 빠져 있다고 할 수 있다. 추운 겨울날 고슴도치들은 체온을 유지하기 위해 서로 붙어 있으려 하지만, 붙으면 붙을수록 몸의 가시가 서로를 찔러 다시 흩어질 수밖에 없다. 하지만 흩어질 경우 매서운 추위를 견디기 힘들어 다시 모인다. 그러다 또 가시에 찔리면 흩어진다. 결국 모이고 흩어지기를 반복하다가, 상대의 가시를 피하면서도 서로의 체온을 주고받을 수 있는 적당한 거리를 발견하는 것이다.

이 같은 고슴도치의 모습은 각종 인간관계의 사슬에 묶여 그 관계를 맺지도 끊지도 못하며 적당한 거리를 유지하기 위해 몸부림치는 현대인의 모습과 닮아 있다. 즉, 연결과 단절이라는 이중주를 연주하는 듯한 현대인의 삶은 사회생활에 대한 욕망으로 한 덩어리가 됐다가도 다시 떨어지는 과정을 반복하면서, 서로가 견딜 수 있는 적당한 거리를 발견하곤 한다. 이는 상대방과 일체감을 느끼고 싶은 욕망과 스스로 자립하고 싶은 욕망이 동시에 존재하기 때문이다. 그래서 사람들은 인간관계의 부담을 최소화하면서도 외로움이라는 욕망을 해소하고 싶어 하는 것이다.

그러다 보니 인간관계도 '기그 이코노미'와 같이 개인의 필요와 만족에 의해 결합하고 해체되는 '기그 관계gig relationship'로 재편되고 있다. 기그 관계로 재편되는 과정에서 현대인들은 일회성 만남을 오히려 더 편하게 생각하기도 하며, 한 번 쓰고 버리는 휴지처럼 관계를 지속하지 않는 '티슈인맥'에도 익숙해지고 있다. 그래서 최근의 2030 세대를 가리켜 일명 '살코기 세대'라고도 부른다. 이는 불필요한 인간관계를 최소화하면서 서로에게 필요한 것 이상은 주지도, 바라지도 않는 삶의 방식을 가리키는 말로, 고기로 치면 기름기를 쫙 뺐다고 하여 붙여진 이름이다.[23]

---

**23** 아무리 인간관계가 넓어도 사회적 관계의 최대치가 150명 정도라는 연구 결과도 있다.

이는 타인의 인정을 받으려 부단히 노력해온 현대인들이 이제는 당당히 타인과의 관계를 최소화하고 자신의 행복과 안위를 추구하겠다고 나서며 자발적 고립을 자처하고 있기 때문이기도 하지만, 모든 것이 연결되는 초연결 사회에서 '항시 대기 업무문화'와 같은 불편에 반발하여 발생하는 측면도 있다. 2016년 노동연구원 조사에 따르면, 전체 노동자 10명 중 7명이 퇴근 후에도 스마트폰 등으로 업무를 계속하는 것으로 나타났다. 그만큼 직장인들이 '카톡 감옥'에서 빠져나오지 못하고 있는 것이다. 그러다 보니 유럽 등 많은 서구 사회에서는 '연결되지 않을 권리'까지 법제화하고 있는 실정이다. 2013년 독일은 업무시간 이후 상사가 직원에게 전화나 이메일로 연락하지 못하게 하는 지침을 발표했으며, 프랑스도 2017년부터 연결차단권이 포함된 노동개정법을 시행하고 있다. 우리나라에서도 2017년 근로시간 이외에 전화, 문자 메시지, SNS 등 각종 정보통신기기를 이용한 업무 지시를 금지하는 내용을 담은 근로기준법 개정안이 발의되기도 했다.

이처럼 사회가 점점 더 원자화, 개인화되어가다 보니, 이제는 혼자 밥을 먹는 '혼밥'도 흔한 풍경이 되었다. 한 통계에 따르면, 대학생의 약 72퍼센트가 혼자 밥을 먹고, 그것을 편하게 느끼는 '혼밥족'이라고 한다. 심지어 일본에서는 대학생들이 화장실에서 혼자 밥을 먹는 '벤조메시便所飯',

---

1900년대 영국의 인류학자 로빈 던바Robin Dunbar는 사람들이 아무리 친화력이 뛰어나도 진정한 사회적 관계를 맺을 수 있는 최대치는 150명이라고 했다. 이를 '던바의 수Dunbar's number'라고 부른다. 그는 네트워크를 동심원에 비유하며 가장 큰 원이 150명이라면, 무의식적으로 믿을 수 있는 친구들은 약 50명 정도이고, 좋은 친구는 15명, 가장 좋은 친구는 5명 정도라고 했다.

즉 '변소밥' 현상이 나타나 사회에 충격을 주기도 했다. 혼밥뿐만이 아니다. 혼행(혼자 여행), 혼술(혼자 술 먹기), 혼영(혼자 영화 보기), 혼캠(혼자 캠핑하기), 혼놀(혼자 놀기)이란 유행어들도 1인 사회의 단면을 잘 보여주는 신조어들이다.

그런데 재미있는 것은 이들은 한 손에 수저를 들고 혼자 밥을 먹으면서도, 다른 한 손으로는 쉴 새 없이 스마트폰을 통해 타인과 소통하는 이율배반적인 모습을 보인다는 점이다. 실제로 오늘날 많은 사람이 스마트폰으로 소통할 때는 편하지만 직접 만나서는 제대로 놀지 못한다고 얘기한다. 함께 있지만 각자 따로 스마트폰을 하면서 노는 것이다. 그러다 보니 개인과 대중을 합한 '개중'이라는 말도 등장했다. 개중은 혼자 원룸에 살면서 휴대전화나 메신저로 타인과 대화를 나누고 블로그를 통해 자신을 나타내는 등 철저하게 혼자 생활하지만 외로움을 전혀 느끼지 않는 개인을 말한다. 다른 말로는 사람들과의 접촉을 최소화하고 비대면 형태로 정보와 서비스를 제공받는 '언택트족[24]'이라고 할 수 있다. 이와 같은 성향이 '디지털 격리 증후군digital isolated syndrome'이라는 일종의 병으로 치부되기도 하지만, 일본의 작가 모리 히로시森博嗣의 말처럼 이제는 '고독해서 괴로운 것이 아니라 고독하지 않아서 괴로운 시대'인 것도 같다.

---

**24** 언택트untact는 접촉을 뜻하는 '콘택트contact'에 부정 접두사 '언un'을 붙여 만든 단어다.

## ⦚ 인과관계와 상관관계의 얽힘

두 번째 사회적 역설은 인과관계와 상관관계에서 엿볼 수 있다. 그동안 인간은 세상을 이해하기 위해 인과성을 찾는 방식으로 사유해왔다. 바퀴가 돌아간 것은 맞물려 있는 톱니바퀴가 돌았기 때문이고, 총알이 날아간 것은 방아쇠를 당겼기 때문이며, 연못에 잔물결이 퍼져나가는 것은 돌멩이가 떨어졌기 때문이다. 이러한 인과적 사유방식 때문에 번개가 치면 비가 쏟아질 것을 예상하고 우산을 준비할 수 있었다. 심지어 매사에 인과성을 찾으려는 성향으로 인해 서로 독립된 사건들마저 원인과 결과의 틀로 해석하려는 경향을 보이기까지 한다. '아니 땐 굴뚝에 연기 나랴', '까마귀 날자 배 떨어진다'와 같은 속담들은 인과성을 말해주는 대표적인 예이다.

그런데 사람들은 인과관계에 대해 몇 가지 착각을 하곤 한다. 우선 완전히 엉뚱한 원인과 결과를 결부시키는 행위다. 대표적인 예가 19세기 영국인들이 믿었던 황새의 개체 수와 출생률 사이의 관계다. 당시 황새의 개체 수가 증가할 때 새로 태어나는 아기의 숫자도 함께 늘어났는데, 이러한 사실로 인해 사람들은 둘 사이에 인과관계가 있다고 생각했다. 얼핏 생각하기에 전혀 관련이 없는 둘 사이에 서로 관계가 있다고 생각한 것은 어쩌면 '황새가 아기를 물어다준다Storks deliver babies'는 서양 사람들의 오래된 믿음 때문일지도 모른다. 하지만 신생아 출생자 수와 황새 사이에 과학적인 인과관계가 없다는 것은 확실하다.

인과관계에 대한 착각은 원인과 결과를 거꾸로 생각하여 발생하기도 한다. 한 예로, 미국 메이저리그에서 활약하는 야구 선수들의 경우 대개 나이가 많은 선수들의 타율이 더 높게 나타나는 경향이 있다. 이 때문에 사람들은 오랜 경험과 연륜이 야구를 잘하는 원인이라고 생각한다. 하지만 알고 보면 나이가 많아서 타율이 높은 것이 아니라, 타율이 높은 선수일수록 선수 생활을 더 오래하기 때문에 나타나는 현상일 뿐이다.

　　이와 비슷한 것이 '텍사스 명사수의 오류'다. 미국 텍사스에 백발백중의 카우보이가 살고 있었는데, 알고 보니 그 비결은 벽에다 총을 쏜 후 총알이 박힌 곳에 동그란 과녁을 그리는 것이었다. 이는 원인과 결과를 논리적으로 해석하는 것이 아니라, 결과를 보고 이유를 끼워 맞추는 격이다. 즉, 어떤 사건이 터진 후에야 "내가 그럴 줄 알았다"고 말하는 것과 마찬가지다. 하지만 이러한 태도로는 성공과 실패의 원인을 냉정하게 분석할 수 없다.

　　그리고 사람들은 제3의 원인을 찾지 못하여 어떤 현상의 인과관계를 잘못 판단하기도 한다. 예를 들어, 기차역에 점점 더 많은 사람이 몰려들어 대합실이 혼잡한 상황을 가정해보자. 그때 기차가 빠르게 다가온다면 사람들이 기차를 역으로 불러들이는 원인일까? 아니면 기차가 사람들을 역으로 불러들이는 원인일까? 정답은 '기차 시간'이 기차와 사람을 역으로 불러들이는 원인이다. 하지만 사람들은 기차 때문에 사람들이 몰려들거나, 사람들 때문에 기차가 역으로 온다고 착각한다.

　　이처럼 우리는 현실에서 많은 인과관계를 착각하며 살아가고 있다.

더구나 어떤 사건에 대한 정보가 사건이 일어난 순서에 따라 주어지지 않는 복잡한 상황에서는 인과관계를 찾는 것 자체가 힘들 수도 있다. 따라서 명심해야 할 것은 어떤 상관관계가 있다고 하더라도, 그것이 반드시 인과관계를 의미하는 것이 아닐 수도 있다는 사실이다. 그만큼 현대 사회에는 상관관계와 인과관계가 복잡하게 얽혀 있다.

그러므로 빠른 변화와 불확실성으로 대표되는 현대 사회에서는 어떤 이유를 몰라도 유용한 결론을 충분히 이끌어낼 수 있다. 즉, 변화무쌍하게 변화하는 환경에서는 가치가 높은 수많은 상관관계가 숨겨져 있기 때문에 인과관계를 잘 모르더라도 어떤 패턴이나 상관성에서 새로운 통찰과 가치를 얻을 수 있는 것이다. 비유컨대, 고전역학의 세계에서 양자역학의 세계로 옮겨가는 것과 유사하다고도 할 수 있다. 즉, 어떤 힘이 가해져야 운동 상태의 변화가 발생한다는 뉴턴의 운동법칙이 지배하는 고전역학의 세계가 인과관계가 지배하는 세계라면, 원자 규모의 양자역학 세계는 정해진 법칙이 아닌 비예측성과 불확실성에 의해 움직이기 때문에 상관관계가 지배하는 세계인 셈이다.

그래서 황새와 아기 간의 관계처럼 전혀 생뚱맞은 관계에서 다양한 가치가 창출될 수 있는 것이다.

좋은 예가 1990년대 중반 미국 월마트에서 발생한 기저귀와 맥주 매출의 동반 상승 현상이다. 사실 기저귀로 엎질러진 맥주를 닦을 생각이 아니라면 기저귀와 맥주 판매량 간의 연관성을 찾기가 쉽지 않다. 게다가 맥주는 부모의 소변을 만들어내고, 기저귀는 아이의 소변을 받아내는 용도로 쓰이기 때문에 두 제품은 구매 목적에서도 완전히 다르다. 그렇다면 전혀 관련이 없을 것 같은 맥주와 기저귀가 같이 팔렸던 이유는 무엇이었을까? 그것은 바로 기저귀 심부름을 나온 아빠들 때문이었다. 차를 몰고 마트에 기저귀를 사러 온 아빠들이 '기왕 여기까지 왔는데 맥주나 한 팩 사가자'고 생각했기 때문이다. 이 같은 기저귀와 맥주의 상관관계에 착안한 월마트는 둘을 결합한 패키지 상품을 내놓기도 했다. 인과관계는 없었지만 단순한 상관관계를 바탕으로 매출을 올린 마케팅이었던 것이다.

이처럼 트렌드가 시시각각 변하는 분야나 마케팅과 같이 겉으로 드러나는 현상이 중요한 분야에서는 인과관계보다 상관관계를 파악하는 것이 오히려 더 유용할 수 있다. 사람들의 구매 패턴을 분석함으로써 다음에 살 제품을 예측할 수 있기 때문이다. 그런데 이러한 분석과 예측을 가능하게 해주는 것이 바로 데이터다. 그래서 기업들에게 있어 데이터는 마케팅의 중요한 활용 원천이 된다. 한 예로, 고객들이 웹페이지를 통해 물건을 구매하는 과정에서 남긴 흔적인 클릭스트림click stream을 소셜미디어 데이터나 위치 데이터 등과 결합할 경우 특정 고객의 습성과 선호도를 파악할 수 있어 맞춤화된 서비스가 가능해진다.

이와 관련하여 몇 해 전 미국 『뉴욕타임스』에 재미있는 기사가 소개된 적이 있다. '타깃Target'이라는 미국의 대형마켓이 고등학생 딸이 있는 어떤 가정에 유아용품 할인 쿠폰을 발송했다. 이는 그 집에 곧 아이를 출산할 사람이 있다는 말이다. 화가 난 딸의 아버지가 왜 고등학생인 자신의 딸에게 아기용품 할인 쿠폰을 발송했느냐며 마트에 항의했다. 그런데 며칠 뒤 놀라운 반전이 일어났다. 딸이 부모 모르게 아이를 가졌던 것이다. 과연 아버지도 모르는 딸의 임신 소식을 그 마켓은 어떻게 알았을까? 이 마켓은 고객 데이터베이스를 활용해 임신 가능성이 있는 고객들에게 앞으로 필요할 출산용품을 추천한 것이다.

이처럼 빅데이터 분석은 개별 사용자의 기호에 맞는 추천 영상이나 제품을 제공함으로써 드러나지 않는 욕구를 자극하고 특정 행동이나 소비를 이끌어내기도 한다. 온라인 유통업체 아마존이 2013년 도입한 '예측배송anticipatory shipping' 시스템만 보더라도 소비자의 미래 구매를 미리 예측하고 소비자가 주문하기도 전에 배송을 준비한다.

그래서 독감이 유행할 지역도 미리 예측할 수 있는 것이다. 2008년 구글이 시행했던 '구글 독감 동향Google flu trends' 서비스는 미국 질병관리본부가 공개한 2003년부터 2007년까지의 독감 관련 데이터와 동일한 시기 구글 사용자가 입력한 검색어와의 상관관계를 분석했다. 이 서비스를 통해 구글은 보건당국보다 열흘이나 빨리 독감 경보를 발령할 수 있었다. 독일 기업인 티센크루프ThyssenKrupp도 센서를 통해 온도와 습도, 운행 속도 등 각종 정보를 실시간으로 분석해, 엘리베이터가 실제로 고장 나기 전에 수리가 필요한 부분을 미리 파악하기도 했다.

상황이 이렇다 보니, 데이터 기반의 미래 예측 시장은 IT 기업들의 새로운 격전지로 부상하고 있다. 마이크로소프트는 클라우드 플랫폼 '애저Azure'를 기반으로 트렌드를 예측하는 서비스를 제공하고 있으며, 아마존도 웹서비스를 기반으로 트렌드의 변화를 예측할 수 있는 서비스를 제

영화 〈마이너리티 리포트〉

공하고 있다. 심지어 구글은 검색 기록 등 사용자의 패턴을 인식함으로써 '검색이 필요 없는 검색searching without search' 서비스를 지향하기까지 한다. 디지털 사용자의 위치와 이동 경로, 검색 시기, 평소 이용 패턴, 관심 분야 등을 파악해 사용자가 묻기도 전에 무엇을 해야 할지 알려주겠다는 것이다.

결국 불확실성이 지배하는 환경에서는 어떤 이유를 몰라도 상관관계를 통해 새로운 시각으로 세상을 엿볼 수 있다. 하지만 어떤 가설을 세우고, 그것을 증명하기 위해 추론을 하는 인과적 사유의 과정을 거치지 않을 때 더 큰 문제가 유발될지도 모른다는 점은 항상 유의해야 한다. 상관관계를 통한 예측이 인과관계의 남용으로 이어질 경우 영화 〈마이너리티 리포트〉에서와 같이 개인의 자유의지가 말살되고, 예측 알고리즘이 개인의 도덕적 잣대를 대신하게 될지도 모르기 때문이다.[25]

---

**25** 영화 〈마이너리티 리포트〉는 예지 과학predictive science 기술을 활용하여 범죄를 저지르기도 전에 범죄를 저지를 잠재적 가능성이 있다는 이유만으로 인간을 체포하는 세상을 보여준다.

## ⋮ 기억과 망각의 역전

마지막 사회적 역설은 '기억과 망각의 역전'이다. 미국의 미디어 비평가 더글러스 러시코프Douglas Rushkoff는 그의 저서 『현재의 충격』에서 과거에는 시간의 흐름 속에서 서서히 진행되던 일들이 현재에는 디지털 기술의 발달에 힘입어 즉시 처리되고 있다고 지적한 바 있다. 애써 기억을 더듬고 도서관에서 책을 뒤져가면서 모르는 것을 알고자 했던 과정이 이제는 인터넷과 스마트폰, 소셜미디어 등으로 인해 즉각적으로 해결되고 있다는 것이다.

그런데 중요한 점은 이로 인해 우리가 더 이상 과거처럼 다양한 것을 기억하거나 생각할 필요가 없어지게 될 수도 있다는 사실이다. 이는 스스로 묻고 답할 필요도 없이 인터넷 검색만으로 필요한 지식을 얻을 수 있기 때문이다. 그렇기에 클릭 한 번으로 무엇이든 찾아볼 수 있는 세상에서 무엇인가를 기억하려 하고 암기하려고 애쓰는 행위 자체가 오히려 시간 낭비일 수도 있다. 게다가 기계는 정확하게 모든 것을 기억할 수 있지만, 인간은 수많은 기억의 오류와 왜곡을 저지르기까지 한다.

사실 인간은 쉽게 기억을 왜곡하는 존재다. 한 예로, 미국의 여성 정치인 힐러리 클린턴Hillary Clinton은 버락 오바마Barack Obama와 함께 민주당 대통령 후보가 되기 위해 선거운동을 하던 1996년, 한 TV 쇼에 출연하여 자신이 보스니아 방문 시 저격수들의 살해 위험을 피해 몸을 낮추면서 비행기에서 내렸다고 증언한 적이 있었다. 하지만 당시 촬영된 영상에는 그녀가 딸 첼시와 함께 웃으며 비행기 트랩을 내려오는 모습이 담겨 있었다. 이 때문에 힐러리는 거짓말쟁이로 낙인찍혔고, 무려 8퍼센트의 지지율 폭락을 겪어야 했다. 하지만 힐러리는 자신의 모습이 찍힌 촬영 기록을 보고서도 믿을 수 없다는 표정을 지었다고 한다.

이뿐만이 아니다. 1986년 1월 28일, 4차례의 연기 끝에 발사된 챌린저호가 발사 73초 만에 공중에서 폭발했을 때, 코넬대학교의 울릭 나이서Ulric Neisser 교수는 학생 106명에게 전날 누구와 어디에서 폭발 소식을 접했는지, 그때 기분이 어땠는지, 그러고 나서 뭘 했는지 상세히 적게 했다. 그리고 정확히 2년 6개월 후 학생들을 다시 불러 똑같은 질문을 했는데, 놀랍게도 학생들의 25퍼센트는 전혀 다른 대답을 했다. 친구와 함께 술을 마시다 TV를 통해 소식을 들었다고 진술했던 학생이 도서관에서 공부를 하다가 라디오로 소식을 들었다고 말하는 등 잘못된 기억을 아주 구체적으로 진술한 것이다. 나머지 응답자의 기억도 세부 사항이 대부분 엉터리였다. 게다가 교수가 학생들에게 2년 반 전에 쓴 종이를 보여주었음에도 불구하고, 일부 학생들은 그 메모가 잘못되었고 지금 자기의 기억이 맞는다고 우기기까지 했다.

이처럼 인간의 기억은 고정되어 있지 않고 계속 변하는 속성을 가지고 있다. 어떤 기억은 아주 생생하게 기억되기도 하지만, 어떤 경우에는 위의 사례처럼 기억이 완전히 엉뚱한 모습으로 왜곡되기도 한다. 이는 정보를 저장하는 과정에서 서로 연결된 뇌의 시냅스들이 인출 과정에서 다시 결합하는 방식으로 기억을 떠올리기 때문이다. 다시 말해, 기억의 인출 과정에서 결합되는 시냅스들이 기억의 저장 과정에서 결합된 시냅스들과 서로 다를 수 있기 때문에 기억의 왜곡이 발생하는 것이다. 이는 이스라엘의 심리학자 다니엘 캐너만Daniel Kahneman 교수가 주장한 '경험자아experiencing self'와 '기억자아remembering self'라는 개념으로도 설명이 가능하다. 즉, 어떤 기억이 달라지는 것은 현재 내가 경험하는 것을 느끼는 '경험자아'와 지나간 경험을 회상하고 평가하는 '기억자아'의 판단이 서로 일치하지 않기 때문이다.

사람들은 기억의 왜곡을 보통 '망각'이라고 부른다. 인간은 '망각'이 기본이고 '기억'이 예외적인 존재다. 독일의 심리학자 헤르만 에빙하우스Hermann Ebbinghaus에 따르면, 인간은 학습 이후 10분이 지나면서부터 망각이 시작되어 1시간 뒤에는 50퍼센트, 하루 뒤에는 70퍼센트, 한 달 뒤에는 80퍼센트를 망각한다고 한다.

하지만 기계는 '기억'이 기본이고 '망각'이 아주 예외적인 존재다. 어떤 정보나 기억을 특별히 지우려고 노력하지 않는 한, 대부분의 정보나 기록이 그대로 기록되어 보존된다. 과거에 남긴 사적인 글이나 개인 정보가 공개적으로 유통되거나, 흩어져 있는 정보가 모아져 특정인의 종합 정보가 만들어지는 프로파일링profiling이 횡행하고, 더 나아가 디지털 흔적digital shadow까지 이용되는 환경이다 보니, 원하지 않는 기록을 지워달라는 '잊힐 권리[26]'라는 개념까지 등장하고 있다. 즉, 잊힐 권리를 통해서라

---

**26** 잊힐 권리는 2010년 한 스페인 시민이 오래전에 신문에 보도된 사소한 기사가 구글에서 지속적으로 검색되어 피해를 보고 있다며, 구글을 상대로 검색 결과 삭제 요청을 한 사건을 계기로 이슈가 되었다. 결국 2014년 유럽연합 사법재판소는 소셜미디어를 인정한다는 판결을 내렸다.

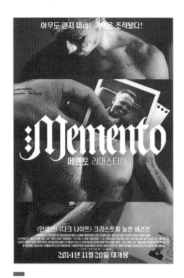

**영화 〈메멘토〉**

도 사생활 보호를 하려고 하는 것이다.[27] 그래서 요즘은 잊힐 권리를 주장하지 않고서도 잊어버리고 싶은 것을 자동적으로 잊게 해주는 기능들이 각광받고 있다. 일명 '자기 파괴', '자동 폭파'라고도 불리는 이런 기능들은 SNS에 올린 글들을 일정 시간이 지난 후 자동으로 삭제시켜준다.

기억을 소재로 다룬 영화 중 하나인 크리스토퍼 놀란Christopher Nolan 감독의 영화 〈메멘토〉를 보면, 주인공은 아내가 성폭행을 당하고 살해된 충격으로 10분 이상 기억을 지속하지 못하는 '단기기억 상실 증후군'에 걸린다. 주인공은 아내의 복수를 위해 고군분투하지만 기억을 10분 이상 지속하지 못하기 때문에 복수에 필요한 정보를 잊지 않기 위해 만나는 사람을 카메라에 담고, 사진에 일일이 메모를 하는가 하면, 절대 잊지 말아야 할 내용은 자신의 몸에 문신으로 새기기까지 한다. 영화 〈메멘토〉에서 주인공은 "기억은 색깔이나 모양도 왜곡할 수 있어. 기억은 기록이 아니라 해석에 불과하니까"라고 말한다. 그만큼 기억이라는 것이 주관적이라는

---

**27** 인터넷에 있는 정보의 확산을 막거나 없애려다가 오히려 정보가 더 확산되는 '스트라이샌드 효과'가 나타나기도 한다. 이는 미국의 가수 '바브라 스트라이샌드Barbra Streisand'가 2003년 인터넷에 올라온 자신의 집 사진을 없애려고 소송을 제기했다가, 오히려 그 때문에 사진이 인터넷에 퍼지면서 별 관심이 없던 사람들까지도 그 사진을 보았던 데서 생겨난 말이다.

말이다. 그런데 오늘날 우리는 디지털 기술에 기억을 새기고 있다. 그렇다면 "기억은 해석이 아니라 기록에 불과하다"라고 말할 수 있지 않을까?

문제는 기억을 점점 더 기록에 의존하다 보면 인간의 기억 능력이 퇴화하고, 그와 동시에 질문하는 능력도 퇴화될 수 있다는 점이다. 질문을 자아내는 호기심이 생겼다가도 검색 한 번으로 그 호기심이 바로 사라져버리기 때문이다. 이는 인간의 기억과 망각이 기계에 의해 근본적으로 역전됨으로 인해 나타나는 역설인 동시에 비극이기도 하다.

인공지능은 쓰기에 따라 약이 되기도 하고 독이 되기도 한다. 하지만 그 방법을 알려주어야 할 교육은 일종의 매트릭스에 갇혀 변화하는 현실에 부합하지 못하고 있다. 도대체 우리 교육은 어떤 모습을 하고 있는 것인가?

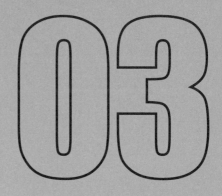

# 인간은 인공지능에
# 대응할 역량을
# 갖추었는가?

# 파르마콘 인공지능

## ⁞ 인공지능의 양면성

지금까지 인공지능으로 야기되고 있는 각종 우려와 함께 현대 사회의 다양한 변화를 살펴보았다. 공상과학 소설이나 영화에서 등장하는 인공지능에 의한 인간의 지배가 현실화될 것이라는 우려에서부터 인간의 일자리가 박탈되고 있는 현실, 그리고 사회의 빠른 변화와 불확실성의 확대, 사회적 역설의 등장, 데이터 확대로 인한 플랫폼 효과까지 실로 그 변화의 모습은 다양하다.

그런데 이러한 변화 속에는 인공지능이 인간에게 혜택을 줄 수도 있고, 악영향을 미칠 수도 있는 가능성이 동시에 자리하고 있다. 한마디로 인공지능이 상반된 속성을 갖는 것이다. 이러한 상반된 속성을 굳이 표현해보자면, '우레와 같은 침묵thundering silence', '공공연한 비밀open secret', '달콤한 슬픔sweet sorrow' 등과 같이 서로 상반되는 두 개념을 모아 만든 영어의 '모순어법oxymoron' 같기도 하다. 또한 18세기 프랑스 대혁명의 이면을 고찰한 찰스 디킨스Charles Dickens의 소설『두 도시 이야기』의 서두에 나오는 표현이나, 문화 인류학자 루스 베네딕트Ruth Benedict의 저서『국화와 칼』에서 일본인을 묘사하는 표현과도 유사해 보인다.

> '최고의 시간이었고, 최악의 시간이었다. 지혜의 시대였고, 어리석음의
> 시대였다. 믿음의 세기였고, 불신의 세기였다. 빛의 계절이었고, 어둠의
> 계절이었다. 희망의 봄이었고, 절망의 겨울이었다.'
> '일본인은 최고도로 싸움을 좋아하는가 하면 동시에 얌전하며, 군국주
> 의적인 동시에 탐미적이며, 불손하면서도 예의바르고, 완고하면서도 또
> 한 적응성이 풍부하며, 유순하면서도 귀찮게 시달림을 받으면 분개하
> 며, 충실하면서도 불충실하며, 용감하면서도 겁쟁이이며, 보수적이면서
> 도 또한 새로운 것을 즐겨 받아들인다.'

하지만 이러한 인공지능의 양면적 특성은 그것을 어떻게 사용하느냐에 따라 인간에게 약이 될 수도 있고 독이 될 수도 있으며, 기회가 될 수도 있고 위기가 될 수도 있다. 이런 측면에서 볼 때 인공지능은 '파르마콘pharmakon'에 가까운 존재다. 치료와 독이라는 상반된 의미를 동시에 지니는 파르마콘은 플라톤의 저서『파이드로스Phaidros』에 나오는 단어로 약국에서 볼 수 있는 'pharmacy'의 어원이 되기도 한다. 이는 '지킬 박사와 하이드'같이 잠재적인 가능성으로 동시에 존재하는 복합 상태로서, 관찰하기 전에는 구체적인 물리적 존재 형태가 무엇인지 알 수 없는 양자역학

의 '중첩상태'와 유사한 개념이기도 하다.[1]

그런데 문명사를 보면 파르마콘적 특성이 비단 인공지능에만 적용되어 온 것이 아니다. 과거 문자의 보급은 문명을 효과적으로 전파할 수 있는 효과적 수단이었지만, 기억력의 감퇴와 잘못 전달될 가능성이라는 부정적 측면도 동시에 지니고 있었다. 오늘날에도 휴대폰을 사용하게 되면서 삶의 편리성은 높아졌지만 동시에 전화번호를 외우는 능력이 저하된 점도 마찬가지다.

하지만 사람들은 대개 파르마콘에서 독을 빼내고 약만 남기려는 시도를 하곤 한다. 이는 세상을 단 하나의 방식으로만 보려고 하는 인간의 오랜 습성 때문이기도 하다. 그래서 단편적인 정답을 찾고 획일화된 삶의 방식이 정답이라고 생각하며, 그에 맞추어 살아가려고 하는 것이다.

그러나 정답은 단편적일 수 있어도 세상은 절대로 단편적이지 않다. 고대 철학자 헤라클레이토스Heraclitus의 '세상에서 변하지 않는 유일한 진리는 세상의 모든 것이 변한다'는 말처럼 세상은 끊임없이 변하고 있기 때문이다. 더구나 지금은 인공지능이라는 거대한 변화의 물결을 멈추거나 그것으로부터 피하는 것도 불가능하다. 할 수 있는 것이 있다면 오로지 최선을 다해 앞으로 닥칠 상황을 파악하고, 대비하며, 적응하는 것 외에는 다른 길이 없다. 결국 인공지능 파르마콘의 요체는 양날의 검을 가진 인공지능이 올바른 방향으로 쓰이도록 하는 것에 있다.

---

**1** 양자 세계에서는 하나의 입자가 여러 곳에 동시에 존재하는 것이 다반사라서, 하나의 원자는 '0' 아니면 '1'이 아니라 '0과 1을 동시에' 가질 수 있다.

따라서 우리가 인식해야 할 점은 과학기술이 항상 세상을 변화시킬 잠재력과 가능성을 보유하고 있지만, 우리의 선택에 따라 그 결과가 달라질 수 있다는 사실이다. 마치 칼을 강도가 사용하면 흉기가 되고 요리사가 사용하면 맛있는 음식을 만드는 도구가 되는 것처럼, 또한 같은 물이라도 소가 먹으면 우유가 되고 뱀이 먹으면 독이 되는 것처럼, 인공지능 또한 사람들이 어떠한 마음을 갖고 사용하는가에 따라 인간이 더없는 혜택과 자유를 누릴 수도 있고, 반대로 인류가 경험하지 못한 엄청난 재앙을 맞을 수도 있는 것이다.

이러한 양면성을 보여주는 좋은 예가 유전자 기술이다. 인간은 동서고금을 막론하고 영생과 건강을 위해서라면 몸에 좋다는 것을 가리지 않았고, 각종 위험을 무릅쓰고서라도 죽지 않는 비결을 찾으려고 발버둥을 쳐왔다. 영원한 삶을 보장하는 불로초를 찾으려 했던 길가메시나 진시황 이야기부터 시작하여 21세기의 진시황을 꿈꾸는 현대 과학에 이르기까지 죽음을 해결하기 위한 시도는 끊임없이 계속되고 있다.

구글은 '죽음 해결하기'가 창립 목표인 '칼리코Calico'라는 회사를 설립하여 인간의 수명을 500세까지 연장하고자 유전 패턴을 분석해 난치병 치료법을 연구하고 있다. 오라클의 공동창업자 래리 엘리슨Larry Ellison은 '엘리슨 의료재단'을 설립하여 노화방지 연구에 약 4억 달러(약 4,400억 원)를 투자했다. 또한 인간의 수명 연장에 기여하고자 설립된 '휴먼 롱제비티 Human Longevity'는 2020년까지 100만 명의 유전자 정보를 해독해 수명 연장을 가능하게 해줄 유전 정보를 찾아내는 연구를 진행 중이다.

그러나 '확실한 것은 죽음과 세금밖에 없다'는 속담이 말해주는 것처럼 죽지 않는 사람은 이 세상에 단 한 명도 없다. 오래된 음식이 부패하고, 금속에 녹이 슬듯이 생명체가 늙는 것은 피할 수 없는 섭리다. 실제 인간의 최대 자연수명은 약 120세 전후다.[2] 그런데도 사람들은 조금이라도 더 오래 살기를 원한다. 더구나 의학의 발전으로 현대인들의 평균 수명과 건강 수명이 나날이 늘어가고 있지만, 인간은 스스로 생명의 한계를 정하지 않고 끊임없이 새로운 기록을 쓰려고 시도하고 있다. 그러한 노력 덕분인지 생명의 비밀도 조금씩 풀리고 있다.

2009년 노벨 생리의학상을 받은 엘리자베스 블랙번Elizabeth Blackburn과 캐럴 그라이더Carol Greider는 염색체의 끝 부분인 '텔로미어[3]'의 길이를 늘이면 수명이 길어진다는 사실을 밝혀냈다. 더구나 DNA에 있는 유전정보인 게놈 지도를 판독하면 자신이 앞으로 어떤 질병에 걸릴지, 언제 그 병에 걸릴지, 어떤 치료를 받아야 할지, 심지어 얼마나 오래 살 수 있을지

---

**2** 미국의 생물학자 헤이프릭Hayflick은 여러 가지 동물 실험과 인간세포 배양 실험을 통해 인간의 태아세포는 50회 분열 후 멈춘다는 사실을 알아냈다. 그는 인간 세포가 한 번 분열하는 데 평균 2.5년이 걸리기 때문에 '2.5×50=125세'가 인간의 최대 수명이라고 했다. 노벨 생리의학상을 수상한 일본 도네가와 스스무利根川進 박사도 분자생물학이나 면역학의 관점에서 인간이 적절한 영양을 섭취하고, 적당한 운동을 하며, 필요한 의학적 치료와 예방을 충분히 한다면 125세까지 살 수 있다고 했다. 그뿐만 아니라 조선의 명의 허준이 쓴 『동의보감』에도 '만물의 영장인 사람의 수명이 본래 4만 3,200여 일'이란 구절이 있다. 이를 환산해보면 약 118세 정도다. 또한 『성경』 창세기에도 '사람의 날이 120년이 될 것'이라는 말이 나온다. 그리고 현재 기네스북에 등재되어 있는 최고령 생존자는 1900년에 태어난 일본인으로 120세에 가까우며, 현재까지 가장 오래 살았던 것으로 알려진 사람은 프랑스 여성 잔 칼망Jeanne Calment으로 1875년에 태어나 1997년에 사망할 때까지 122년을 살았다.

**3** 텔로미어telomere는 염색체 복제가 원활하게 일어나도록 돕는 역할을 하는데, 나이가 들면서 텔로미어의 길이가 조금씩 줄어든다. 그러다 텔로미어가 일정 길이만큼 줄어들면 염색체는 복제를 멈추게 되고 복제 기능을 상실한 세포는 스스로 사멸하는데, 이것이 정상적인 노화의 과정이다.

도 알 수 있다. 영화배우 안젤리나 졸
리Angelina Jolie는 유전자 기술을 이용하여
자신의 게놈 지도에서 유방암과 난소암
을 일으키는 유전자를 발견하고, 2013
년 가슴과 난소를 미리 절제하여 스스로
자신의 운명을 바꾸기까지 했다.

또한 글이나 영상을 잘라내고 붙이
듯 DNA의 유전자를 편집하는 '크리스퍼
유전자 가위CRISPR'나 유전체 교정 기술인

안젤리나 졸리

'염기교정 유전자 가위base editor' 기술 덕분으로 머지않은 미래에 부모의 바
람대로 디자인되는 아기가 태어날 수도 있다. 이 경우 최소한 무용수 이
사도라 던컨과 같이 면박을 당하는 일은 일어나지 않을 것이다.[4]

그런데 그 이면에는 맞춤형 아기나 천재 유전자 찾기와 같이 유전
자 기술이 우생학에 적용될 수 있다는 우려도 자리하고 있다. 극단적으로
는 출산 전에 유전자 검사를 통해 열등한 유전자를 미리 제거함으로써 선
택된 맞춤형 인간만이 살아남게 될 수도 있다. 이는 20여 년 전 〈가타카
Gattaca〉라는 영화에서처럼 유전자만으로 인간을 판단하는 사회와 별반 다
르지 않은 세상이다. '가타카'는 DNA의 염기서열인 아데닌adenine, 티민

---

**4** 맨발의 무용수 이사도라 던컨Isadora Duncan이 노벨문학상 수상자였던 조지 버나드 쇼
George Bernard Shaw에게 "당신은 세상에서 가장 뛰어난 두뇌의 소유자이고 나는 가장 아름
다운 육체의 소유자니, 우리 완벽한 아이를 만들어 볼까요?"라는 편지를 보냈을 때, 조
지 버나드 쇼는 "하지만 만약 그 아이가 나의 육체와 당신의 두뇌를 가지고 태어나면 어
떡하오?"라는 답장을 보냈다.

thymine, 구아닌guanine, 시토신cytosine을 조합해 만든 단어로, 이 영화는 아이가 태어나면 피 한 방울로 유전자를 분석해 사회적 신분, 취업, 결혼 등 미래의 운명이 미리 결정되는 사회를 그리고 있다. 그런데 본의 아니게 우리는 이러한 사회를 향해 조금씩 나아가고 있다. 2015년 중국 과학자들이 유전자 편집기술로 인간의 배아에서 특정 유전자를 바꿔치기하는 유전자 조작을 시도하기도 했으며, 2016년에는 유전병 치료를 위해 3명의 DNA를 결합해 '세 부모 아기'가 태어나기도 했다.

또한 유전자 기술로 인해 예상하지 못했던 사회적 갈등이 발생하기도 한다. 한 예로, 2012년 미국의 11세 중학생이 유전자 때문에 전학을 거부당한 사건이 발생했다. 이 학생의 유전자 상태를 판독한 결과, 주로 폐와 소화기관에 문제를 일으키는 '낭포성섬유증'이라는 병에 걸릴 가능성이 발견됐기 때문이다. 이 학생이 전학하려고 하는 학교에는 이미 낭포성섬유증에 걸린 학생이 있었는데, 낭포성섬유증 환자가 서로 만나면 치명적인 바이러스가 전파될 가능성이 높아진다. 이에 학부모들의 항의로 전학이 취소된 것이다. 학교에서는 질병이 다른 학생에게 전염될 가능성을 차단하기 위한 조치라고 했지만, 그 해명이 학생과 부모가 받은 상처를 봉합해주지는 못했다. 그런가 하면 유전자 분석 결과에 문제가 있다며 보험회사로부터 생명보험 가입을 거절당하는 유전자 차별 문제가 발생하기도 했다.

이처럼 유전자 기술은 인류에게 무한한 혜택을 줄 수도 있고, 생각지도 않았던 불행을 가져올 수도 있는 파르마콘적 속성을 동시에 지니고 있다.

　비단 유전자 기술 외에도 인공지능의 양면성은 일자리 문제에도 적용된다. 즉, 인공지능으로 대표되는 4차 산업혁명과 함께 사람들은 기계에게 일자리를 빼앗기는 디스토피아의 시대에 살 수도 있고, 반대로 기계가 인간 대신 힘들고 어려운 노동을 하며 인간의 삶의 질을 높여주는 유토피아의 시대에 살 수도 있는 것이다.

　한 가지 분명한 것은 준비된 자들에게는 미래사회가 기회이면서 유토피아일 수 있지만, 그렇지 못한 자들에게는 위기이자 디스토피아일 수 있다는 점이다. 미국 싱귤래리티대학 제러미 하워드Jeremy Howard 교수의 말대로 '기술을 통제할 수 있는 사람에게는 지금이 가장 좋은 시대인 반면, 기술과 경쟁하는 노동자에게는 지금이 가장 나쁜 시대'일지도 모른다. 한마디로 미래를 맞을 준비를 하지 못하면, 급격한 사회 변화의 물결에 휩쓸려가는 처지에 내몰릴 수밖에 없는 것이다.


## ⋮ 인간과 기계의 공존


　인류의 삶을 뒤흔드는 이 엄청난 지각변동 앞에서 우리는 어떻게 대처해야 할까? 끊임없이 발전하는 기계문명의 굴레에서 인간은 기계의 노예로 전락하는 〈터미네이터〉의 시대를 받아들여야만 하는 것인가? 반대로 기계와 공존하면서 인간이 일자리를 잃지 않고 함께 발전하는 〈스타트

렉〉의 시대를 걸어갈 것인가? 아니면 기계가 도저히 넘볼 수 없는 인간만이 할 수 있는 새로운 것을 찾아야 하는 것인가?

곰곰이 생각해보면 인공지능이 가져올 미래의 모습을 유토피아와 디스토피아로 양분하기보다는 기계와 협업하면서 함께 살아가는 모습이 가장 바람직할 것이라는 생각이 든다. 아무리 인공지능의 능력이 뛰어나다고 해도 인간은 인공지능과 달리 논리적 추론뿐만 아니라 감정, 그리고 영감과 직관까지 포괄하는 대단히 신비로운 삶을 살아가는 존재이기 때문이다. 다시 말해, 인공지능이 넘볼 수 없는 인간만의 비교우위가 있는 것이다.

사실 체스의 '프리스타일 대회'나 알파고와 인간의 '페어 대국'을 보면 인간과 기계의 협업 가능성을 충분히 엿볼 수 있다.

1997년 세계 체스 챔피언인 게리 카스파로프가 IBM의 인공지능 딥블루에게 패배한 이후 사람들은 앞으로 컴퓨터와의 체스 대결에서 일방적인 양상을 띨 것으로 예상했지만, 2005년 인간과 컴퓨터가 한 팀이 되어 참가하는 프리스타일 체스 대회에서 인간과 기계의 혼합팀은 가장 강력한 컴퓨터와의 대결에서 승리하는 저력을 보여주었다. 인간의 전략과 컴퓨터의 전술적 예리함이 결합하면서 압도적인 힘을 발휘한 것이다.

이와 비슷한 대결이 2017년 중국에서도 있었다. 중국의 커제 9단을 꺾은 인공지능 '알파고 마스터'가 인간과 한 조를 이루어 바둑을 두는 페어 대국에서 알파고의 수를 인간이 이해하지 못하기도 하고, 인간의 어려운 수를 알파고가 정확히 읽어내기도 했다. 또한 커제와의 대국에서는 초반 승세를 잡은 뒤 단 한 번의 흔들림이 없었던 알파고가 역전승을 허용하는 등 대결 내내 흥미진진한 장면들이 연출되었다.

　프리스타일 체스나 바둑의 페어 대국을 통해 알 수 있는 것은 사람과 컴퓨터가 어떤 과제에 대해 동일한 방식으로 접근하지 않는다는 사실이다. 만일 알파고나 사람이 동일한 방식으로 어떤 문제에 접근한다면 더이상 인간이 체스나 바둑에 기여할 부분은 없을 것이다. 하지만 협업을 통해 인간은 미처 알지 못했던 체스와 바둑의 새로운 면을 알게 되었고 새로운 가능성도 보여주었다. 쉽게 말해, 인간과 인공지능이 집단지성을 발휘한 것이다.

　따라서 인공지능은 단순히 인간의 일자리를 빼앗는 존재가 아니라오히려 인간의 능력을 확장시키는 기회가 될 수도 있다. 기계와의 협업을 통한 집단지성 발현 외에도, 인공지능이 인간의 지적 노동을 대신할 때 인간은 인간 고유의 지능에 집중할 수 있고 소통과 놀이라는 본능도 강화할수 있기 때문이다. 따라서 인공지능은 인간의 지능과 본능을 확장시키는일종의 촉진제가 되어 더 나은 미래를 만드는 데 기여할 수 있는 것이다.

　파르마콘은 약이기도 하고 독이기도 하다. 그런데 약과 독을 어떻게쓰느냐에 따라 독이 약이 되기도 한다. 같은 약재라도 체질에 따라 독이될 수도 있고 약이 될 수도 있으며, 많은 양을 쓰면 몸에 해롭지만 소량이면 오히려 몸에 이로울 수 있기 때문이다. 마찬가지로 인간의 지능을 따라잡고 있는 인공지능도 어떻게 쓰느냐에 따라 인간에게 독이 될 수도 있고 약이 될 수도 있다. 인공지능으로 대변되는 새로운 과학기술은 쓰기에 따라 인류가 처한 문제를 해결해줄 수 있는 강력한 도구로 작용하면서 인간의 한계를 극복하게 해주는 '이카로스의 날개'와 같은 역할을 할 수 있을 것이다.

하지만 아무리 이카로스의 날개라도 태양 근처까지 날아오르면 밀랍이 녹아 추락하는 법이다. 따라서 인공지능이라는 날개가 지나치게 날아오르지 않도록 항상 주의를 기울일 필요가 있다. 그러기 위해서는 인간 스스로 변화하는 시대의 흐름을 읽을 수 있어야 하고, 그에 맞는 능력 또한 배양해야 한다. 왜냐하면 미래의 문맹자는 디지털 기술의 구조와 인공지능으로 인한 변화상을 읽을 줄 모르는 사람이 될 가능성이 높기 때문이다.


## ⁝ 교육적 대안

미래학자 앨빈 토플러가 "21세기 문맹인은 읽고 쓸 줄 모르는 사람이 아니라 배운 것을 잊고 새로운 것을 배울 수 없는 사람"이라고 말했듯, 달라진 세상을 이해하고, 그 세상에 적응하기 위해서는 새로운 리터러시 literacy 능력이 필요하다.

그렇다면 어떻게 그러한 능력을 기를 수 있을까? 여러 가지 방법이 있을 수 있겠지만, 근본적으로는 '교육'에 답이 있다. 변화하는 사회에 적응하기 위한 최선의 대비책은 교육이기 때문이다. 따라서 교육을 통해 로봇이나 인공지능이 넘보지 못할 새로운 영역에서 인간의 능력을 개발하고 경쟁력을 키우지 못한다면, 인간은 4차 산업혁명이라는 파도에 휩쓸려 허우적거릴 수밖에 없다.

　그런데 안타깝게도 오늘날 교육 시스템은 평균적인 능력을 갖춘 노동자를 대량 생산하도록 설계된 근대적 교육 형태가 그대로 유지되고 있다. 오늘날의 학교 교육 형태는 군인과 육체노동자를 대량으로 필요로 했던 프로이센이 1763년 교육령을 통해 5~14세 아동들에게 취학을 의무화하면서 시작되었다. 하지만 다가오는 미래는 같은 교실에서 똑같은 내용을 배우는 현 시스템에서 자란 아이들을 위한 일자리를 남겨놓지 않을 가능성이 매우 높다. 산업사회의 필요에 의해 만들어진 현재의 교육 형태는 기계가 인간의 지적 능력을 대체하기 시작한 인공지능 시대에 더 이상 적합하지 않기 때문이다. 다시 말해, 지식을 얼마나 많이, 그리고 정확하게 암기하고 활용할 수 있는지 위주로 가르치고 평가하는 현 교육은 인공지능의 발전과 함께 근본적 위기를 맞을 수밖에 없는 것이다.

　앞으로 미래 사회에는 특정 기간의 교육 과정을 마치거나 지식을 습득한 사실보다는 얼마나 최신 지식을 활용할 수 있느냐 하는 능력이 더욱 중요해질 것이다. 그러기 위해서는 수많은 정보를 이용하여 새로운 가치를 만들어내고, 남들과는 다른 방식으로 정보와 정보, 지식과 지식을 엮을 수 있어야 한다. 결국 어떤 대학을 졸업했고, 어떤 학위를 가지고 있는지가 중요한 것이 아니라, 실제로 그 사람이 가진 역량이 더 중요해지는 것이다.

　결국 인공지능 시대에는 기계에 의해 대체되지 않을 뿐 아니라, 오히려 더욱 중요해질 인간의 역할과 역량을 키워야 한다는 요구가 커질 수밖에 없다. 그렇다면 대체 가능한 표준화된 인재를 만들어내는 현 교육의 문제점을 정확히 인식하고, 이제부터라도 하나씩 그 문제점들을 해결하려는 노력을 기울여야 하지 않을까? 비록 익숙한 것이라도 그것이 잘못되었다면 더 이상 하지 말아야 한다. 그래야만 변화가 시작될 수 있기 때문이다.

정보화 사회라는 말을 최초로 사용한 인류학자 우메사오 다다오梅棹忠夫는 "정보는 하늘에 떠 있는 별과 같아, 인간이 일부러 끄집어내서 의미를 만들어내지 않으면 가치가 발생하지 않는다"고 했다. 이는 수많은 정보가 컴퓨터 안에 있다고 해도 눈에 보이지 않고 말로 설명할 수 없는 것은 의미를 발생시키지 못한다는 뜻이다. 그러므로 책 한 권을 읽더라도 책에 담겨 있는 정보 중에서 필요한 것만 끄집어낼 수 있어야 한다. 여성학자 정희진이 『정희진처럼 읽기』에서 밝힌 것처럼 책의 내용을 익혀 필자의 주장을 취하는 '습득'이 아니라, 읽고 있는 내용을 기존의 자기 지식에 배치하는 '지도 그리기'가 필요한 것이다. 이는 정보가 넘쳐나는 사회에서 중요한 정보와 중요하지 않은 정보를 쪼갤 수 있는 능력이기도 하다. 더 나아가 중요하지 않은 정보의 콘셉트를 뽑아내지 못할 경우 지식이 많아 오히려 뭐든지 알고 있는 바보가 될 수도 있다.

따라서 미래 사회가 필요로 하는 인재를 어떻게 양성할 것인지를 심각하게 고민해봐야 한다. 예루살렘 히브리대학 교수인 유발 하라리Yuval Harari는 "우리가 아이들에게 가르쳐줄 가장 중요한 기술은 어떻게 하면 늘 변화하면서 살 수 있을까, 어떻게 해야 내가 모른다는 사실을 직면하며 살 수 있을 것인가이다"라고 말한 바 있다. 그의 말처럼 이제는 변화하는 환경에서 지속적으로 학습할 수 있는 능력을 기르는 것이 그 어느 때보다 중요한 시대가 되어버렸다.

그런데 지속적인 학습능력은 부모의 요구와 기대, 사회적 압력만으로 길러지는 것이 아니다. 스스로 자기 주도 학습을 해나갈 수 있는 능력은 외부적 요인이 아니라 내적 필요성인 호기심에 의해 생겨난다. 그러나 정해진 지식을 전수하며 정답만을 가르치는 현 교육은 호기심과 자발적 학습에 대한 흥미를 유발하는 데 한계가 있다. 모범 답안을 정해놓고 빠른 추격자fast follower 전략을 펼쳐온 효율 우선주의의 한국 교육 시스템에서는 자유로운 행동과 생각에서 숙성되는 호기심이 활성화되기 어렵기 때문이다. 그렇다면 어떤 교육이 필요한가? 그 대안을 찾기 위해서라도 한국 교육의 실태를 보다 비판적 관점에서 살펴볼 필요가 있다.

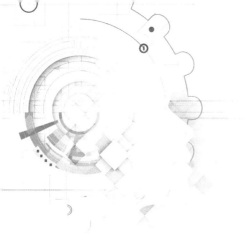

# 성공의 덫에 걸린 교육 현실

## ⋮ 입시 갈등

학생이라는 죄로

학교라는 교도소에서

교실이라는 감옥에 갇혀

출석부라는 죄수 명단에 올라

교복이라는 죄수복을 입고

공부라는 벌을 받고

졸업이라는 석방을 기다린다

조정래의 『풀꽃도 꽃이다』라는 소설에서 아이들이 부르는 노래다. 그런데 노래 가사가 다소 섬뜩하다. 모름지기 학교를 다니는 목적은 삶을 살아가는 데 필요한 지식을 배우고, 배움의 과정에서 자신의 능력을 발견하고, 잠재력을 개발하는 데 있다. 그런데 이 노래를 부르는 아이들에게 학교는 그저 하루빨리 벗어나고픈 감옥에 불과하다.

왜 한국의 학생들은 이런 노래를 불러야만 하는가? 교육 현실을 이렇게 풍자하여 소설에 담을 정도로 한국 교육은 잘못된 길을 가고 있는 것인가? 왜 한국 교육 현실에 대해 많은 사람이 비판하며 자조 섞인 한탄을 내뱉는가? 그것은 대한민국 학교에서 '교육'이란 것이 보이지 않고 오직 '입시 문제'만 보이기 때문이다.

우리나라 교육을 보면 입시 경쟁, 학교 서열화, 사교육과 부모의 과도한 교육비 부담, 자율성 부족 등등 수많은 문제들이 꼬리에 꼬리를 무는 악순환을 지속하고 있다. 이러한 문제의식하에 수능의 변별성을 높여야 한다느니, 특목고와 자립형 사립고를 폐지해야 한다느니, 입학 사정관 제도를 개선해야 한다느니, 고교를 평준화해야 한다느니, 수시와 정시 비율을 조정해야 한다는 주장들이 여기저기서 펼쳐지고 있다. 그런데 교육 문제를 둘러싼 이러한 논쟁들을 보고 있으면, 그것이 진정한 교육 개혁을 위한 주장이 아니라 단지 '입시 갈등'에 불과한 것처럼 보인다. 그러다 보니 학생들이 공부하는 목적도 오로지 대학입시에만 맞추어져 있다.

"네 성적에 잠이 오냐?"

"대학 가서 미팅할래, 공장 가서 미싱할래?"

"30분 더 공부하면 남편 직업이(마누라 몸매가) 달라진다."

"10시간 서울대, 8시간 연대, 7시간 이대."

"오늘 흘린 침은 내일 흘릴 눈물."

"끝없는 연습만이 살길이다."

"포기란 배추를 셀 때나 하는 말이다."


　　대학입시에 찌든 학생들의 마음을 드러내는 파격적인 급훈들이다. 이런 급훈 아래서 공부하고 있는 학생들은 오직 대합 입학만이 공부를 하는 목적의 전부일 정도로 여겨진다. 놀라운 것은 학교 급훈에 대학의 서열화를 암시하는 내용들이 공공연하게 드러나 있을 정도로 교육의 서열화가 이미 대한민국 교육의 현실이 되었다는 점이다. 그래서 학생들은 조금이라도 더 좋은 대학에 가는 것을 최고의 성취로 여기고 있다. 이를 위해 아이들은 많은 것을 포기한 채, 세상의 아름다움을 즐길 여유도 없이 하루하루를 숨 가쁘게 보내고 있다. 그러다 보니 학교에서는 배움의 기쁨보다 시험의 공포가 지배하면서 시험 한 문제 한 문제에 삶이 떨리는 것이 당연하며, 친구들을 배려하자는 급훈은 눈에 들어오지도 않는다. 한 고등학생은 입시 현실을 비판하며 다음과 같은 말까지 만들었다.


"1, 2, 3등급은 치킨을 시키고, 4, 5, 6등급은 치킨을 튀기고, 7, 8, 9등급은 치킨을 배달한다."


　　과연 무엇 때문에 대한민국의 학생들은 이토록 입시에 목을 매는 것일까? 왜 교육이 전적으로 입시 문제에 매달려야만 하는 것인가? 그것은 자칫 삐끗하면 나락으로 떨어져버리는 한국 사회가 낳은 결과다. 학생들은 나락에 떨어지지 않기 위해, 살아남기 위해 생존의 몸부림을 치고 있는 것이다. 그러다 보니 누가 무엇을 한다고 할 때, 그것을 따라하지 않으면 뒤처질까 봐 불안해서 견디지 못한다. 야구 경기장에서 자신이 좋아하는 선수를 보기 위해 맨 앞사람이 일어나자 뒤에 있는 사람들도 같이 일어나는 상황과도 유사하다. 그러다 보니 서로 편안하게 앉아서 경기를 관람하지 못한다.

때론 학생들의 몸부림을 보고 있으면 안쓰러운 마음이 든다. 그런데 학생들보다 더 간절한 절규의 몸부림이 있다. 바로 부모들이다. 비록 대학이 먹고사는 문제를 해결해주는 것은 아니지만, 대학 졸업장이 큰 경쟁력으로 작용하는 현실을 몸으로 겪은 부모들은 자신의 아이들을 교육 경쟁의 장으로 자꾸 떠밀 수밖에 없다. 부모들은 어떻게든 치열한 경쟁에서 자기 아이들이 이기길 바라기 때문이다. 아이들은 부모들의 떠밀림을 버거워하면서 때로는 떠밀리지 않으려고 발버둥을 치지만, 부모들은 어떻게든 떠밀어야 하는 간절함으로 맞선다. 흡사 전쟁터에서 유리한 고지를 차지하기 위해 아군과 적군이 벌이는 피의 사투를 보는 것만 같다.


## ⋮ 부모와 학부모의 차이

왜 이토록 부모들은 아이들을 가혹하게 떠밀어야만 하는 것인가? 그것은 현 부모 세대가 한국 사회에서 교육이 가져오는 효과를 누구보다 뼈

저리게 경험한 세대이기 때문이다. 현 부모 세대에게 있어 교육은 부와 권력을 쟁취하고 사회에서 자기를 확장할 수 있는 최고의 수단이었다. 부모 세대가 겪은 한국 교육은 '개천에서도 용이 날 수 있다'는 믿음이 기반이 되며, 언제든지 노력만 하면 실력과 능력 향상이 가능한 환경이었다. 아무리 불우한 처지에 있더라도 열심히 공부하고 노력하면 성공할 수 있다는 믿음이 바로 한국 사회를 지탱해온 힘이었다. 그래서 한국에서는 자녀의 교육을 위해서라면 무엇이든지 감수하겠다며 '기러기 아빠'와 같은 가족 해체 현상도 나타나는 것이다.

사실 힘들게 살던 과거에는 교육 기회가 아무나 누릴 수 없는 제한된 것이었기에 학교에 들어간다는 것 자체가 하나의 특권과 같았다. 그리고 그 특권은 한평생 사회적으로 뒷받침되었다. 한국 사회는 '무릇 있는 자는 받아 풍족하게 되고 없는 자는 그 있는 것까지 빼앗기리라'라는 『성경』 마태복음의 구절과 같이, 이른바 '마태효과'가 작용하는 사회다. 즉, 어떻게 해서든 명문대에 들어가야 그만큼 사회에서 더 큰 성공을 거두기 쉬운 구조다. 결국 미래의 성공으로 이어지는 특별한 기회를 얻어낸 사람만이 성공을 거머쥐게 되므로 성공은 일종의 누적적 이득의 결과라고 볼 수 있다.

그렇게 교육을 통해 사회적 지위 상승을 경험한 바 있는 부모 세대들에게 있어, 보다 나은 지위와 기회를 자식들에게 물려주기 위한 가장 현실적이고도 유력한 방법이 바로 자녀를 명문대에 입학시키는 것이다. 상대적으로 사회적 지위가 낮은 쪽에 위치해 있다고 생각하는 부모들 역시, 그 이유를 일류대 학벌을 소유하지 못한 데 있다고 생각하며 자녀들의 명문대 합격에 모든 것을 쏟아붓고 있는 실정이다. 그러니 부와 지위를 재생산해내는 최고의 수단인 교육을 어떻게 포기할 수 있겠는가? 실제로 2014년 통계청 사회조사 결과를 보더라도, 부모들의 91.5퍼센트가 자녀들이 4년제 대학 이상을 졸업하기를 원하고 있다. 특히 부모의 학력이 대졸 이상인 경우에는 자녀들이 4년제 대학 이상 교육받기를 원하는 비율은 96.2퍼센트에 달했다.

그래서 부모들은 자기 자녀들이 공부 이외의 다른 것에 관심을 기울이는 것을 극도로 경계하며 오로지 교육에만 집착하고 있는 것이다. 특히 자녀가 중학교에 진학하게 되면 어떻게든 자녀의 관심을 공부 쪽으로 돌리기 위해 노력한다. 공부를 통해 출세하는 길이 가장 확실하며, 그 외의 길은 고생스러운 삶이 될 가능성이 높다고 생각하기 때문이다.

교사들의 경우도 마찬가지다. 학생들의 성적이 좋으면 교사는 유능한 교사가 되고, 그렇지 않은 경우는 무능한 교사가 된다. 교사들의 절대적 평가 기준이 학생들의 성적이기 때문이다. 그러다 보니 교육에 대한 다른 접근과 이해가 용납되지 않는다.

이런 부모와 교사들의 태도에는 자신의 자녀와 제자를 명문대에 보냄으로써 그러한 명문대에 속한다는 일종의 '교육 파노플리panoplie 효과'도 내재되어 있다. 파노플리란 '집합'이라는 뜻으로 개인이 소유하고 있는 상품을 통해 특정 집단에 속하는 현상을 말한다.[5]

---

**5** 프랑스의 사회학자인 장 보드리야르Jean Baudrillard는 어린아이가 경찰관 놀이 장난감 세트를 사용하면 마치 경찰관이 된 것 같은 기분을 느끼는 것처럼 특정 상품을 통해 특정 계층에 속한다는 사실을 과시하는 것을 '파노플리 효과'라고 불렀다.

그런데 아이러니하게도 이토록 교육에 열을 올리는 부모들은 자녀들에게 특별하게 투자하는 것이 없다며, 자신들은 그렇게 교육열이 높지 않다고 말한다. 이와 같은 부모들의 태도에는 자신의 아이들이 지닌 타고난 자질을 강조하려는 욕구와 함께 자녀의 능력에 대한 일종의 환상과 기대가 결합되어 있다. 그래서 대한민국 엄마들의 입에 오르내리는 3대 명언이 있다.

"우리 애는 영재다."

"우리 애는 머리는 좋은데, 공부를 안 한다."

"우리 애는 착했는데, 친구를 잘못 사귀어 그렇게 된 것이다."

여기에는 한국 사회의 지나친 교육열과 과잉 교육에 대한 주변의 부정적 시선을 의식한 면도 자리하고 있다. 전형적인 조지 오웰식의 '이중사고double think'다.[6] 이는 일반적으로 외모가 가장 중요한 가치가 아니라고 믿으면서도 남들 앞에서는 끝없이 외모에 신경을 쓰고, 성공과 출세가 전부가 아니라고 말하면서도 사회생활을 할 때는 늘 성공과 출세를 욕망하는 태도와 같다. 한 공익광고에서 다음과 같은 문구가 회자된 적이 있었다.

"부모는 멀리 보라 하고, 학부모는 앞만 보라 합니다. 부모는 함께 가라

---

**6** 이중사고는 조지 오웰이 『1984』의 무대로 설정한 가상 국가 오세아니아에서 인민을 지배하기 위한 슬로건으로 '전쟁은 평화이고, 자유는 예속이며, 무지는 국력이다'를 내세웠던 데에서 유래된 표현이다.

하고, 학부모는 앞서 가라 합니다. 부모는 꿈을 꾸라 하고, 학부모는 꿈

꿀 시간을 주지 않습니다. 당신은 학부모입니까, 부모입니까?"


아마도 중·고등학교 자녀를 둔 많은 부모가 이 광고 카피에서 자유롭지 않을 것이다. 대부분 교육 현실의 폐해와 문제점을 인식하고 있음에도 불구하고, 막상 어쩔 수 없는 현실을 받아들여야만 하기 때문이다. 즉, 대한민국 부모들은 부모가 아닌 학부모가 될 수밖에 없는 현실에 처해 있는 것이다.

그래서 명문대에 가기 위해서는 적어도 4가지가 전제되어야 한다는 말은 한국 사회의 기본적인 상식이 되어버렸다. 바로 '할아버지의 재력, 아버지의 무관심, 어머니의 정보력, 그리고 학생의 체력'이다. 그런데 여기서 가장 중요한 것은 뭐니 뭐니 해도 '머니money'다. 자기 아이들이 한국 사회에서 도태되지 않게 하기 위하여 부모들은 한두 명밖에 안 되는 자신의 자녀들에게 과거와는 비교할 수 없을 정도의 물질과 시간을 투자하고 있다. 자녀 한 명을 대학 졸업시킬 때까지 드는 비용이 3억 원 가까이 된다는 조사도 있다. 그중 절반이 교육비다. 그래서 '에듀 푸어edu poor'라는 말도 나온다. 이제 교육은 돈이 없으면 살 수 없는 일종의 사치재가 되어버렸다. 아이들은 부모의 능력에 따라 사교육, 해외 어학연수와 같은 차별적 지원을 받으며 성장한다. 어느새 우리나라는 부모의 자본이 자녀의 학벌에 절대적인 영향을 끼치고, 자녀는 그 학벌로 또다시 부와 권력을 재생산하는 구조가 되어버렸다.

## ⠿ 성공의 덫과 케렌시아

그 어느 나라보다 높은 교육열로 인해 대한민국은 OECD 국가 중 최고의 대학 진학률을 보이고 있다. 그런데 교육에 투자하는 비용에 비해 학습 성과는 그다지 높지 않다. 한 시간 동안 공부해서 몇 점이나 점수를 올리는지를 분석한 학습효율화지수를 보면, 우리나라는 OECD 국가 중 24위다. 학습효율화지수가 1위인 핀란드의 경우에는 가계 소득 대비 사교육비 비중이 우리나라의 30분의 1밖에 되지 않는다.

심지어 성인(16~65세)을 대상으로 한 OECD의 국제 성인역량조사 PIAAC 결과에서 한국 성인의 문해력은 20대 초반 최고점을 찍은 후 급속히 하락하는 모습을 보인다. 이는 대학 입학을 위해 10대에는 열심히 공부하지만, 고교 졸업 이후에는 학습을 거의 하지 않는 한국 교육의 민낯을 그대로 보여주는 통계다. 더구나 '나는 새로운 것을 배우기 좋아한다'는 학습 흥미도 조사에서는 한국이 꼴찌 수준이다. 왜 이런 결과가 나오는 것일까?

그것은 한국인에게 있어 공부란 것이 오로지 합격과 취직, 학점을 위한 하나의 도구로 전락해버렸기 때문이다. 그래서 도구로서의 공부가 쓸모없어지면 더 이상 공부를 하지 않는 것이다. 오직 외적 동기를 위해 초등학교에서 대학교까지 16년에 걸친 배움을 강요당했기 때문에 학생들은 학교를 졸업함과 동시에 공부에서 손을 떼는 것이다. 즉, 배움이 목적이 아니라 성공과 출세의 수단이었기 때문이다.

그래서 졸업식은 공부라는 감옥에서 해방되는 기쁨을 즐기는 날이다. 그러니 학생들이 졸업식에서 밀가루를 뒤집어쓰고, 다양한 코스프레를 연출하며, 교복을 찢는 과도한 방식으로 그 해방감을 표현하는 것이 이해가 되지 않는가? 그렇게 우리 교육은 '이제 졸업이니 더 이상 미적분을 풀 필요도 없고, 더 이상 공부를 하지 않아도 돼!'라고 외치는 어른들만 세상에 내보내고 있다. 교육이 학문에 대한 열정에 불을 지피는 것이 아니라, 오히려 학문에 대한 열정의 불을 꺼뜨리고 있는 셈이다.

결국 대학입시가 목표인 학생들은 좋아하는 공부를 하는 것이 아니라, 해야 하는 공부를 좋아하기 위해 노력하는 존재가 되어버렸다. 공부가 지적 호기심을 채우기 위한 것이 아니라 의무적으로 해야 하는 일종의 고난이 되어버린 것이다. 그래서 조금만 더 노력하라는 말이 힘이 되기는커녕 오히려 가시처럼 마음에 와 박히고, 잘하고 있다는 말이 부담으로 작용하면서 돌덩이처럼 가슴을 짓누르기도 한다. 해야 할 공부가 너무 많다 보니 정신과 육체는 모래시계처럼 막혀버린다. 그런데도 조금만 참자며 스스로 공부를 좋아한다는 최면을 걸어서라도 하려고 한다. 지금은 힘들지만 이 과정을 잘 마치면 성공적인 인생이 보장된다고 생각하면서 '인내는 쓰고 열매는 달다'는 믿음의 최면을 거는 것이다.

문제는 이렇게 최면에 걸려버린 사실 자체가 '성공의 덫'이 될 수도 있다는 점이다. 막상 명문대에 들어가면 성공이 보장되었다고 생각했지만, 부모 세대와는 다르게 명문대 입학이 어떤 성공도 보장해주지 못하는 시대가 되어버렸기 때문이다. 부모 세대가 겪었던 결핍의 시대에서는 교육이야말로 투입한 양만큼 성과를 이끌어내는 최고의 투자였다. 하지만 지금은 그러한 결핍의 시대가 아니다. 오히려 상대적으로 풍요로운 세대이기에 과잉 교육이 더 이상 통하지 않는다. 심지어 명문대 졸업이 두려움으로 다가오기까지 한다. 자신을 성공으로 이끌어줄 수 있을 것 같았던 명문대라는 학벌이 취업에서 유리한 조건이 되는 것이 아니라, 거기에 맞는 일과 지위를 갖지 못하는 것이 아닌가 하는 심리적 부담으로 다가오기 때문이다.

대학만 보더라도 과거 청년 문화의 교두보였던 동아리가 점차 취업을 중심으로 개편되고 있는 실정이다. 학생들은 조금이라도 취직에 유리한 조건을 갖추기 위해 소위 말하는 '스펙spec'을 갖추고 각종 자격증을 따려고 노력한다. 최근에는 '단군 이래 최대 스펙'이라는 말이 나올 정도다. 그런데 제품이나 물건의 사양을 뜻하는 'specification'의 줄임말인 스펙에는 사람을 물건이나 제품, 부속품 정도로 취급한다는 의미가 내포되어 있다. 따라서 지나친 스펙 추구는 스스로를 '인재'가 아닌 '물재'로 만들고 있는 셈이다. 이러한 현실에서 어떻게 학문의 기쁨을 이야기하며 창의성을 이야기할 수 있겠는가?

이처럼 대한민국의 교육은 성공의 덫에 걸린 채, 빼면 뺄수록 더 빠져드는 커다란 늪과 같이 되어가고 있다. 다들 교육이 문제라고 하면서도 문제를 풀 수 있는 답을 제시할 수 없는 상황이 되어버렸고, 병적이라고 느끼면서도 고칠 수 있는 약이나 치료제가 없다고 믿게 되었다. 그저 경쟁에서 밀릴지 모른다는 두려움과, 경쟁에서 이기기만 하면 성공할 것이라는 생각에 휘둘리면서 갈팡질팡하고 있을 뿐이다.

독일 작가 에크하르트 톨레Eckhart Tolle는 "어린 자식이 있다면 최선의 능력을 다해 돕고 지도하고 보호해야 하지만, 그보다 더 중요한 것은 아이에게 공간을 허용하는 일이다. 존재할 공간을. 아이는 당신을 통해 이 세상에 왔지만 당신의 것은 아니다"라고 말했다. 그의 말처럼 어쩌면 학생들은 숨 막히는 입시 경쟁에서 숨 쉴 수 있는 자신만의 공간이 필요할지도 모른다.

웨스트 플로리다 대학의 사회학자인 레이 올든버그Ray Oldenburg는 현대인들이 스트레스에서 벗어나 단 몇 분이라도 삶의 피난처로 쉴 수 있는 '제3의 공간'이 필요하다고 주장했다. 그러면서 가까운 이웃이나 친구들과 함께 세상 돌아가는 얘기를 하며 삶의 페이스를 조절할 수 있는 카페나 동네 마켓, 술집 등과 같은 장소가 제3의 공간이 될 수 있다고 했다. 하지만 치열한 공부에 치여 지쳐가는 학생들에게는 이러한 제3의 공간마저 사치일지도 모른다. 오히려 투우장의 소가 마지막 일전을 앞두고 잠시 숨을 고르는 공간인 '케렌시아querencia'가 더 어울릴지도 모르겠다. 그래서 클라

투우장의 소는 마지막 일격을 가하기 전, 자신만의 공간인 '케렌시아'를 찾는다.

인바움Kleinbaum의『죽은 시인의 사회』에서 학생들은 한밤중에 기숙사를 몰래 빠져나와 숲속에서 위대한 작가들의 시를 읽으며 자신만의 케렌시아를 찾았는지도 모른다. 하지만 현 교육 현실은 그러한 공간을 허용하지 않는다. 그래서 학생들은 소셜미디어와 같은 온라인 공간에서라도 자신만의 공간을 찾고자 하는 것이다.

〈민주주의는 교실에서부터〉라는 시詩가 있다. 시인은 이 시에서 "외우는 기계를 만들어서는 안 되고 일등짜리만 소용되는 출세주의 교육이어서는 안 된다"며 "일등하기 강박 관념에 시달리다 음독자살하고, 참고서 외우는 죽은 교육 싫어서 목을 매달고, 점수에 납작 눌려 있는 초조한 가슴들"을 비판하며 "교실이 감옥이 되어서는 안 되며 친구의 목을 누르는 경쟁장이 되어서는 안 된다"고 외치고 있다.

그러나 여전히 학교를 감옥이라고 생각하는 아이들이 있다면, 그것은 비극일 수밖에 없다.『죽은 시인의 사회』에서 배경이 되는 웰튼 아카데미 학생들은 지독하게 공부시키는 '웰튼'을 지옥이라는 뜻의 '헬hell'과 접목시켜 '헬튼Hellton 아카데미'라고 부른다. 지독하게 공부만 하는 한국을 학생들이 '헬조선'이라고 부르는 것을 보니, 동서를 막론하고 교육에 찌든 학생들의 마음은 같은가 보다.

# 창의성을 상실한 교육

## ⋮ 수용적 사고와 정답의 역설

전 서울대학교 교수학습개발센터 이혜정 교수는 서울대 2, 3학년에 재학 중인 최우등생들을 대상으로 한 심층 인터뷰와 일반 학생들에 대한 설문조사를 통해 최우등생이 A⁺를 받는 특별한 공부법을 발견했다. 그것은 바로 교수의 말을 토씨 하나 빠트리지 않고 적는 '노트 필기'였다. 놀랍게도 최우등생들은 스마트폰으로 교수의 강의를 녹음한 후 그대로 옮겨 적고, 그렇게 적은 노트 내용을 암기했다. 조사 대상 최우등 학생 중 무려 87퍼센트가 교수가 말한 내용을 그대로 암기하여 시험을 치렀다. 이것이 바로 최고의 성적을 거두는 비결이었다.

그런데 문제는 이런 식으로 암기하고 공부했던 내용들이 시간이 지나면 아무것도 기억에 남지 않는다는 데 있다. 도대체 무엇을 배웠는지 기억에 남지 않는 것이다. 이는 스스로 생각해보지 않고 교수의 생각만을 일방적으로 받아들였기 때문이다. 다른 말로 하면 '수용적 사고' 때문에 발생한 일이다. '수용적 사고'란 상대방이 말하는 내용을 아무런 의심이나 비판도 하지 않고 그대로 받아들이는 사고를 말한다. 수용적 사고에 익숙해진 학생들은 오직 자신이 배운 것을 그대로 암기하여 시험에서 정확하게 기억해낼 뿐이다.

그렇다면 도대체 무엇 때문에 한국 최고의 대학이라고 하는 서울대에서, 그리고 그중에서도 학점이 높은 학생일수록 수용적 사고력이 높은 것일까? 그 답은 교육방송 다큐에 방영되었던 한 실험에서 찾아볼 수 있다.

실험 기획자는 실험에 참가한 대학생들을 12명씩 두 그룹으로 나눠 '펜, 텀블러(물병), 강아지 장난감, 카메라 부품'을 보여준다. 그러면서 첫 번째 그룹에게 "이것은 펜입니다. 이것은 텀블러입니다. 이것은 강아지 장난감입니다. 이것은 카메라 부품입니다"라고 단정적으로 말해준다. 그리고 또 다른 그룹에게는 "이것은 펜일 수 있습니다. 이것은 텀블러일 수 있습니다. 이것은 강아지 장난감일 수 있습니다. 이것은 카메라 부품일 수 있습니다"라는 식으로 여지를 두고 말해준다. 이어 물건 가격을 매겨 비싼 순서로 쓰라고 한다. 학생들이 답을 모두 작성하고 나면, 실험자는 문제를 잘못 냈다며 값이 싼 것부터 다시 고쳐 쓰라고 한다. 이때 학생

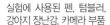
실험에 사용된 펜, 텀블러,
강아지 장난감, 카메라 부품

들은 난감해한다. 자신이 쓴 답을 지울 지우개가 없기 때문이다.

여기에 이 실험의 목적이 숨어 있다. 과연 고무로 만들어진 강아지 장난감을 지우개로 사용할 수 있는가 하는 것을 엿보는 것이다. 그런데 놀랍게도 "이것은 강아지 장난감입니다"와 같이 단정적인 설명을 들은 첫 번째 그룹에서는 단 한 명만이 강아지 장난감을 지우개로 사용한 반면, "이것은 강아지 장난감일 수 있습니다"라고 단정적이지 않은 설명을 들은 두 번째 그룹에서는 무려 6명이나 강아지 장난감을 지우개로 사용했다.

이것이 바로 '정답의 역설'이다. 하버드대학 심리학과 엘런 랭어Ellen Langer 교수는 "정답이 정해지면 사람들은 그 이상을 찾으려 하지 않는다"고 말했다. "이것은 강아지 장난감이다"라고 꼭 짚어서 말해줄 경우 생각이 거기서 멈추는 것이다. 이는 1+1의 답이 2라는 것만 공부했을 뿐, 왜 2가 되어야 하는지를 생각해보지 않은 결과와 마찬가지다.

현재 우리 교육은 정답의 역설이 작용하는 교육 시스템이다. 이미 정해져 있는 정답만을 가르치기 때문에 학생들은 정답이 정해져 있는 시험 문제를 푸는 데 매우 익숙하다. 그래서 학생들의 다양한 생각이 반영될 여지가 매우 좁다. 학생들의 고유한 생각은 그리스 신화에 나오는 '프로크루스테스의 침대Procrustean bed'[7]처럼 싹둑 잘리고 만다. 결국 주어진 정답과 다른 생각들은 점수를 얻는 데 전혀 도움이 되지 못하고 그냥 사라지고 마는 것이다.

---

**7** 프로크루스테스는 나그네들을 잡아다가 침대에 눕힌 뒤 침대에 비해 신장이 짧으면 몸을 강제로 늘리고, 그보다 길면 그만큼을 잘라냈다.

이혜정 교수는 서울대 최우등생 46명에게 이런 질문을 던졌다. "만약 본인이 교수님과 다른 의견이 있고, 본인이 생각하기에 본인의 생각이 더 맞는 것 같지만, 그것을 시험이나 과제에 쓰면 A⁺를 받을 수 있을지 확신이 없다. 이런 경우에 어떻게 하겠는가?" 그러자 무려 46명 중 41명이 자신의 의견을 포기한다고 말했다.

이들이 교수 앞에서 자신의 의견을 내세우지 않는 이유는 2가지다. 하나는 당연히 교수가 학생보다 지적으로 우수할 것이라는 생각이고, 또 다른 하나는 마음속으로 교수의 의견에 반박하고 싶어도 학점을 위해서는 포기해야 하기 때문이다.

이것이 대한민국 교육의 현실이다. 아이들은 이미 알려진 지식을 무비판적으로 수용하고, 가르치는 내용을 최대한 동일하게 흡수하고 기억해내며, 자신의 고유한 생각보다는 배운 것만을 진리로 믿고 순응해야 한다. 서태지가 〈교실 이데아〉에서 "매일 아침 일곱 시 삼십 분까지 우리를 조그만 교실에 몰아넣고, 전국 구백만의 아이들의 머릿속에 모두 똑같은 것만 집어넣고 있어"라고 노래한 가사가 괜히 나온 것이 아니다.

공교육, 사교육을 막론하고 우리나라 초·중·고등학교 교육의 목표가 오로지 대학입시에 맞추어져 있다 보니 선생님은 대학입시에 필요한 지식을 일방적으로 전달하기에 바쁜 모습이고, 학생들은 그저 꾸역꾸역 선생님이 전달하는 것을 기계적으로 저장하기에 급급한 모습이다. 그렇게 아이들은 점점 더 수용적 사고에 익숙해져가고 있다. 어느새 아이들은 새로움에 대한 기대와 호기심을 잃어버린 채, 오직 좋은 성적을 받는 것에만 관심을 가진다. 자신이 공부한 내용 뒤에 숨어 있는 속뜻과 응용 방법을 생각하고, 자신이 이미 배운 것과 다른 학문이 어떻게 연결되는지 파악하려 들지 않는다. 보다 깊이 있고 심층적인 생각을 하기보다는 오로지 좋은 성적을 올리는 것을 목표로 삼고, 점수를 잘 따서 시험을 통과하는 데만 집중한다.

문제는 이러한 교육 시스템이 프랑스의 철학자 미셸 푸코Michel Foucault의 말대로 감옥과 별반 다르지 않다는 데 있다. 그는 감옥에서 죄수를 교화하고, 병원에서 환자를 간호하고, 공장에서 노동자를 감시하고, 군대에서 군인들을 규율하고, 학교에서 학생을 교육하는 시스템에는 모두 엄격한 규율을 바탕으로 순종하는 신체를 만드는 공통점이 있다며, 감옥의 작동 방식이 병원, 공장, 군대, 학교에서 동일하게 적용된다고 분석한 바 있다. 만일 우리 교육이 그의 주장처럼 수용적인 인간을 길러내는 교육을 지속한다면 학생들은 그것이 잘못되었다는 생각조차 하지 못한 채, 그냥 그 체제에 익숙해져 버릴 수밖에 없다.

아니, 이미 그렇게 되었을 수도 있다. 지금도 머리에 떠올리기 싫은 세월호의 비극만 보더라도, 왜 학생들은 침몰하는 세월호에서 가만히 있어야만 했을까? 그것은 배가 기울어 자기 목숨이 꺼져가는 상황에서도 어른들이 자기보다 더 많이 알고, 더 잘 판단하리라 믿었기 때문이다. 그래서 그들은 교사의 지시를 어기지 않았다. 그런데 그 믿음은 철저하게 배신당하고 말았다.

"아이들은 수학여행 중이었다. 교실에서처럼 선실에서도 가만히 앉아

있었다. 가만히 있으라, 가만히 있으라. 그 말에 아이들은 시키는 대로

앉아 있었다."

나희덕 시인의 〈난파된 교실〉에 나오는 내용이다. 결국 즐겁고 행복해야 할 수학여행이 죽음을 배우기 위해 떠난 길이 되고 말았다. 수용적 교육이 한 원인이라면 원인일 수도 있다. 그런데 지금도 아이들은 유리창을 탕, 탕 두드리며 교실에 갇혀 있다. 그렇다면 그 유리창을 깰 도끼는 누구의 손에 들려 있는가?

1963년 독일 태생의 유대계 정치철학자인 한나 아렌트Hannah Arendt는 『예루살렘의 아이히만』이라는 책에서 나치 전범 '아돌프 아이히만'의 재판 과정과 그의 삶을 서술한 바 있다. 아이히만은 유대인 전범 재판에서 "어떻게 인간의 탈을 쓰고 이런 짓을 할 수 있느냐?"는 질의에 대해 상관의 명령에 복종한 것일 뿐, 자신에게는 죄가 없다고 주장했다. 오히려 상관의 명령에 복종하지 않았다면 양심의 가책을 느꼈을 것이라고 반문하기까지 했다. 한나 아렌트는 재판 내내 "상부의 명령에 충실했다"라는 말만 반복한 나치 전범 아이히만을 지켜보면서 '악의 평범성banality of evil'이라는 말을 만들어내기까지 했다. 한나 아렌트에게 아이히만의 말은 자신이 하는 일에 대해 한 번도 자신의 생각을 가져보지 못했다는 고백이었던 것이다.

만일 수용적 교육에 익숙해져 자신의 생각을 갖지 못한 아이들이 아이히만의 사고방식과 닮았다고 하면 지나친 비약일까? 하지만 유대인을

죽이는 일이 잘못되었다는 판단을 하지 못하고 상관의 명령만을 수용했던 아이히만의 사고방식은 자신의 생각이 없다는 점에서 수용적인 사고와 지나치게 닮아 있다. 그렇게 우리 교육은 아이히만과 같이 생각하지 못하는 인간을 길러내고 있는 것은 아닐까?

한 프로그램에서 하버드대학의 한 학생이 하버드대학에 유학 온 한국 학생들을 두고 말했다. 이들은 수업에는 꼬박꼬박 참가하는데, 그 외에는 운동도 하지 않고, 동료들과 이야기를 나누지도 않고, 하나같이 기숙사 방에 틀어박혀 교재를 외우고 있었다고 했다. 자신은 그 모습을 도저히 이해할 수 없었는데, 한국에 와서 보니 그들이 왜 그랬는지 확실하게 알게 되었다고 했다. 바로 한국 학생들이 주입·암기식 교육에 완전히 습관이 들어 있었던 것이다.

일벌과 여왕벌은 유전자가 토씨 하나 다르지 않고 똑같다. 하지만 로열젤리를 먹고 자란 벌만이 여왕벌로 자라난다. 과연 주입과 암기가 교육의 로열젤리인지 생각해볼 일이다.


## ⁝ 질문의 본질

수용적인 사고에 익숙해진 학생들은 호기심이 생겨도 더 이상 질문하지 않는다. 아니 호기심 자체가 생기지 않는다. 사실 한국의 교실에서는 질문을 하는 학생들이 어느 정도 정해져 있다. 그것도 모르는 것을 알기 위해서 하는 질문이 아니라, 자신의 지식을 드러내보이고자 하는 욕구에서 나오는 경향이 강한 편이다. 정작 모르는 것이 있어도 학생들은 질문을 하는 것이 '자신의 무지를 드러내는 것이 아닐까?' 하는 두려움에 좀처럼 질문을 하지 않는다. 굳이 창피를 무릅쓰고 자신의 무식을 드러내기를 꺼리는 것이다.

이는 학생 자신의 소극적인 태도도 문제겠지만 자신의 체면이 깎이는 일이라든가, 남의 체면을 구기는 일을 피하려 하는 한국의 문화와도 관련이 깊다. 우리나라의 경우 토론 문화가 익숙하지 않다 보니, 대개 상대방과 다른 의견을 제기한다든가, 상대방의 발표에서 틀린 점을 집어낸다든가, 상대방의 생각에 반론을 펼치는 일이 상대방의 체면을 깎아내리는 일로 간주되는 경우가 많다. 또한 창의적이고 남다른 아이디어가 있어도 남들이 자신을 엉뚱하게 생각할까 봐 겉으로 드러내기를 주저한다. 서양에서는 "삐걱거리는 바퀴에 기름칠을 하라"는 속담처럼 엉뚱한 아이디어를 장려하는 분위기지만, 우리나라에서는 "튀어나온 못이 망치에 얻어맞는다"라는 속담이 말해주듯 새로운 아이디어가 돌출될 틈을 주지 않는다. 그렇기 때문에 무엇인가 질문을 하거나 코멘트를 할 때 뭔가 근사한 것을 해야 한다는 강박이 상당히 강한 편이다.

이런 현실에서는 질문이 일종의 자기 검열이 되어버린다. 즉, '가만히 있으면 중간은 한다', '튀면 죽는다'라는 생각이 자신을 지배해버리는 것이다. 이는 자기 스스로 위험을 피하거나 타인의 감정을 상하게 하지 않을 목적으로 자신의 표현을 절제하는 행위에 지나지 않는다.

그러나 정작 질문의 본질은 자신의 무지를 드러내는 데 있다. 용감하게 자신의 무지를 고백할 수 있을 때 새로운 앎을 얻을 수 있기 때문이다. 그래서 배움의 시작은 이해가 되지 않는다고 말할 수 있는 용기에서 출발한다. 그런데 "잘 모르겠다"는 용감한 고백에 "그것도 모르냐?", "내가 말할 때 뭐 했느냐?"와 같은 비난이 되돌아온다면 새로운 앎을 위한 출발 자체도 못하게 된다. 모름지기 배움이란 현답을 찾기 위해 질문을 던지는 과정인데, 가르치는 교사나 배우는 학생이 질문을 환영하지 않는 현실에서 어떤 배움이 싹트겠는가?

카네기멜론대학의 조지 로웬스타인George Loewenstein 교수는 호기심이란 '정보 간극에 대한 반응'이라고 했다. 호기심은 이미 알고 있는 것과 알고 싶어 하는 것 사이에 간극이 있을 때 생긴다는 말이다. 정보의 간극이 나타나는 대표적인 형태가 바로 '질문'이다. 따라서 질문이 활발하지 않다는 것은 호기심이 싹틀 여지가 적다는 것을 보여주는 반증일 뿐이다. 정답 위주의 수용적 교육, 그리고 생각하지 않는 교육이 만들어낸 또 다른 현상인 셈이다.

기본적으로 인간은 질문을 던지는 존재다. 그런데 질문을 던지지 못하면 자신의 생각을 가질 수 없고, 그저 남이 시키는 대로 살 수밖에 없다. 옳고 그른 것을 분별하지도 못하고 자신의 가치를 알지도 못한 채 살아야만 한다. 좀 심하게 말하면 질문을 하지 못하는 동물과 별 차이가 없을 수도 있다. 따라서 질문하는 능력은 '인간에게 주어진 큰 선물'이다. 그러나 그 선물을 뜯어보지 못하는 것은 학생들이 질문을 파괴하는 학교라는 괴물에게 질문하는 힘과 생각하는 힘을 잡아먹히는 교육을 받았기 때문인지도 모른다.

중국 격언에 '묻는 사람은 5분 동안만 바보가 되지만 묻지 않는 사람은 영원히 바보로 남는다'는 말이 있다. 따라서 영원한 바보가 되지 않기 위해 우리가 지향해야 할 교육은 어려서부터 질문하는 법을 가르치는 것이다.

그런 측면에서 유대인들의 교육은 하나의 롤 모델이 될 수 있다. 유대인 초등학교 교실에서는 선생님과 학생들이 끊임없이 이야기를 주고받는데, 자주 들리는 말이 '마따호셰프'라는 단어다. 이는 "너의 의견은 무엇이니?"라는 뜻이다. 한국의 부모들은 대개 학교에 가는 아이들에게 "선생님 말씀 잘 듣고 와"라고 이야기한다. 반면, 유대인 엄마들은 "가서 질문 많이 하고 오렴"이라고 말한다. 또한 유대인 도서관인 '예시바Yeshiva'만 보더라도, 바스락거리는 소리조차 낼 수 없는 우리나라와는 달리 두 명씩 마주 보고 시끄럽게 토론하는 소리로 가득 차 있다.

이러한 유대인들의 질문하는 교육은 자연스럽게 생각하는 힘과 결부되어 있다. 지난 2천 년 동안 나라를 잃고 세계 곳곳을 떠돌아다니며 박해를 받아왔던 역사 때문인지 유대인들은 생각의 힘을 가장 큰 보물로 여긴다. 언제든지 자신이 살던 곳에서 쫓겨날 수 있는 상황에서는 많은 지식보다 무엇을 하고, 어떻게 할 것인가를 생각하는 힘이 더 중요했기 때문에 그들은 끊임없이 질문을 요구받았다. 그러한 질문의 힘이 오늘날 유대인들로 하여금 가장 많은 노벨상을 수상하게 만든 저력이 되었는지도 모른다.

한편, 우리나라 교육은 질문과 토론보다는 교사가 일방적으로 전하는 것을 학생들이 받아들이는 '강의식 교육'에 익숙하다. 하지만 강의식 교육의 효과는 생각보다 크지 않다.

미국의 행동과학연구소National Training Laboratories는 여러 가지 방법으로 공부한 후 24시간 후에 기억에 남아 있는 비율을 피라미드 형식으로 나타낸 '학습 피라미드learning pyramid'를 발표한 적이 있다. 이 피라미드에 따르면, '강의 듣기'는 5퍼센트의 효율성을 가진다. 즉, 하루가 지나면 5퍼센트 정도밖에 지식이 남지 않는다는 말이다. 그 밖에 '읽기'는 10퍼센트, '시청각 교육'은 20퍼센트, '시범이나 현장 견학'은 30퍼센트, '토론'은 50퍼센트, '직접 해보는 것'은 75퍼센트, '다른 사람을 가르치는 것'은 90퍼센트의 효율성을 갖는 것으로 나타났다. 실제로 카이스트에서 실시한 한 설문에서도 '교수 강의'가 효과적이었다고 응답한 비율은 겨우 10퍼센트에 지나지 않았다.

강의가 유창하든 어수룩하든 강의의 실질적인 학습 효과는 큰 차이가 없다. 미국 아이오와 주립대학의 심리학자 샤나 카펜터Shana Carpenter의 실험 결과에 따르면, 학생들의 강의 만족도는 유창한 강의가 어수룩한 강의보다 두 배 이상 높았지만, 실제로 강의 내용에 대한 기억에서는 큰 차이가 없었다. 즉, 강사의 강의를 졸지 않고 재미있게 들었다고 해서 학생들의 배움이 나아지는 것은 아니라는 말이다.

오히려 자신이 알고 있는 것을 친구에게 가르치며 하는 공부가 강의를 듣는 공부보다 18배의 효율성을 갖는다고 한다. 다른 사람을 가르친다는 것은 가르쳐줄 내용을 완벽히 이해하고 있다는 것을 의미하기 때문이다. 그래서 수업에서 가장 많이 배우는 사람은 학생이 아니라 오히려 가르치는 교사인 셈이다.

일방적 강의의 비효율성은 뇌과학적으로도 입증되었다. MIT 미디어랩의 실험에 따르면, TV를 볼 때와 강의를 들을 때 학생들의 교감신경계가 거의 활성화되지 않는 것으로 나타났다. 교감신경계가 활성화된다는 것은 집중, 각성, 흥분, 긴장 등이 증가한다는 것을 의미한다. 반면, 학생의 교감신경계가 가장 활발하게 활동할 때는 숙제를 하고 시험을 볼 때였다. 이런 실험 결과를 보면, 왜 TV를 '바보상자'라고 부르는지 이해가 된다. 그렇다면 강의는 뭐라고 불러야 할까?

강의식 교육에 수반되는 특징이 있다. 바로 학생들이 예습을 하지 않는다는 것이다. 서울대 최우등생들도 마찬가지다. 이혜정 교수에 따르면, 서울대생 인터뷰 참가자 46명 중 약 80퍼센트인 37명이 예습은 전혀 하지 않고 복습만 한다고 응답했으며, 예습을 한다고 말한 나머지 20퍼센트도 예습의 비중이 복습에 훨씬 못 미치는 것으로 나타났다. 이처럼 예습보다 복습에 치중하는 것은 예습을 통한 능동적 수업 참여보다는 수업 시간 중에 수동적으로 전달받는 내용을 완벽하게 숙지하고자 하는 태도가 강하다는 것을 말해준다.

## ⠇ 집어넣는 교육과 꺼내는 교육

몇 해 전 예일대학 에이미 추아Amy Chua 교수의 '타이거맘tiger mom' 열풍이 분 적이 있다. 타이거맘은 말 그대로 호랑이 엄마다. 에이미 추아는 『호랑이 엄마의 군가』라는 저서를 통해 엄격한 방식으로 자녀를 명문대에 보낸 사례를 소개했다. 그녀는 두 딸에게 중국어를 유창하게 구사할 것과, 전 과목 A학점 취득을 명령하고, 끊임없이 자녀들이 목표를 달성하도록 강요하고 훈련시키는 교육법을 행했는데, 그 결과 큰딸 소피아가 2011년 하버드대학과 예일대학에 동시 합격하면서 그녀의 교육법이 주목받기 시작한 것이다.

에이미 추아의 교육법은 아이들의 개성을 존중하고 아이들이 잘하는 것을 시켜야 한다는 일반인들의 인식과는 반대되는 교육법이다. 추아에 따르면, 아이들은 자신이 무엇을 잘하고, 무엇을 좋아하는지 어릴 때 자연스럽게 알게 되는 경우는 거의 없고, 대신 배우고 연습해서 잘하게 되면 좋아하게 되는 경우가 훨씬 많다고 한다. 그렇기 때문에 부모가 적극적으로 개입하여 게으른 아이들에게 야단도 치고, 재촉도 해가면서 아이들이 잘하게 될 때까지 훈육을 해야 한다는 주장이다. 실제로 그녀의 책을 읽어보면 너무 지독하다는 생각이 들 정도로 두 딸에게 끊임없는 연습과 훈련을 강요하는 모습을 보이고 있다.[8]

---

**8** 타이거맘의 또 다른 표현은 '이 엄마가 너 알아서 키워주마' 하는 식의 로봇캅처럼 강인한 '알파맘alpha mom'이다. 알파맘을 극존칭하는 표현으로 '엄마 각하'라는 의미의 '마미엑설런스Mommy Excellence'라는 말도 있다.

어떻게 보면 에이미 추아의 교육 방식은 한국인에게 매우 익숙한 방식이기도 하다. 성인이 된 후에도 아이들의 삶에 간섭하는 한국의 '헬리콥터맘helicopter mom'과 유사하기 때문이다.

그렇다면 타이거맘식 교육 방식은 얼마나 효과적일까? 그보다 먼저 이러한 교육 방식이 전제하고 있는 것처럼 과연 아이들이 스스로 자율적으로 공부하는 능력이 없는 것일까?

아이들의 자율성과 관련하여 교육방송 다큐멘터리 〈공부 못하는 아이〉는 12명의 초등학교 4학년 아이들을 6명씩 두 그룹으로 나눈 후 각각 다른 지시를 하는 실험을 소개하고 있다. 한 그룹에게는 엄숙하게 "선생님이 80문제를 준비했으니까 한 시간 동안 꼼짝하지 말고 시험지 다 풀어야 해. 선생님이 이따가 와서 볼 거야. 알겠지?"라고 지시했다. 반면, 다른 그룹에게는 80문제 중에서 어떤 과목을 풀지, 몇 문제를 풀고 싶은지 선택권을 주었다. 그리고 80문제를 다 풀 필요가 없고, 자신이 결정한 수만큼만 풀어도 되며, 교실을 자유롭게 돌아다닐 수 있다고 했다.

그 결과, 강압적으로 문제를 푼 아이들은 30분이 지나자 자세가 흐트러지면서 집중력이 약해졌고, 또한 문제도 매우 어려웠다고 말했다. 하지만 스스로 결정할 선택권과 자유를 준 아이들은 끝까지 집중력을 잃지 않았으며, 문제를 쉽게 느꼈고, 문제 풀이가 재미있었다고 했다. 또한 시험 문제를 기억하는 정도에 있어서도 강압적인 분위기에서 시험을 본 6명의 아이들 중 단 한 명만이 문제를 기억하고 있었지만, 자유로운 분위기에서 문제를 푼 아이들은 6명 중 5명이나 문제를 기억해냈다.

이 실험이 보여주는 바와 같이 자율성은 사람의 능력을 향상시키고 기억력도 높이는 작용을 한다. 특히 어린아이들의 경우 스스로 외부 환경을 변화시킬 수 있을 때 무한한 즐거움을 느낀다. 아이들이 물장난이나 모래 장난을 좋아하는 것도 물이나 모래가 손에 닿는 대로 바로바로 반응하기 때문이다. 즉, 자신의 의지에 따라 달라지는 것을 느끼기 때문이다. 실제로 사람들이 자신에게 통제권이 있을 때 더 많은 것을 기억한다는 연구 결과도 있다. 위 실험에서도 자유로운 분위기에서 문제를 푼 아이들이 강압적인 분위기에서 문제를 푼 아이들보다 점수가 더 높게 나왔다.

자율성 상실은 스트레스 증가로도 이어진다. 한 연구에서 직위와 스트레스 사이의 관계를 살펴본 결과, 직위가 높을수록 책임감이나 압박감이 증가하여 스트레스가 클 것이라고 생각했는데, 오히려 자신이 스스로 무엇을 할 수 없을 경우 스트레스가 더 큰 것으로 나타났다. 즉, 자신이 의사결정을 할 수 없는 낮은 직급일수록 스트레스가 더 높게 나타난 것이다. 2004년 런던대학 공중보건 연구진이 실시한 조사에서도 말단 직원의 조기 사망률이 최고위 임원들보다 4배나 높고 정신질환을 앓을 확률도 높게 나왔다. 결국 자율성 상실과 스트레스는 높은 상관관계가 있는 것이다. 문제는 스트레스가 뇌를 변화시켜 공부에 악영향을 미칠 수 있다는 점이다. 뉴욕 록펠러대학 브루스 매큐언Bruce McEwen 교수의 실험에 따르면, 만성적 스트레스에 노출된 쥐들의 인지 능력이 저하되고 불안 증세가 증폭되는 것으로 나타났다.

흔히 사람들은 행복이 의무감이 아닌 좋아함에서 나온다고 얘기한다. 무엇인가를 의무적으로 해야 하는 것이 아니라, 스스로 즐거워서 해야 행복할 수 있다는 말이다. 그렇기에 행복한 교육의 출발점은 자율성에 있어야 한다. 그런데 한국 교육의 현실은 어떤가? 자율 아닌 자율이 작동하는 상황이 벌어지고 있다. 스스로 찾아서 공부하는 자율이 아니라, 사회에서 루저loser가 되지 않을까 두려워 스스로 학점과 스펙을 쌓는 허울뿐인 자율이 지배하고 있다.

그래서 타이거맘식의 교육을 받은 아이들은 주어지는 것을 열심히 하는 데에만 능숙할 뿐, 어떤 것을 해야 할지에 대한 정보가 아무것도 주어지지 않을 때에는 무엇을 해야 할지 몰라 곤혹스러워한다. 문제를 스스로 발견하는 연습을 한 적이 없기 때문이다. 이는 철저하게 문제 해결력에 초점을 맞추고 있기 때문에 나타나는 현상이기도 하다. 그래서 공부를 잘하다가도, 어느 한순간 수업내용을 따라잡지 못하는 일이 발생하는 것이다. 소위 말하는 '스위스 치즈 학습'이 이루어지다 보니, 밖에서는 빈틈없이 견고해 보였지만 정작 내면에는 구멍이 숭숭 뚫려 있는 것이다.

따라서 우리가 명심해야 할 것은 책에서 배우는 수많은 지식이 많은 생각과 시행착오의 과정을 거쳐 나온 지식들이란 점이다. 일례로, 위대한 과학자들이 쌓아온 지식의 결과물들도 수많은 실패와 시행착오의 과정을 겪은 끝에 나온 것들이다. 고대로부터 오로지 행성은 원운동을 하고 있다는 기존의 생각을 뒤집고 행성의 타원 궤도 운동을 밝혀낸 케플러Kepler는 이러한 사실을 밝혀내기까지 8년 동안이나 수많은 실패의 과정을 거쳤다고 고백하고 있다. 또한 미적분과 운동 법칙, 만유인력의 법칙 등을 밝히면서 과학계의 패러다임을 바꾼 뉴턴조차도 만유인력을 어떻게 발견했느냐는 질문에 "내내 그 생각만 했으니까!"라고 대답했다. 이는 단순히 떨어지는 사과를 보고 만유인력의 법칙을 발견한 것이 아니라, 그러한 결론에 이르기까지 수많은 생각과 고민의 과정을 거쳤다는 것을 말해준다. 아인슈타인 역시 상대성 원리를 어떻게 발견했느냐는 질문에 이렇게 대답했다. "몇 달이고 몇 년이고 생각하고 또 생각했다."

그러나 사람들은 케플러가 타원 궤도운동을 발견했고, 뉴턴이 만유인력의 법칙을 발견했으며, 아인슈타인이 상대성원리를 발견했다는 결과만을 바라본다. 즉, 지식을 생성하는 '과정'을 바라보는 것이 아니라 생성된 지식의 '결과'만을 학습하고 있는 것이다. 이와 같은 시스템에서는 수용적 학습이 효력을 발휘하며 단순히 암기력만 좋으면 된다. 타이거맘의 교육 방식이 통할 수 있다.

그런데 만일 이렇게 열심히 공부했는데도, 그 결과가 좋지 못하여 실패라도 하게 된다면 어떻게 될까? 아마도 모든 것은 재능이고 운명이라며 실패를 합리화하거나 모든 것을 포기해버릴 가능성이 높다. 심리학자 마틴 셀리그먼Martin Seligman이 말한, 이른바 '학습된 무기력learned helplessness'에 빠지는 것이다. 이래도 저래도 안 되니 아예 관두자 하는 마음이 학습된 무기력이다. 무기력을 학습한다는 것은 스스로 환경을 통제할 수 없는 상황을 반복적으로 경험하면서 환경을 통제하고자 하는 욕구를 완전히 포기하는 것을 말한다. 그래서 일이 잘못될 때마다 스스로를 자책하고, 자신의 무능함에 안주해버리고, 자신이 겪는 어려움과 모자란 점을 다른 무언가의 탓으로 돌린 채, 또 다른 배움에는 신경 쓰지 않게 된다. 아예 성장이 불가능해지는 것이다. 에미이 추아도 스스로 타이거맘의 양육법은 실패했을 때 가장 큰 취약점을 드러낸다고 밝히고 있다. 실패의 가능성을 용납하지 않기 때문이다.

그래서 타이거맘식의 학습은 성장에 한계가 있을 수밖에 없다. 미국 스탠퍼드대학 사회심리학자 캐롤 드웩Carol Dweck은 인간에게는 자기 존재에 관해 두 가지 믿음이 있다고 말한다. 하나는 지능과 성격이 변하지 않는다는 믿음으로 자기 자신을 고정적으로 바라보는 '고정형 사고방식fixed mindset'이고, 또 다른 하나는 지능과 성격이 변하기 때문에 노력만 하면 누구나 성장할 수 있다는 '성장형 사고방식growth mindset'이다.

일반적으로 성장형 사고방식은 우리의 뇌가 성장한다는 믿음에서 출발한다. 실제로 인간의 신체는 나이가 들수록 퇴화하지만, 뇌는 나이와 상관없이 쓰면 쓸수록 죽을 때까지 성장하는 '가소성'이라는 특성을 지니고 있다. 뇌의 가소성은 오랫동안 특정 분야를 열심히 공부하면 초당 몇 킬로바이트를 전송하는 모뎀 수준의 뇌가 초당 1기가바이트를 내보내는 광케이블로 변하는 것과 같아서 성장형 사고방식을 갖게 하는 탄탄한 물리적 근거가 된다.

따라서 성장형 사고방식을 가진 사람은 자신의 능력을 향상시키는 데 목적을 두기 때문에 노력으로 성장한다는 믿음이 강하다. 실수나 실패를 했을 때도 좌절하기보다는 무언가를 배우려고 하며, 더 큰 도전을 하고, 다양한 전략을 구사하려고 한다. 그래서 성장목표를 추구하는 학생들은 스스로 질문하기와 같은 효과적인 공부 전략을 적극적으로 활용한다.

하지만 타이거맘의 공부 방식은 성장을 목표로 하기보다는 자신의 능력을 주변 사람들에게 입증하고자 하는 일종의 증명목표를 추구한다. 그런데 증명목표를 가진 사람들은 노력보다 재능에 의해 결과가 좌우된다고 보는 경향이 강하다. 고정형 사고방식에 가까운 사고다. 그렇기 때문에 이들은 실패에 직면했을 때 회피와 포기를 하게 되고, 모든 것은 재능이고 운명이라며 자신을 합리화한다. 따라서 더 이상 성장이 불가능해진다.

그러므로 성장하기 위해서는 먼저 실패에 대한 개념을 바꾸어야만 한다. 즉, 실패는 끝이 아니라 새로운 시작이라는 것을 인식할 수 있어야 고정형 사고방식을 성장형 사고방식으로 전환할 수 있다. 위인들의 삶을 보더라도 수많은 실패가 밑거름이 되어 이루어진 성공이 대부분이다. 미국인들이 예수 다음으로 존경한다는 링컨 대통령만 해도 그 삶은 실패의 연속이었다. 그는 8번의 선거 낙선, 2번의 사업 실패 등 공식적인 실패만 27번을 겪었다. 농구 황제 마이클 조던이나 홈런왕 베이브 루스와 같이 유명 스포츠 스타들도 선수 생활을 하는 동안 수천 번의 슛을 실패하고 삼진 아웃을 당했다. 결국 모든 실패는 더 큰 노력을 하라는 일종의 자극일 뿐이다.

핀란드에는 '실패의 날Day for Failure'이란 것도 있다. 매년 10월 13일, 핀란드에서는 실패한 경험을 공유하고 타인의 실패를 축하해준다. '실패는 성공의 어머니'라는 말과 같이, 많은 성공 뒤에는 수많은 실패의 경험이 있다는 것을 알기 때문에 제정된 날이다. 그만큼 실패의 가치를 아는 사회인 것이다. 또한 스웨덴에 있는 '실패 박물관'은 기업들이 실패한 각종 제품들을 전시하여 사람들에게 실패의 가치를 일깨워주고 있다. 실패 박물관을 만든 미국의 조직 심리학자 사무엘 웨스트Samuel West는 실패를 분석하고 교훈을 얻을 수 있을 때에야 진짜 혁신이 가능하다고 말한다.

마이크로소프트 빌 게이츠 회장도 그의 저서『빌 게이츠의 미래로 가는 길』에서 "성공은 별로 좋은 스승이라 할 수 없다. 성공은 똑똑한 사람에게 나는 실패하지 않는다는 착각을 심어준다"며 "마이크로소프트는 실패한 기업에 몸담은 경력이 있는 간부들을 의도적으로 채용하고 있다. 실패할 때는 창조성이 자극되게 마련이다. 밤낮없이 생각에 생각을 거듭할 수밖에 없다. 나는 그런 경험이 있는 사람을 주위에 두고 싶다. 앞으로 마이크로소프트도 반드시 실패를 겪을 테지만, 난국을 타개할 능력이 있는 사람은 어려운 상황일수록 빛을 발할 것이다"라는 견해를 밝히고 있다. 발명가 에디슨은 실험에 실패할 때마다 좌절하지 않았느냐는 사람들의 질문에 이렇게 대답했다고 한다. "실패라니요? 전구가 만들어지지 않는 9,999가지의 방식을 성공적으로 알아냈을 뿐입니다." 에디슨의 말대로라면, 위대한 사람은 1만 번을 실패해도 다시 시작하는 능력을 가진 사람이고, 창의성은 1만 번을 실패한 뒤에 얻을 수 있는 빛과 같은 것일지도 모른다.

마찬가지로 학교에서 시험을 통과하지 못했더라도, 그것은 실패가 아니다. 시카고의 한 고등학교에서는 졸업을 하기 위해 일정 수의 과목을 통과해야 하는데, 통과하지 못한 과목에는 '아직not yet'이란 학점을 부여한다. 낙제를 받은 학생은 스스로 형편없다고 느낄 수도 있지만 '낙제fail'라는 학점 대신 '아직'이란 학점을 받은 학생은 자신이 배우는 과정에 있다는 것을 이해할 수 있다. 실패가 아니라 단지 실패에 대처하는 법을 배우고 있는 것이다. 그런데 우리나라의 학교에서는 더 높은 성적에 집착하여 큰 꿈을 꿀 줄 모르며, 다음 시험에서 지금보다 더 좋은 성적을 받는 것이 최고의 목표라면 목표가 되어버렸다. 그 압박이 너무 크다 보니, 실패에 쉽게 좌절하며 하나밖에 없는 자신의 목숨을 버리는 사태까지 발생하는 것이다.

한편, 타이거맘의 교육 방법에 대비되는 것이 '스칸디맘Scandi mom' 교육이다. 스칸디맘은 스웨덴, 덴마크 등 유럽의 교육 방식을 따르는 엄마들로서 공부보다는 자연에서 뛰어노는 것에 더 의미를 두며, 아이와 눈높이를 맞추고, 자녀에게 많은 자율을 주는 특징을 지닌다. 특히 육아에 있어서는 자녀들과의 정서적 교감과 유대감을 중요시한다. 이들은 자녀의 행복을 우선시하고, 여유를 가지고 아이를 믿어주며, 자신을 자녀가 스스로 성장하도록 돕는 조력자라고 생각한다. 그래서 게으름뱅이 엄마라는 뜻으로 '슬래커맘slacker mom'이라고도 부른다.[9]

스칸디맘의 교육 방식은 타이거맘과 같이 결과를 중시하는 것이 아

---

**9** 스칸디맘은 '베타맘beta mom', '요가맘'이라고도 하는데, 엄마가 아기를 옆에 둔 채 요가를 하면서 아이는 알아서 크라는 식이라는 데서 유래했다.

니라 '과정을 중시하는 교육'이다. 결과를 중시하는 교육을 다른 말로 하면 '집어넣는 교육'이고, 과정을 중시하는 교육은 '꺼내는 교육'이라고 할 수 있다. 집어넣는 교육에서는 타이거맘의 교육 방법이 통한다. 집어넣을 내용을 가진 교사가 텅 빈 학생에게 집어넣어 주기만 하면 되기 때문이다. 반면, 꺼내는 교육은 학생 마음속에 있는 생각을 끄집어내야 하기 때문에 교사에게는 정답이 없어야 한다. 대신 교사의 역할은 학생들의 생각을 이끌어 문제를 해결할 수 있도록 지도하는 데 있다. 그러려면 과정에 대한 이해 없이는 불가능하다. 교육이란 영어 단어 'education'만 보더라도 '밖으로'라는 뜻을 가진 접두사 'e'와 '이끌다'라는 뜻의 'duc'이 결합되어 있다. 원래 교육은 밖으로 이끄는 것이다.

그런데 결과를 집어넣는 교육이 계속되면 본래 의도한 배움이 일어나기 어렵다. 한 예로, 엄청난 양의 지식을 집어넣어야 하는 의과대학의 경우 막대한 지식을 주입하는 것만으로는 유능한 의사를 양성하기 어려울 수 있다. 즉, 환자를 제대로 진단하고 병을 잘 치료하는 유능한 의사가 되기 위해 의학생들은 엄청난 양의 의학 지식을 익혀야 하지만, 정작 현장에서는 환자를 진단하고 병을 치료하는 일을 제대로 하지 못하는 문제가 발생할 수 있다. 이는 과정 대신 결과를 먼저 배웠기 때문이다. 다시 말해, 병명을 먼저 배우고 그에 대한 증상과 치료법을 익혀왔기 때문이다. 하지만 현실에서는 환자의 복잡한 증상부터 마주치게 된다. 환자의 증상을 보고 어떤 검사가 필요한지를 판단해야 하며, 검사 결과에 따라 병의 종류를 알아내야 한다. 이는 병명을 먼저 알고, 그에 따른 증상과 치료 방법을 공부했던 학교에서의 방법과 정반대의 순서다. 이러한 문제의식 때문에 '문제기반학습problem-based learning'이라는 교수법이 생겨났다. 즉, 병명, 증상, 치료법을 외우는 대신 여러 증상들로부터 무슨 검사를 할지, 검사 결과로부터 어떤 병을 진단할지를 추론하는 학습 방법인 것이다.

그렇다면 우리 교육은 어떤가? 문제 해결력을 길러주기는커녕 정작 무엇이 문제인지조차도 인식하지 못한 채 살아가게끔 아이들을 가르치고 있지는 않은가? 문제 해결력이란 주어진 문제를 해결하는 것이 아니라, 무엇이 문제인지부터 찾아낼 수 있는 능력이 전제되어야 한다. 이는 누군가를 따라 하는 것이 아니라, 내가 가야 할 길을 스스로 정할 수 있는 능력이기도 하다. 아일랜드의 시인인 윌리엄 예이츠William Yeats는 "교육은 물통을 채우는 것이 아니라 불을 지피는 것"이라고 말한 바 있다. 하지만 우리는 학생들에게 물을 붓기만 할 뿐, 학생들의 뇌에서 불꽃을 점화시키려는 생각은 하지 않고 있는 것은 아닌지 반문해본다.


## ⋮ 교육 매트릭스

영화 〈매트릭스〉에서 주인공 '네오'는 전설적인 해커 '모피어스'로부터 자기가 사는 세상이 실제 세상이 아니라 컴퓨터로 프로그래밍된 가상공간matrix이라는 말을 듣는다. 인공지능 컴퓨터가 인간 생체에서 에너지를 추출하기 위해 매트릭스로 인간을 지배하지만 대중은 전혀 깨닫지 못한다는 것이다.

영화 〈트루먼쇼〉에서도 주인공 '트루먼 버뱅크'는 주변의 모든 사람이 배우이며, 그가 사는 곳이 그의 일거수일투족을 찍어 전 세계로 방송하는 정교한 촬영 스튜디오라는 사실을 전혀 모른 채, 리얼리티 쇼의 주인공으로 평생을 살아간다.

그렇다면 왜 이들은 현실을 보지 못했을까? 영화 〈트루먼쇼〉에서 "어째서 당신은 트루먼이 자기가 사는 세상의 정체를 절대 알지 못할 거라고 생각하죠?"라는 질문에 PD는 다음과 같이 답한다. "우리는 우리에게 주어진 현실을 받아들이니까요."

교육도 마찬가지다. 오늘날 교육 시스템은 어쩌면 잘 짜인 일종의 프로그램이라고 할 수 있는데, 그러한 시스템 내에서 살아가는 우리들은 정작 그 시스템에 의해 지배당하고 있다는 사실을 인식하지 못하며 살고 있는지도 모른다. 자신도 모르게 잘못된 교육 시스템에 지배당하고 있으면서도, 어느새 그러한 프로그램대로 살지 않으면 안 되는 것처럼 살아가고 있는 것이다.

마치 트루먼처럼 자신만의 '움벨트'를 수용하고 거기서 멈추어 있는 것이다. 그러다 보니 더 큰 현실인 움게봉을 보지 못한다.[10] 즉, 교육이라는 버스가 절벽을 향해 달려가고 있는데도, 그 버스에 탄 부모들은 자신의 아이가 앉을 자리만 찾고 있을 뿐, 버스의 방향을 살피지 않는 것이다.

---

[10] 박쥐는 초음파로, 개와 고양이는 후각으로, 진드기는 피부의 지각세포로 자신들만의 세상을 인식한다. 독일의 생물학자 야코프 폰 윅스퀼Jakob von Uexküll은 이와 같이 감각에 따라 주관적으로 세계를 인식하는 것을 일컬어 '움벨트umwelt'라 했고, 이보다 더 큰 현실을 '움게봉umgebung'이라 했다.

왜 버스가 그 길로 가고 있는지를 묻지도 않고, 오직 '남들보다 조금 더'라는 생각과 욕망만 가득 차 있을 뿐이다.

그런데 이렇게 달리는 버스가 어쩌면 절벽으로 추락하거나 거대한 벽에 부딪힐지도 모르겠다. 교육 환경 변화가 그만큼 급격하기 때문이다. 인공지능, 빅데이터, 사물인터넷 등 미래 기술이 가져올 교육 환경의 변화는 현재 교육 시스템을 전면적으로 바꿀 가능성이 매우 높다. 인공지능이 사용자와의 상호작용을 통해 맞춤형 학습을 진행하게 되면 기존의 제도권 학교 교육이나 직업훈련 등 사회교육 시스템 전반에 큰 변화가 생길 수밖에 없다.

방대한 데이터를 바탕으로 한 개인별 맞춤형 학습 시스템은 교실에 학생을 모아놓고 가르치는 교육 행태를 변화시킬 것이고, 온라인 교육 모델의 보급으로 원거리 교육도 보편화될 수 있다. 이 경우 학생들은 교사가 정해진 시간에 가르치는 것을 기다릴 필요 없이 언제 어디서나 콘텐츠에 접속할 수 있으며, 궁금한 것은 인공지능 컴퓨터에게 언제든지 물어볼 수 있다. 한마디로 언제 어디서나 존재하는 교육의 유비쿼터스ubiquitous가 실현되는 것이다. 기존 대학교육의 혁신을 표방하며 2011년에 설립된 미네르바 스쿨Minerva school만 보더라도, 학생들은 3~6개월마다 나라를 바꾸어가며 그 나라에 위치한 기숙사에서 생활해야 하지만 100퍼센트 온라인으로 교육을 받기 때문에 장소의 제약을 받지 않는다.

또한 인공지능 기반 교육 시스템은 질병과 장애, 통학 거리 등 다양한 이유로 정규 교육과정을 이수하기 힘든 교육 소외자들에게도 더 많은 학습 기회를 열어줄 것이다. 특히 인공지능 학습 시스템은 일대일 쌍방향 소통과 맞춤형 학습을 제공한다는 점에서 학습효과 면에서도 현재의 일방적, 획일적 교육과 큰 차이를 보일 것이다. 학생의 현재 학습상태를 분석해 개개인에게 최적화된 알고리즘을 구현하고, 이를 바탕으로 맞춤형 문제와 자료를 제공할 것이다. 한 예로, 2013년에 구글 직원이었던 맥스 벤틸라Max Ventilla가 시작한 알트 스쿨Alt school은 유치원에서 중학교까지 엔지니어와 교육 전문가의 협업 플랫폼을 구축해 개인에게 맞춤화된 교육을 제공하고 있다. 이와 같이 인공지능을 기반으로 맞춤형 학습을 제공하는 기술을 '어댑티브 러닝adaptive learning'이라고 부르는데, 애플이나 구글과 같은 IT 기업뿐만 아니라 D2L, 드림박스 러닝Dreambox Learning, 뉴턴Knewton 등 교육 전문기업까지 이러한 분야에 뛰어들고 있다.

더 나아가 미국 프린스턴, 스탠퍼드 등 유명 대학들이 참여하는 무크MOOC 플랫폼과 인공지능 학습 시스템이 결합하게 되면 현재의 교육시스템 전반에 큰 균열이 발생할 수도 있다. 누구나 세계 최고 수준의 지식 콘텐츠에 접할 수 있게 되기 때문에 교사는 가르치는 역할보다 조력자로서의 역할이 점차 커질 것이다.

이러한 변화로 인해 공교육이 사라질 것이라고 예측하는 사람들도 있다. 대표적으로 미국의 미래학자 제이슨 스완슨Jason Swanson은 공교육이 2030년까지 사라질 것으로 예측했다. 또한 미래학자 엘빈 토플러Alvin Toffler는 2007년 한국을 방문했을 때 "한국 학생들은 미래에 필요하지 않은 지식과 존재하지 않을 직업을 위해 매일 열다섯 시간씩이나 낭비하고 있다"고 일침을 가하기도 했다. 그만큼 현 교육이 미래의 직업 선택에 큰 영향을 미치지 않을 것이라는 말이다. 심지어 미국 경제학자인 워렌 베니스Warren Bennis는 "미래의 공장에는 종업원이 둘뿐일 것이다. 하나는 사람이 기계를 못 만지도록 감시하는 개, 또 하나는 그 개에게 먹이를 주는 사람"이라는 끔찍한 농담까지 던질 정도다.

따라서 이제는 교사, 부모, 대중의 각성이 필요하다. 영화 〈매트릭스〉에서 혼란스러워하는 네오가 매트릭스 밖의 진짜 세계를 보려고 빨간 약을 선택한 후 자유를 얻은 것처럼, 또한 〈트루먼쇼〉에서 트루먼 버뱅크가 조작된 험난한 파도를 뚫고 스튜디오의 벽을 찾아낸 것처럼, 우리도 교육에 대해 진지한 고민을 할 필요가 있다. 현 교육 시스템은 급격하게 팽창하던 산업사회가 필요로 하는 인력을 양성하기에 적합한 시스템일 뿐, 앞으로 변화해가는 환경에서는 더 이상 효율적이지 않다. 그만큼 현 산업구조에 맞춰진 지식 습득은 점점 무의미해지는 것이다.

사실 그동안 교육을 변화시키고자 한 노력이 없었던 것은 아니다. 유네스코에서 일하는 빅토르 오르도네즈Victor Ordonez가 언급한 '죽은 말' 이야기는 그동안의 교육 개혁을 위한 갖가지 노력을 상징적으로 보여주고 있다.

어떤 학교 건물 앞에서 한 신사가 말 위에 올라타 있는데, 그 말이 갑자기 주저앉는다. 죽었는지 눈을 뜨지 못한다. 그러자 죽은 말을 살리기 위한 각종 방법들이 동원되었다. 채찍으로 때려보고, 말이 좋아하는 당근을 먹여보고, 말을 일으켜 세운 후 다른 학교를 방문하여 벤치마킹해

보고, 좀 더 경험 많은 기수를 데려오고, 죽은 말을 어떻게 일으킬지 연구할 위원회를 소집해보고, 죽은 말을 어떻게 타는지 표준 가이드라인을 만들어도 보고, 말의 평판을 평가해보고, 컨소시엄을 구성하여 공동으로 대응해보고, 근본적인 문제가 말의 영양 부실이라며 과거를 문제 삼아도 보고, 예산 부족 때문이라고 핑계도 대보고, 기수들의 역량을 평가해보고, 정부 지원금을 지급해보기도 했지만 말은 어쩐지 요지부동이다.

사실 우리 교육계에서도 이러한 죽은 말 살리기와 같은 노력들이 계속되어 온 것이 사실이다. 하지만 죽은 말처럼 어쩐지 교육은 요지부동이다. 그렇다면 어떤 방법을 써야 할까? 사실 정답을 말하기가 매우 어렵다. 무엇이 답인지 모르기 때문이다.

다만 확실한 것은 공부에 대한 관점을 바꾸어야 하는 것만은 틀림없어 보인다. 이 사회가 오랫동안 만들어 놓은 기존의 프레임에 갇히지 말고, 정답이라고 믿어왔던 것에 근본적인 질문을 제기하며, 다른 해답을 구해야 한다. 이제껏 우리가 학교에서 배운 것들과 교육 방식을 다시 생각해보지 않으면 내가 삼킨 생선 가시가 내 목을 계속 파고들지도 모르기 때문이다.

사실 따지고 보면 그동안 한국 사회 발전에 암기식 교육이 크게 기여해온 것은 사실이다. 한국은 암기식 교육 덕분에 그동안 선진국들의 기술을 모방해가면서 급속한 경제 성장을 이룰 수 있었다. 하지만 엄격히 말해 암기식 교육은 단순히 제품 설명서를 그대로 따라 하기만 하면 되는 매뉴얼 지식에 불과하다. 그러나 앞으로는 단순히 시간에 맞춰 버튼만 누르면 되는 정도의 매뉴얼 지식만으로는 기계와의 경쟁에서 이길 수 없다. 미래를 준비하지 않으면 심지어 매트릭스에 갇혀 기계의 에너지원이 될 수도 있다. 영화 〈매트릭스〉를 감독한 라나 워쇼스키 Lana Wachowski와 릴리 워쇼스키 Lilly Wachowski 자매가 각본을 쓴 9개의 스토리로 구성된 〈애니 매트릭스〉의 '두 번째 르네상스'를 보면, 로봇과의 전쟁에서 패한 인간들이 매트릭스에 갇혀 기계의 에너지원이 되는 끔찍한 장면이 그려진다.

내용은 이렇다. 인간은 힘든 일을 대신해주기 위해 만든 인공지능 로봇을 폐기처분하려 한다. 그러자 로봇들이 반란을 일으키고, 인간은 로봇과의 전쟁에서 이기기 위해 로봇의 에너지원인 태양을 차단한다. 하지만 인간은 로봇에게 패하게 되고, 로봇은 태양을 대체할 새로운 에너지원을 얻기 위한 연구를 거듭한다. 그 결과, 로봇은 인간이 감정을 느낄 때 몸에서 상당한 전기 에너지와 열이 발생한다는 점에 착안하여 인간으로부터 에너지를 얻는 시스템을 만든다. 즉, 수많은 인간을 한꺼번에 가상현실에 집어넣은 후 그곳에서의 가짜 경험을 통해 희로애락을 느끼게 함으로써 에너지를 발생시키는 것이다. 이렇게 인간을 가상현실에 집어넣고 마치 로봇의 전지처럼 쓰게 하는 이 시스템의 이름이 바로 '매트릭스'다. 결국 매트릭스에 갇힌 인간은 로봇의 에너지원으로밖에 쓰이지 않는 셈이다. 이 이야기는 〈매트릭스〉를 단순히 총알을 피하는 영화로 알고 있는 사람들에게는 충격일 수도 있겠다.

그런데 이렇게 매트릭스에 갇힌 인간의 모습이 곧 현실이 될 수도 있으며, 또한 현재가 될 수도 있다. 테네시 윌리엄스 Tennessee Williams의 희곡 『유리 동물원』에서 유리 동물을 모으며 자신만의 세계에 갇혀 있는 절름발이 딸 로라의 어머니인 아만다는 아들 톰에게 "내일은 오늘의 결과이고, 오늘은 어제가 있음으로 해서 있는 거야. 그러니 미리 계획과 준비성이 없으면 후에 복장 찢기 알맞지"라고 말한다.

우리도 현재의 교육 때문에 복장을 찢기 전에 서둘러 유리 동물원에서 벗어나야 한다. 무엇이 유리 동물원인가? 바로 현재에 갇혀 미래를 보장할 수 없는 교육 현실이다. 기계가 대체할 수 없는 인간 고유의 능력으로서의 호기심과 창의성, 그리고 비판적 사고력이 점점 중요해지는 미래 환경에서 정해진 정답 위주의 교육, 일방통행식 교육을 지속해나가는 현실이 유리 동물원인 것이다.

다행히 우리는 인공지능 알파고로 인해 미래에 대한 관심이 많아졌다. 미국은 1957년 소련이 최초의 인공위성 '스푸트니크'를 발사하자, 이에 쇼크를 먹고 미 우주항공국NASA을 창설하는 등 우주 강국으로 발돋움하고자 노력했다. 그뿐만 아니라 수학과 과학 같은 기초학문에 대한 교육도 강화되었다. 우리나라가 '알파고 쇼크'를 극복하는 길도 이와 다르지 않을 것이다. 인공지능과 경쟁해야 하는 시대일수록 기초학문의 중요성이 더욱 커진다. 이미 알려진 지식을 전달하는 것만으로는 미래를 감당할 수 없기 때문이다.

인공지능으로 인해 기계의 인지 자동화가 실현되는 미래에는 '창의성'이 선택이 아닌 필수다. 창의적이지 않으면 살아남을 수 없는 시대가 된다. 결국 미래 교육의 방향은 비판적 사고능력과 창의적 문제해결능력이 주가 되어야 한다. 다시 말해, 주어진 내용을 여러 방향에서 다시 생각해보면서 배운 내용을 자신만의 관점으로 해석하는 '비판적 사고력'과, 주어진 내용을 다르게 생각해보는 것을 넘어 새로운 생각을 해내는 '창의적 사고력'이 필요한 것이다.

　이는 단순히 암기된 지식이 아니라 이전에 아무도 생각하지 못했던 지식이며, 기존의 지식을 응용하여 무엇인가를 만들어내거나, 세상을 새롭게 이해하게 만들거나, 패러다임을 바꾸는 지식이다. 심지어 어떤 교육학자는 창의력creativity뿐만 아니라 의사소통능력communication, 비판적 사고력critical thinking, 협업력collaboration이 강조되는 '4C 교육의 시대'가 필요하다고 말한다.

　'인간의 몸은 심장이 멈출 때 삶이 끝나고, 영혼은 꿈을 잃을 때 삶이 끝나며, 두뇌는 창의적 발상을 하지 못할 때 그 삶이 끝난다'는 말이 있다. 인간의 삶이 끝나지 않기 위해서라도 꼭 필요한 창의성, 그것을 함양해나가는 노력이야말로 급변하는 미래를 맞이할 우리에게 가장 절실히 요구되는 덕목이다. 이러한 맥락에서 우리는 창의성이 무엇이고, 어떻게 창의성을 기를 수 있는지 살펴봐야만 한다.

창의성을 가로막는 적들을 이기기 위해서는 생각의 물구나무를 서고, 습관을 버리고, 다양한 것을 융합해보는 사고가 필요하다. 아울러 목표의식을 갖고 자신을 성찰하면서, 시간을 관리하고 독서를 하는 삶의 자세에서 창의성이 길러진다.

창의성을
어떻게
기를 것인가?

# 창의성의 적들

## ⠿ 창의성은 선택이 아닌 필수

미국 캘리포니아주 로스앤젤레스와 워싱턴주 올림피아를 잇는 101번 고속도로를 따라 여행을 하다 보면, 사진으로 담기 어려울 정도로 아름다운 해안 도로 풍경이 펼쳐진다. 그런데 2004년도에 실리콘밸리 주변 101번 고속도로에 이상한 광고판이 걸렸다. 거기에는 다음과 같은 글귀가 적혀 있었다.

"first 10-digit prime found in consecutive digits of e.com"

이를 번역하면 '자연대수 e에서 처음 등장하는 열 자리 소수'라는 말이다. 대부분 사람들은 이 글귀에 관심 갖지 않고 그냥 지나쳤지만, 일부 사람들은 호기심을 갖고 이 문제를 풀기 시작했다. 그렇게 정답을 풀어봤더니 '7427466391.com'이 도출되었고, 이 사이트에 접속해보니 거기에는 또 다른 문제가 나왔다. 그리고 그 문제마저 풀고 나니 구글 연구개발부서인 구글랩 페이지로 연결되었다. 그리고 이런 환영의 메시지가 나왔다.

"구글을 키워나가면서 우리가 배운 점 한 가지는 우리가 찾고자 하는 상대방 역시 우리를 찾고 있을 때 그 사람을 더 쉽게 찾게 된다는 것이다. 우리는 세계 최고의 엔지니어를 찾고 있고, 당신은 여기에 와 있다."

어떻게 보면 굉장히 창의적인 구인 광고였다. 사실 구글이 낸 문제는 프로그래밍을 어느 정도 공부하면 쉽게 풀 수 있는 문제다. 구글의 의도는 이것으로 응모자의 수학 실력을 측정하려는 것이 아니라, 이런 문제에 흥미를 갖고 도전하는 사람을 뽑으려는 것이다. 창의적인 사람들은 어떤 결과를 예측할 수 없더라도 호기심과 도전정신을 가지고 끝까지 몰두해 해답을 얻거나 무엇인가를 성취하고자 하는 특성을 갖고 있기 때문이다.

요즘에는 이렇게 창의적이고 기발한 방식의 채용이 구글에서만 시행되는 것이 아니라, 다른 많은 기업들로도 확산되고 있다. 삼성과 같은 한국 기업의 경우에도 창의성 면접을 도입하여 문제에 대한 해결방안을 찾은 후, 이를 설명하고 토론하게 하는 채용 전형을 도입한 바 있다. 또한 어떤 기업들은 면접에서 생각지도 못한 엉뚱한 질문을 던지기도 한다. 이른바 머리를 간질이는 브레인 티저brain teaser 형식의 질문을 던지는 것이다.[1]

"한라산과 백두산을 옮긴다면 시간과 비용이 얼마나 들겠는가?"

"서울에 바퀴벌레가 몇 마리나 살겠느냐?"

"시각 장애인에게 노란색에 대해 설명해보라."

---

[1] 보통 이러한 질문들을 가리켜, 노벨물리학상 수상자인 원자력의 아버지 엔리코 페르미 Enrico Fermi의 이름을 따서 '페르미 추정 문제'라고도 부른다. 실제로 페르미 추정 문제들은 창의적이고 논리적인 두뇌로 탈바꿈시키는 데 상당한 효과가 있다.

"곰과 싸워서 이길 수 있는 방법은?"

"어느 나라는 남자아이를 낳을 때까지 계속해서 아이를 낳는다고 한다.

이 나라의 남녀 성비는?"


이런 식의 엉뚱하고 황당한 질문을 던지는 것은 면접자의 사고능력을 테스트하기 위한 것이다. 이는 치열한 경쟁에서 이길 수 있는 방법이 오로지 창의적인 사고를 통한 새로운 가치 창출에 있다고 생각하기 때문이다.

더구나 앞으로의 사회는 인공지능에 의해 많은 일이 해결되는 사회이기 때문에 인간에게 있어 창의성은 선택이 아닌 필수다. 기계가 인간을 능가하지 못하는 능력이 바로 창의성이기 때문이다. 미래에 스스로 일거리를 찾고 일의 가치를 키울 수 있는 사람이 되느냐, 그렇지 않고 몸으로 때우는 일이나 시킨 일만 할 수 있는 사람이 되느냐는 창의력에 달려 있다고 해도 과언이 아니다. 바둑에서 18급 100명이 1급 1명을 이기지 못한다. 이는 지식이 모자라서가 아니라 이기는 방법을 모르기 때문이다. 즉, 생각하는 방법의 차이가 수의 차이를 만드는 것이다. 따라서 미래 사회에서 능력의 차이는 지식의 차이가 아닌 생각하는 방법의 차이로 나타날 것이다. 역사학자 아놀드 토인비Arnold Toynbee는 한 나라의 흥망성쇠가 창의성에 의해 결정된다고 했는데, 어디 한 나라의 흥망성쇠뿐이겠는가? 인류의 흥망성쇠도 창의성에 달려 있다.

그렇다면 이처럼 중요한 '창의적인 사고'라는 것이 도대체 무엇일까? 대개 창의적인 사람의 특징으로 '유연한 사고방식을 가진 사람', '전혀 다른 것을 연결시키는 능력을 가진 사람'과 같은 지적인 능력뿐만 아니라 '호기심이 많고 독특한 사람', '유머와 위트가 뛰어난 사람', '목표의식이 뚜렷한 사람'과 같이 성격이나 동기가 확실한 사람을 꼽는다.

실제로 전문가들도 창의성에 대해 여러 가지로 정의하는데, 대체로 '새로운 아이디어를 창출해내는 능력', '틀에 얽매이지 않고 다양한 관점에서 해결책을 모색하는 능력', '새로운 유형으로 사고하는 능력', '아이디어나 사물을 세밀하고 구체적으로 관찰하여 가치 있는 것으로 발전시키는 능력', '지식과 절차를 모르더라도 문제를 해결하는 능력' 등으로 정의한다.

이러한 정의를 종합해볼 때, 창의적인 사람은 같은 방법을 고집하지 않고 끊임없이 다른 방법을 탐구하는 사람이라고 할 수 있다. 중국의 고사에 '같은 일을 반복하면서 다른 결과가 나오기를 기대하는 것은 미친 짓이다'라는 말이 있다. 아인슈타인도 "같은 방법으로 하면서 다른 결과를 기대하면 안 된다. 다른 결과를 기대하려면 방법을 바꿔야 한다"고 말하기도 했다. 이는 과거의 잘못된 방식을 답습하다가는 기대하고 원하는 바를 이룰 수 없다는 것을 꼬집는 말이기도 하다. 그렇기에 창의적인 사람은 기존의 것이 아닌 새로운 방법을 사용하려는 경향이 강하다.

그런데 새로운 방법을 사용하려고 해도 그 생각을 가로막는 것이 있으니, 바로 '고정관념'이다. 따라서 창의적인 사고를 하기 위해서는 먼저 고정관념에 대해 알 필요가 있다. 적을 알고 나를 알아야 승리할 수 있다고 하지 않았는가?

## ⁝ 군중심리와 권위, 범주적 사고

고정관념은 '마음에 자리 잡은 흔들리지 않는 관념', '의도에 상관없이 거듭 떠올라 정신생활을 지배하고 행동에까지 영향을 미치는 관념', '어떤 집단이나 사회 구성원들의 전형적 특징에 관한 신념' 등으로 정의된다.

이는 일종의 편견이나 고정된 시각으로 규격화된 생각들이다. 예를 들어, '부자는 모두 나쁘다', '돈이면 뭐든지 다 된다', '정치하는 사람은 믿을 수가 없다', '집안일은 여자가 해야 한다', '평발은 운동을 못 한다'와 같은 생각은 일종의 편견이다. 이러한 편견의 특징은 어떤 사실이 확인되었음에도 불구하고 흔들림 없이 자신의 생각이 옳다고 생각하는 데 있다. 또한 '동전은 언제나 둥글다', '책은 네모난 모양이어야 한다', '뚱뚱한 여자는 게으르다', '비싼 것이 맛있다', '멋지게 차려입은 사람이 뛰어난 사람이다'와 같은 생각은 일종의 고정된 시각이다. 이러한 시각은 사회생활에서 '차별'의 형태로 나타나기도 한다. 경차는 무시하고 고급 승용차를 우대하는 경향, 고학력자를 우대하는 풍조, 장애인과 외국인에 대한 차별과 같은 것들 말이다.

그렇다면 고정관념이 생기는 이유는 무엇일까? 많은 이유가 있겠지만, 여기서는 크게 세 가지 요인을 말하고자 한다. 바로 '군중심리', '권위', 그리고 '범주적 사고'다.

우선 '군중심리'는 다른 사람들이 행동하는 것처럼 나도 행동하면 옳다고 생각되기 때문에 발생한다. 즉, 어떤 생각에 대해 옳다는 사람이 많으면 많을수록 그 생각이 더 정확하다고 믿어버리는 것이다.

1950년 사회심리학자 솔로몬 애쉬Solomon Asch가 진행한 실험은 군중 심리로 인한 사고의 왜곡을 잘 보여준다. 애쉬는 길이가 서로 다른 여러 가지 끈을 준비하여 실험에 참가한 사람들에게 보여주었다. 그리고 실험 참가자들로 하여금 끈이 기준이 되는 끈의 길이보다 더 길면 '길다', 동일하면 '같다', 더 짧으면 '짧다'라고 진술하게 했다.

먼저 피실험자들은 한 명씩 방 안에 들어가 실험에 참여했는데, 그들 모두 아주 쉽게 끈의 길이를 맞혔다. 그런데 두 번째 실험에서는 피실험자가 다른 7명과 함께 방에 들어갔다. 그런데 7명은 모두 피실험자를 속이기 위해 투입된 연기자들이었다. 이들은 미리 계획한 대로 기준 선보다 선이 더 길어도 짧다는 틀린 답을 말했다. 그러자 명백히 그 답이 틀린 줄 알면서도 피실험자는 자신이 대답할 차례가 되자 집단의 결정을 받아들이고 틀린 답을 선택했다. 이렇게 틀린 답을 진술하는 비율이 무려 30퍼센트에 달했다.[2]

실제로 실험 이후 애쉬가 피실험자들에게 왜 집단의 의사결정을 따랐는지 질문했는데, 이에 대해 "실험자를 만족시키려고 그렇게 했다"는 대답도 있었고, "그 집단의 사람들과 어울리고 싶어서 그랬다"라는 대답도 있었다. 또한 "사회적 매장을 피하기 위해 입을 다물고 있었다"는 사람도 있었다. 결국 집단의 의사에 반하는 선택을 하기가 부담스러웠던 것이다.

---

**2** 애쉬는 엘리베이터에서도 유사한 실험을 했다. 보통 사람들은 엘리베이터의 출입구 쪽을 향해 서 있는데, 애쉬는 미리 준비된 연기자들로 하여금 엘리베이터에 타면서 출입구를 등지고 서게끔 했다. 그러자 피실험자들은 대부분 주변을 살피다가 자신도 슬며시 출입구를 등지고 서는 모습을 보였다.

한 발을 들고 있는 홍학 무리들 틈에서 똑같이 한 발을 들고 서 있는 오리의 모습이 '군중심리'를 잘 대변해주고 있는 듯하다.

이러한 집단 동조성은 우리 뇌에서도 고스란히 나타난다. 2005년 에모리대학의 신경학자인 그레고리 번스Gregory Berns는 애쉬와 동일한 실험을 하면서 실험 참가자들의 뇌를 촬영했는데, 그 결과 혼자 있을 때보다 집단으로 있을 때 의식적 의사결정을 담당하는 전두엽의 활동이 둔해지고, 시각 및 공간 인지를 담당하는 후두엽과 두정엽의 활동이 활발해지는 것을 발견했다. 이는 문제에 대해 고민하기보다는 주위의 눈치를 살피는 데 에너지를 더 쏟는다는 것을 보여준다.

그런데 집단 동조성은 대개 개인의 신념과 도덕성을 약화시키는 방향으로 작용한다. 사회심리학자들은 동조에 대해 '자신의 눈으로 직접 볼 수 있고 선악을 판별할 수 있다 해도 상당한 사회적 압력을 느끼면 자신이 고립될까 두려워서 굴복하는 것'이라고 정의한다. 그래서 동조는 도덕적 확신이 약할수록 커진다. 하지만 '남이 장에 간다니 똥장군을 지고 따라나선다'는 속담처럼 무조건적으로 대다수의 의견과 행동에 개인 의견과 행동을 맞추다 보면 잘못된 결론에 이를 수도 있다. 잘못된 사안에 대해 모두가 'Yes'라고 하더라도 자신은 'No'라고 이야기할 수 있어야 하는데, 그렇지 못하기 때문이다. 이 때문에 '집단사고'가 발생하게 되고 의사결정이 실패하게 되는 것이다.

집단 동조성이 문제가 되는 것 중 하나가 언론의 보도를 무비판적으로 받아들이는 태도다. 심지어 어떤 사람들은 언론이 비상식적인 이야기를 해도 그것을 곧이곧대로 믿는다. 대표적인 것이 1957년 영국의 BBC가 만우절 거짓말로 보도한, 스파게티가 나무에서 수확되는 장면이다. 이 장면이 방송되자 많은 시청자가 전화를 걸어 재배 방법을 문의했고, 방송국에서는 스파게티 한 가닥을 토마토소스 빈 깡통에 심으라고 알려주었다. 그러자 시청자들은 방송국의 안내에 따라 참을성 있게 수확을 기다렸다고 한다. 1976년에도 BBC는 만우절 거짓말로 명왕성이 목성의 뒤로 지나갈 때 중력에 이상한 영향을 미칠 수도 있다고 하면서, 그때 타이밍을 잘 맞추어 깡충 뛴다면 멋진 공중부양 효과를 느낄지도 모른다고 예고했다. 그러자 수백 명의 사람들이 그것을 경험했다고 주장했다.

그러나 사회집단의 행동에 동조하다가 오히려 고통과 스트레스가 증가하는 경우도 있다. 미국 에모리대학의 신경과학자인 그레고리 번스는 사춘기 청소년을 대상으로 노래에 대한 대뇌 반응을 측정해 보았다. 청소년들에게 한 번은 그냥 노래를 들려주었고, 다른 한 번은 그 노래의 인기 순위를 알려준 뒤 감상하도록 했다. 그 결과, 똑같은 노래임에도 불구하고 인기 순위를 알고 난 뒤에는 노래에 대한 선호도가 급격히 상승했다. 즉, 다른 사람들의 반응을 좇아 노래에 대한 선호가 달라졌던 것이다.

그런데 이들이 아무런 정보 없이 노래를 들었을 때는 쾌락을 담당하는 뇌 부분이 활성화된 반면, 인기 순위를 알고 노래를 들었을 때는 오히려 고통이나 역겨움을 담당하는 뇌 부분이 활성화되었다. 이는 대중적으로 인기 있는 노래가 자신의 취향과 다른데도 대중의 선호에 따라야 한다는 감정적 부담 때문이었다.

이러한 고통은 비단 개인만의 고통은 아닐 것이다. 그동안 언론 등 여론에 휩쓸려 판단을 잘못하여 겪어야만 했던 사회적 고통과 손실이 얼마나 컸었는지를 생각해보면, 군중심리에 의한 고정관념의 무서움을 잘 알 수 있다.


두 번째는 '권위'로 인해 발생하는 고정관념이다. 대표적인 사례가 '지동설 논쟁'이다.

16세기 코페르니쿠스Corpernicus가 태양 중심설, 즉 지동설을 제기했을 당시 사람들은 그를 맹렬히 비판했다. 특히 사회 지도층이었던 종교인들이 가장 거세게 반박했는데, 종교개혁가인 마르틴 루터Martin Luther조차도 코페르니쿠스를 '벼락출세한 점성술사', '천문학 전체를 뒤엎으려는 바보'라고 폄하하며 "성서가 증명하는 대로 여호수아가 멈추라고 명령했던 것은 태양이지 지구는 아니다"라고 비판했다. 또 다른 종교 지도자 칼뱅Calvin은 "누가 감히 코페르니쿠스의 권위를 성서의 권위 위에 놓으려고 하는가? 시편 93편에 '세계도 견고히 서서 요동치 아니하도다'라고 쓰여 있지 않은가?"라고 반문했다. 일반인들은 지구가 돈다면 왜 지구가 도는 것을 자신이 못 느끼는지, 왜 쏘아 올린 화살이 제자리에 떨어지는지와 같은 논리로 따지고 들었다.

그런데 이와 같은 논쟁은 중세를 지배해온 교회의 권위 때문에 발생한 측면이 크다. 지동설을 인정할 경우 지구가 우주의 중심이라는 당시의 신학적 세계관이 무너지면서 가톨릭의 권위도 함께 무너져버리기 때문이다. 이 때문에 가톨릭교회는 1616년 코페르니쿠스의 저술을 금서 목록에 포함시켰다. 그리고 그 금서령은 1835년까지 계속되었다. 코페르니쿠스에 이어 천체 망원경을 통해 지동설이 옳다는 것을 확인했던 갈릴레오 갈릴레이Galileo Galilei조차도 교회로부터 침묵을 강요당해야만 했다. 갈릴레오와 달리 자신의 주장을 끝까지 굽히지 않았던 이탈리아의 사상가 조르다노 브루노Giordano Bruno는 종교재판에 넘겨져 화형을 당하기까지 했다.

그러나 아무리 그 권위가 막강하다 해도 진실은 감출 수 없는 법이다. 300년이 지난 1965년 교황 바오로 6세는 마침내 갈릴레오의 고향인 피사를 방문하여 자신들의 잘못을 시인했다. 또한 1979년에는 교황 바오로 2세가 갈릴레오의 재판 회부에 대해 유감을 표시했고, 1992년에는 "지난날의 유죄 판결은 되풀이해서는 안 될 가톨릭교회와 과학 사이의 비극적인 상호 이해 부족에서 비롯된 것"이라며 갈릴레오에 대한 부당한 대우를 시인하고, 그를 가톨릭 신자로 사면·복권해주었다.

그런데 알고 보면, 지동설은 이미 코페르니쿠스 훨씬 이전에 제기되었던 이론이다. 지구를 비롯한 행성들이 태양 주위를 돌고 있다는 사실을 처음으로 제기한 사람은 기원전 5세기경 그리스의 철학자 필롤라오스Philolaus다. 기원전 310년에 태어난 그리스 천문학자인 아리스타르코스 Aristarchus도 정지해 있는 태양 주위를 지구가 돌고 있으며, 지구는 하나의 축을 중심으로 24시간을 주기로 자전한다고 주장했다. 아리스타르코스의 이런 주장은 당시에 널리 알려졌었고, 그가 쓴 책은 알렉산드리아 도서관에 소장되어 있었다. 하지만 안타깝게도 알렉산드리아 도서관이 불에 타는 바람에 그의 주장은 사라져버렸다. 만일 도서관이 불에 타지 않았더라면 역사는 달라졌을 것이다.

한편, 철학자 베이컨Bacon은 권위 때문에 올바른 판단이 저해되는 것을 가리켜 '극장의 우상'이라고 명명하기도 했다. 이를 잘 설명해주는 우화가 있다.

어떤 마을에서 열린 잔치에 돼지 소리를 기가 막히게 내는 아주 유명한 광대가 나타났다. 그의 명성이 워낙 자자한지라 무대 위에서 흉내내는 광대의 새끼 돼지 소리에 사람들은 찬사를 아끼지 않았다. 그런데 갑자기 구경꾼 중 한 명이 자신이 광대보다 더 흉내를 잘 낸다고 주장하는 것이 아닌가? 그래서 두 사람은 다음 날 누가 더 흉내를 잘 내는지 시합을 하기로 했다. 다음 날 광장에는 호기심에 가득 찬 사람들이 모여들었고, 먼저 광대가 재주를 뽐냈다. 역시나 사람들은 광대의 재주가 최고라면서 우렁찬 박수로 환호했다. 그런데 시골 사람은 그의 품속에 새끼 돼지를 감추고 있었다. 그리고 사람들이 눈치 채지 못하게 새끼 돼지의 귀를 꼬집어 돼지가 소리를 지르게 했다. 그런데 놀랍게도 사람들은 광대의 소리가 훨씬 더 진짜 같다면서 시골 사람을 면박하는 것이 아닌가? 그러자 그는 품속에 감추어둔 새끼 돼지를 꺼내 보여주며 사람들을 무안하게 만들어버렸다.

이와 같이 광대가 가진 기존의 명성 때문에 사람들이 광대의 공연이 더 우수하다고 믿어버리는 것을 '극장의 우상'이라고 한다. 이는 권위나 명성에 대한 믿음 때문에 세상을 있는 그대로 객관적으로 보지 못하는 일종의 선입견인 셈이다. 원래 극장이란 곳이 광대의 경우와 같이 명성을 만들어내는 곳이자 특정 분야에 관한 권위를 만들어내는 곳이기에 그런 이름이 붙었다. 현대인들도 깔끔하게 차려입은 어떤 강연자가 특정 분야의 대가라면서 확신에 찬 모습으로 유창하게 강연할 경우 그 강사의 말을 대부분 신뢰하면서 동조하게 된다. 이를 '폭스 박사 효과Dr. Fox Effect'라고도 한다.[3]

사람들이 권위에 복종하는 심리는 하버드대학 교수였던 스탠리 밀그램이 1961년에 행했던 실험을 통해서도 알 수 있다. 밀그램은 전문 배우 두 사람으로 하여금 한 사람은 권위적 역할을 하는 교수의 역할을 하도록 하고, 다른 한 사람은 학생의 역할을 하도록 했다. 그리고 이를 모르는 피실험자들에게 학생의 학습 성과를 개선하기 위한 것이라면서 교수가 지시하는 체벌을 학생에게 직접 집행하게 했다. 그 체벌은 전기충격을 가하는 것이었다. 그런데 놀랍게도 권위를 가진 교수가 독촉하자 피실험자들

---

**3** 1973년 마이런 폭스Myron Fox 박사는 의료 전문가들 앞에서 '의료인 교육에 있어 수학적 게임이론의 활용'이란 제목의 강연을 진행했다. 발표 이후 청중들은 대단히 흡족해했고 많이 배웠다고 입을 모았다. 그런데 폭스 박사는 무명 배우에 불과했다. 심리학자 도널드 나프툴린Donald Naftulin의 실험에 고용되어 나프툴린이 알려준 강의 내용을 달달 외워 청중에게 얘기한 것뿐이었다.

은 학생이 죽을 수 있다는 사실을 알고도 가장 높은 단계까지 전기 충격을 가했다.[4]

문제는 권위에 대한 복종이 심각한 사고로 이어질 수 있다는 데 있다. 학생이 죽을 수도 있다는 사실을 인지하고도 고압의 전기 충격을 가한 밀그램 교수의 실험뿐만 아니라, 1997년 대한항공 801편의 괌 추락으로 탑승객 254명 중 228명이 사망한 사건도 이러한 위험을 잘 보여주는 사례다. 이 사고의 원인은 기장이 상황 판단을 잘못하여 착륙 결정을 내린 데 있었다. 그런데 더 심각한 것은 당시 부기장이 기장의 오판을 알고 있었음에도 불구하고 기장의 심기를 거스르지 않기 위해 자신의 의견을 제대로 전달하지 않았다는 데 있었다. 즉, 기장의 권위 때문에 부기장이 감히 기장에게 바른 말을 못 한 것이다. 그래서 말콤 글래드웰Malcolm Gladwell은 윗사람에 대한 예의를 갖춘다며 간접적으로 돌려 말하는 '완곡어법'을 사용하는 한국의 언어 습관이 비행기 조종석에서 큰 위험이 될 수도 있다고 지적하기도 했다.[5]

또한 템플대학의 약학과 교수인 코헨Cohen과 데이비스Davis 교수는 환자에 대한 의사의 투약 사고 가운데 가장 중요한 원인이 주치의의 권위에 근무자들이 맹목적으로 순종하기 때문이라는 사실을 밝혔다. 그러면

---

**4** 밀그램의 실험 목적은 유대인들에 대한 나치의 실험이 수천 명의 사람이 복종이라는 미명하에 수행한 가장 비도덕적인 행위라는 것을 밝히는 데 있었다.

**5** 심리학자인 로버트 헬름라이히Robert Helmreich와 애슐레이 메리트Ashleigh Merritt가 전 세계 조종사들을 상대로 특정 문화가 위계질서와 권위를 얼마나 존중하는지를 나타내는 '권력간격지수Power Distance Index'를 측정한 결과를 보면, 한국은 브라질에 이어 2위를 차지하고 있다. 이는 한국에서 부기장이 기장의 의견에 반대해도 위계질서와 권위, 두려움 때문에 그것을 드러내지 못할 가능성이 높다는 것을 의미한다.

서 재미있는 사례를 제시했다. 주치의가 귀에 염증이 있는 환자의 오른쪽 귀에 투약을 지시하면서, 처방전에 'Place in Right ear(오른쪽 귀에 투약하시오)'라고 쓰는 대신 약식으로 'Place in R ear'라고 썼다. 그런데 간호사들은 의사의 처방전을 'Place in Rear(항문에 투약하시오)'라고 오해하여 귀에 넣어야 할 약을 환자의 항문에 집어넣고 말았다. 상식적으로 이해가 되지 않는 일이었지만, 주치의의 권위에 순종한 나머지 어느 누구도 이 처방전에 이의를 제기하지 않았다.

이처럼 권위는 지동설 논쟁에서와 같이 진실을 왜곡하는 요인으로 작용하기도 하고, 항공기 추락사건, 투약 사건과 같이 판단을 오도하여 사고를 유발하기도 한다. 심지어 한 권위자의 사상이 절대적인 진리 내지 강력한 도그마로 작용하면서 문명의 진보를 저해하기까지 한다. 16세기 의학자인 베살리우스Vesalius가 남성과 여성의 치아 수가 같다고 주장하기 전까지, 대부분의 사람이 아리스토텔레스가 그렇게 말했다는 이유 하나만으로 남성의 이가 여성보다 많다고 믿어왔던 사실은 대표적인 예다.


마지막으로 고정관념을 형성하는 원인으로 '범주적 사고'를 들 수 있다. 범주적 사고는 한마디로 세상을 특정한 기준으로 나누어서 바라보는 것을 말한다. 즉, 사물과 사건, 사람을 일정한 기준과 특징에 따라 규칙화하여 분류하고, 그러한 기준을 유사한 상황에 적용하는 사고인 것이다.

사실 범주적 사고는 인간이 세계를 인식하는 자연스러운 방법이다. 어떤 개념을 범주화할 때 그 개념을 더 잘 이해할 수 있기 때문이다. 그래서 철학자 칸트Kant도 인간이 세계를 인식하고 지각하기 위해서는 '시간과 공간'이라는 직관의 형식이 있어야 하며, 사고하기 위해서는 '범주'라는 선험적 개념이 있어야 한다고 말하기도 했다. 즉, 인간에게 인식되는 대상은 일정한 범주를 통해 '생각'이라는 프로세스를 거치게 된다는 것이다. 그만큼 범주화는 인간에게 매우 기본적인 사고의 틀로 작용하고 있다.

그래서 공부를 할 때도 범주적 사고를 잘 활용하면 보다 효율적으로 학습할 수 있다. 한 예로 교육방송 다큐멘터리 〈공부의 왕도〉를 보면, 중학교 학생들 37명에게 순서 없이 섞인 100장의 카드를 짧은 시간 동안 보게 한 뒤 바로 기억을 하게 하는 실험이 나온다. 이 실험에서 아이들은 100개의 카드 가운데 평균적으로 24개의 카드를 기억했다. 그런데 미국 스탠퍼드대학, 서울대학 등 명문대학에 재학 중인 8명의 재학생들은 평균 46개를 기억해냈다. 이러한 차이가 나타난 것은 카드를 기억하는 전략의 차이 때문이었다. 대부분의 중학생은 카드를 그냥 무작정 외우려고 했지만, 명문대 학생들은 카드를 항목별로 분류하여 기억했다. 이처럼 일정한 기준으로 범주화하여 개념을 기억하게 되면 보다 효율적으로 암기하고 기억할 수 있게 된다.

그런데 문제는 이러한 범주적 사고로 인해 사람들이 다양한 측면을 고려하지 못하고 단편적으로만 생각하게 되는 경우가 발생할 수 있다는데 있다. 그러한 가능성을 보여주는 실험이 심리학자인 칼 던커Karl Duncker가 행한 '양초 실험'이다. 이 실험은 양초, 압핀이 들어 있는 종이상자와 성냥을 준 후, 주어진 시간 내에 불붙은 양초의 촛농이 책상이나 바닥에

양초 실험 참가자들은 압핀을 종이상자에 담았을 때보다 그렇지 않을 때 문제를 더 잘 푼다.

떨어지지 않도록 양초를 벽에 고정하는 방법을 찾는 것이다. 사실 이 문제의 해결책은 알고 보면 매우 간단하다. 바로 종이상자 안에 있는 압핀을 바깥으로 덜어내고, 그 안에 양초를 세워놓은 후, 벽에 압핀을 이용해 종이상자를 고정시키면 된다. 그러면 촛농이 종이상자 안에만 머물러 바닥으로 흘러내리지 않게 된다.

그런데 이 실험에서 종이상자 안에 압핀을 넣어서 제공하는 경우와 그 둘을 따로 나누어 제공하는 경우 실험 결과에 차이가 발생한다. 바로 종이상자와 압핀을 따로 제공할 때보다 종이상자 안에 압핀을 같이 넣어 제공할 때 문제를 더 못 푸는 것이다. 그 이유는 압핀이 담긴 종이상자를 봤을 때, 그 종이상자의 용도가 압핀을 담는 것이라는 데 생각이 고착되기 때문이다. 이처럼 특정한 생각의 범주에 갇히게 되면 사고의 확장이 더 이상 일어나지 못하게 된다.

결국 인간은 범주적 사고로 인해 어떤 개념을 보다 정확하게 이해하고 정보 처리의 효율성을 높일 수도 있지만, 반대로 정해진 틀을 벗어나지 못하는 한계에 직면할 위험도 동시에 갖게 되는 것이다. 특히 본능적으로 세상을 둘로 나눠 보는 것을 더 편하게 생각하는 인간의 인지적 특성과 맞물릴 때 이런 위험성은 더욱 커진다. 즉, 이분법적 사고, 흑백 논리식 사고를 통해 무엇이든지 특정한 범주로 양분하게 되면, 그 외의 가능성은 탐색할 수 없게 되는 것이다.

그런데 인공지능으로 대표되는 기술혁명은 점점 더 시공간의 제약과 인간의 인지적 한계를 줄여나가고 있기 때문에 더 이상 범주적 사고만으로는 인공지능 시대를 살아가기 힘들지도 모른다. 실시간으로 수집되고 분석되는 데이터는 시간과 공간의 제약을 뛰어넘고 있고, 딥러닝 기술이 적용된 인공지능은 인간의 인지적 한계를 넘어서고 있다. 그로 인해 인간과 기계의 경계가 와해되고, 물리적 세계와 디지털 세계의 경계가 무너지고 있다. 심지어 시간과 환경에 따라 형태를 바꿀 수 있는 4D 프린팅의 등장으로 소프트웨어와 하드웨어의 경계도 사라지고 있다.

이처럼 경계가 사라지게 되면, 더 이상 범주적 사고로는 사물의 본질을 제대로 볼 수 없을지도 모른다. 무엇이 안이고 무엇이 밖인지 알 수 없기 때문이다. 그렇게 되면 프랑스의 철학자 자크 데리다Jacque Derrida가 예술의 아름다움을 '파레르곤parergon'이라는 개념을 통해 설명했듯이 사물을 인식하는 또 다른 개념이 필요할지도 모른다.[6] 그 개념이 어떤 이름으

---

**6** 파레르곤은 '주변'을 뜻하는 'para'와 '작품'을 뜻하는 'ergon'의 합성어이다. 데리다는 예술작품이 하나의 파레르곤으로서 안팎의 경계를 갖지 않는 모호한 성격을 가진다고 주장한다. 예를 들어, 똑같은 그림을 금박 액자에 표구할 때와 나무 액자로 표구할 때의 느낌이 다르듯, 주변 장식으로서의 액자가 예술작품의 가치와 무관하지 않다는 것이다. 이는 똑같은 영화를 보더라도 영화관에서 볼 때와 TV로 볼 때의 느낌이 다르고, 똑같은 음식을 어떤 그릇에 담느냐에 따라 느낌이 다른 것과 마찬가지다. 이러한 특징 때문에 데리다는 예술작품이 안과 밖에 속하지 않는 모호한 성격을 지니고 있다고 주장한다.

로 명명될지는 모르지만, 분명한 것은 범주적 사고를 벗어나야 하는 것만
은 틀림없어 보인다.


## ⦂ 삶의 지배자, 습관

고정관념과 더불어 창의성을 가로막는 또 다른 적은 '습관'이다. 습
관은 처음에는 의식적으로 행하다가 나중에는 무의식적으로 행하게 되는
행동을 말한다. 습관은 한자로 쓰면 '習慣'이고, 영어로는 'habit'이다. 어
린 새가 날갯짓을 배우는 모양에서 나온 한자 '습習'에서 유추해볼 수 있는
것처럼, 습관은 여러 번 되풀이함으로써 의식하지 않아도 저절로 계속하
게 되는 굳어진 행동을 뜻한다. 습관의 영어 표현 'habit'의 어원인 라틴어
'하비투스habitus'도 매일 규칙적인 생활을 반복했던 수도사들이 입는 옷을
의미했다.

결국 습관은 2가지 특성을 지니는데, 하나는 반복적인 행동을 통해
형성된다는 것이고, 다른 하나는 그것이 무의식적으로 반복된다는 점이
다. 여러 번 반복된 행동이 나도 모르게 굳어져서 습관이 되는 것이다.

그래서 스포츠 선수의 경우 습관만 제대로 관리해도 롱런할 수 있
다. 미국 프로야구 명예의 전당 입성이 확실시되고 있는 이치로는 30년
가까이 야구를 했는데, 한 매체와의 인터뷰에서 이렇게 얘기했다. "집에
들어가면 잠들기 전에 하루도 거르지 않고 가볍게 달리기를 하고, 웨이트

트레이닝을 하고, 2시간 정도 마사지를 받고 잠든다."

24년 동안 프로 축구 선수 생활을 했던 김병지 선수도 자신의 트위터에 "술을 21년간 마시지 않고, 담배를 21년간 피우지 않고, 몸무게를 21년간 1킬로그램 이상 변화 없이 관리했더니, 21년간 K리그에서 살아남았다"라는 글을 올린 적이 있다.

이치로 선수나 김병지 선수가 다른 선수보다 롱런할 수 있었던 것은 이와 같은 작은 '습관'에 그 비결이 있었다. 물론 다른 선수보다 더 많이 연습하고 훈련했겠지만, 일상생활에서 좋은 습관을 유지함으로써 사람들로부터 칭송받는 스포츠 스타가 된 것이다.

습관의 힘이 작용하는 것은 비단 스포츠 세계에서만이 아니다. 우리가 잘 아는 세계적인 명사들도 한결같이 습관의 중요성을 이야기한다. 세계적인 부호 워렌 버핏Warren Buffett의 경우 "다른 사람의 좋은 습관을 자신의 것으로 만들 때 성공할 수 있다"고 했으며, 빌 게이츠도 "성공으로 가는 열쇠는 바로 좋은 습관에서 비롯된다"고 말한 바 있다. 뿐만 아니라 아리스토텔레스는 "탁월함은 습관"이라고 했으며, 미국의 경영학자 피터 드러커Peter Drucker는 성공한 사람들은 공통적으로 자신의 재능과 성격을 효율적인 방향으로 이끌어가는 습관이 있다고 했다.

이처럼 습관이 성공의 비결로 강조되는 것은 습관이 우리 삶에서 매우 큰 비중을 차지하고 있기 때문이다. 미국 듀크대학 연구진에 따르면, 우리가 매일 행하는 행동들의 약 45퍼센트가 특별한 의사결정의 결과가 아닌 습관의 결과라고 한다. 그만큼 일상에서 습관이 지배하는 부분이 많은 셈이다. 이러한 습관은 마치 컴퓨터의 '기본값'과 같아서 사람들이 특정한 방식으로만 세상을 바라보게 만든다. 즉, 다양한 생각이 싹틀 수 있는 토대를 없애버리는 것이다.

그런데 알고 보면 습관의 비밀은 다름 아닌 우리의 '뇌'에 숨어 있다. 습관은 뇌가 에너지를 절약할 방법을 끊임없이 찾기 때문에 형성된다. 인간의 뇌는 무게가 약 1.4킬로그램 정도로 우리 몸에서 불과 2퍼센트의 비중에 불과하지만, 몸 전체 피의 25퍼센트, 하루 섭취 열량의 20퍼센트를 소모하는 핵적인 지체다. 심지어 머리가 큰 신생아의 경우 뇌의 에너지 소비량이 총 에너지의 65퍼센트에 육박하기도 한다. 따라서 에너지를 줄이기 위해 뇌는 가능하면 많은 일을 효율적으로 프로그래밍하여 일을 처리할 수 있도록 강화되어 있다. 되도록이면 무의식적으로 반응하고 행동함으로써 에너지를 적게 소모하는 것이다. 그러다 보니 프로그래밍된 무의식적인 행동이 반복되면서 습관으로 나타나게 되는 것이다.

보다 구체적으로 우리의 뇌는 '생명의 뇌', '감정의 뇌', '이성의 뇌' 3부분으로 구성되어 있다. 이를 '뇌의 삼위일체triune brain 이론'이라고도 하는데, 양파나 지하실이 딸린 2층 집을 상상하면 쉽게 그 구조를 이해할 수 있다.

우선 '생명의 뇌'는 양파의 가장 안쪽에 자리하고 있는 뇌로서 건물의 지하실에 해당한다고 보면 된다. 건물의 지하실에는 대개 건물 유지에 필요한 보일러, 전기와 같은 기계장치들이 설치되어 있다. 뇌의 지하실에 해당하는 생명의 뇌 영역에도 우리가 살아가는 데 꼭 필요한 것들이 배치 사람의 뇌는 파충류의 뇌(생명의 뇌), 포유류의 뇌(감정의 뇌), 영장류의 뇌(이성의 뇌)로 구성되어 있다.

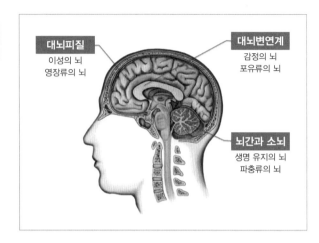

대뇌피질
이성의 뇌
영장류의 뇌

대뇌변연계
감정의 뇌
포유류의 뇌

뇌간과 소뇌
생명 유지의 뇌
파충류의 뇌

되어 있다. 이 부분은 뇌줄기(뇌간)와 소뇌로 구성되어 호흡, 수면, 혈압, 심장 박동 등 생명이 살아갈 수 있도록 하는 기본적인 역할을 담당한다.[7] 이 부분을 '파충류의 뇌'라고도 하는데, 실제로 파충류인 악어를 보면 뇌간만 있다. 그래서 악어의 일생은 먹고, 번식하고, 싸우고, 도망치는 일이 전부다. '악어의 눈물'에는 감정이 담겨 있지 않은 것이다.

그리고 양파의 가운데 부분으로서 건물 1층에 해당하는 뇌의 부분이 감정을 담당하는 '감정의 뇌'인 '변연계limbic system'다. 변연계를 나타내는 영어 단어 'limbic'은 라틴어 '림보limbo'에서 유래한 것으로, 림보는 예수를 미처 알지 못하고 원죄 상태를 유지한 채 죽은 사람들이 머무르는 중

---

**7** 뇌줄기를 비롯한 대뇌 전체의 기능이 정지했지만 현대 의학의 도움으로 생명을 유지시키고 있는 상태가 '뇌사'이고, 대뇌가 손상되어 의식과 운동 기능은 잃었지만 뇌줄기가 살아 있어 호흡과 소화, 순환 등 기본적인 생명 기능을 유지하고 있는 상태가 '식물인간' 상태다. 대한의학협회 산하 '죽음의 정의 위원회'는 1989년 "심폐 기능의 불가역적 정지(심장사) 또는 뇌줄기를 포함한 앞뇌 기능의 불가역적 소실(뇌사)이 일어났을 때 법률적으로 사망이 인정된다"고 정의했다. 따라서 뇌사는 심장사로 이어지는 중간 단계로서 완전한 죽음인 심장사를 인공호흡기 등의 연명 장치로 몇 주 연장한 것에 불과하다.

간 장소를 의미한다. 한국어로 '망각의 구덩이', '중간 지대' 정도로 번역되는 림보는 지혜롭고 덕망 있는 삶을 살기는 했지만 신을 믿지 않고 삶을 마감한 영혼들이 머무는 곳이다. 그래서 한 신경과학자는 변연계를 '기독교 신화의 림보처럼 겉질 천국과 파충류 뇌 지옥을 연결하는 부위'라고 표현하기도 했다. 이 부분은 편도, 해마, 시상하부, 기저핵 등으로 구성되어 있는데, 포유동물에서 잘 발달해 있기 때문에 '포유류의 뇌'라고도 부른다. 개가 꼬리를 흔들며 애정 표시를 하거나, 흥분과 두려움으로 울부짖거나, 으르렁거리는 것도 바로 감정의 뇌 때문이다.

특히 습관과 관련하여 가장 중요한 부분이 어떤 패턴을 기억하게 하여 패턴대로 행동하게 만드는 조절장치인 '기저핵basal ganglia'이다. 기저핵은 긴장감과 불안감을 유지하고 동기와 쾌감을 조절하기 때문에 뇌의 다른 모든 부분이 마비되어도 기저핵만 살아 있으면 우리는 습관대로 움직일 수 있다. 하지만 기저핵이 망가지면 근육 제어에 문제가 생겨 틱장애나 주의력결핍 과잉행동장애가 나타나기도 한다.

마지막으로 양파의 가장 바깥 부분으로서 건물 2층에 해당하는 대뇌피질이 바로 '이성의 뇌'다. 이 부분은 학습, 판단, 의사결정, 창조적 능력과 관련된 부분으로서 전두엽도 이 부분에 속한다. 보통 이성적인 이해력, 판단력, 논리력은 전두엽에서 발휘되는데, 지식이 있는 교양인의 거실이 대개 2층에 자리 잡고 있다는 점을 생각하면 이해가 빠를 것이다. 이성의 뇌는 '영장류의 뇌'라고도 하며, 인간의 경우 뇌 가운데 가장 넓은 면적을 차지하여 다른 동물과 확실히 구별되는 부위다. 개와 같은 비교적

영리한 동물의 경우 전두엽이 두뇌 전체 부피의 약 7퍼센트를 차지하지만, 인간의 두뇌에서는 약 35퍼센트를 차지한다.

따라서 전두엽이 그 기능을 제대로 하지 못할 때 인간은 이성을 잃어버린다. 프랑스의 신경학자 프랑수아 레르미트François Lhermitte는 전두엽이 손상된 환자들과 인터뷰를 하다가 느닷없이 희한한 몸짓을 취해 보았다. 예를 들어, 엄지손가락을 코 위에 올리거나, 일어나서 군대식으로 경례를 하거나, 종이를 씹거나, 다리를 두드리는 황당한 행동들이었다. 그런데 전두엽이 건강한 사람들은 이러한 연구원의 행동을 이상하게 생각한 반면, 전두엽이 손상된 환자들은 거의 대부분이 이 터무니없는 행동을 따라 했다. 이처럼 전두엽이 손상을 입게 되면 자신을 제어하는 능력을 잃어버려 남의 행동을 기계처럼 따라 하는 완전히 다른 존재가 되어버린다.

전두엽 손상과 관련하여 '피니아스 게이지Phineas Gage'는 널리 알려진 사례다. 피니아스 게이지는 19세기 초 미국의 철도노동자였는데, 다이너마이트 폭발 사고로 1미터가 넘는 철 막대기가 그의 두개골을 뚫고 지나갔다. 날아온 철근은 얼굴 옆면을 뚫고 들어가 턱뼈를 부수고 전두엽의 일부를 관통한 후 한쪽 끝이 정수리 쪽으로 빠져나왔다. 사고 이후 그는 12년을 더 살았지만 성격은 판이하게 변해버렸다. 아내와 아이들에게 다정다감하고 가정적이었던 성격이 육두

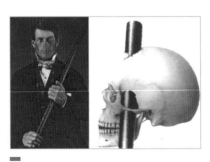

피니아스 게이지의 전두엽을 철 막대기가 관통한 모습

문자를 입에 달고 살 정도로 포악하게 변했다. 그의 친구들도 더 이상 게이지가 아니라고 손사래를 쳤으며, 심지어 괴이한 사람으로 분류되어 한 때 서커스단에서 공연을 하기도 했다. 또한 게이지가 강바닥에서 주워온 별 볼 일 없는 조약돌을 한 친구가 1천 달러(약 110만 원)에 사겠다고 했을 때에도, 그 제안을 일언지하에 거절할 정도로 판단력도 떨어졌다.

이처럼 전두엽이 손상되면 인간의 의지력이 약화되면서 평소 습관대로 행동하게 된다. 그래서 전두엽 기능이 손상된 환자에게 숫자를 20부터 거꾸로 세어보라고 하면, '20, 19, 18, 17, 16……'순으로 세어가다가 11이나 12쯤에서 갑자기 숫자를 바꾸어 순서대로 세기 시작한다. '14, 13, 12, 11, 12, 13, 14, 15, 16……'과 같은 식이다. 이는 숫자를 거꾸로 끝까지 세기 위해서는 늘 순서대로 세던 습관을 의지력으로 억눌러야 하는데, 전두엽이 손상된 환자들은 기존의 습관을 끝까지 억누를 힘이 부족하기 때문에 나타나는 현상이다. 쉽게 말해, 자기조절력이 약해지는 것이다.

그런데 우리의 뇌는 이성의 뇌보다는 생명의 뇌, 감정의 뇌 부분이 하는 역할이 더 크다. 때문에 사람들이 자꾸만 무의식적인 행동과 습관을 반복하는 것이다. 어쩌면 우리의 습관이 쉽게 고쳐지지 않는 것은 뇌 구조상 당연한 일일지도 모른다. 일련의 행동이 하나의 묶음이 되면서 자동적으로 일어나는 과정에서 의식적 뇌인 전두엽이 거의 관여하지 않아 반복되는 현상이 습관이기 때문이다. 따라서 기존의 생각과 행동들을 자연스럽게 지속시키는 습관은 창의성의 적이 될 수밖에 없는 것이다.

## ⁝ 지식 답습과 동질성

마지막으로 창의성을 가로막는 적은 '지식 답습'과 '동질성'이다. '지식 답습exploitation'이란 과거 방식을 그대로 따르는 것을 말한다. 이를 쉽게 이해시켜주는 것이 '화난 원숭이 실험angry monkey experiment'이다.[8]

높은 장대 위에 먹음직스러운 바나나 한 꾸러미를 걸쳐 놓고 이틀 정도 굶은 배고픈 원숭이 4마리를 우리에 집어넣는다. 그러면 바나나 꾸러미를 본 원숭이들은 미친 듯이 장대를 타고 올라간다. 하지만 원숭이가 바나나를 잡기 전 실험자는 물을 뿌려 원숭이를 공격한다. 그러면 갑작스런 물벼락에 놀란 원숭이들이 장대 위로 올라갈 엄두를 내지 못한다.

그리고 다음 날 원숭이 4마리 중 2마리를 빼내고 이틀 정도 굶은 또 다른 원숭이를 우리에 집어넣는다. 이때 새로 들어온 배고픈 원숭이들은 전날 들어온 원숭이들과 마찬가지로 장대 위로 바나나를 따러 올라간다. 그런데 이때 신기한 일이 벌어진다. 첫날 들어와 물벼락을 맞은 원숭이들이 신참 원숭이들이 장대 위로 올라가지 못하게끔 결사적으로 막는 것이다.

그리고 셋째 날에는 첫날에 들어왔던 나머지 2마리 원숭이를 빼내고 이틀 정도 굶은 새로운 원숭이를 투입한다. 마찬가지로 이 배고픈 원숭이들도 장대 위로 올라간다. 그런데 여기서 더 신기한 일이 벌어진다. 바로 둘째 날 들어와서 영문도 모른 채 장대 위로 올라가는 것을 저지당했

---

**8** 이 실험은 실제로 누가 수행했는지 알려져 있지 않지만, 런던 비즈니스 스쿨 게리 해멀 Gary Hamel 교수와 미시간대학 C. K. 프라할라드Prahalad 교수가 공동으로 저술한 『시대를 앞서는 미래경쟁전략Competing for the Future』에 소개되어 있다.

던 원숭이들이 장대 위로 올라가면 무슨 일이 발생하는지도 모르면서, 자신이 겪은 대로 신참들을 뒤따라 올라가 장대에서 끄집어 내리는 것이다.

이 실험은 기존 제도와 문화, 삶의 방식을 쫓는 인간의 습성이 쉽사리 바뀌지 않는다는 것을 시사하고 있다. 즉, 사람들은 처음 가는 식당에서 선배들이 맛있다고 하는 음식을 시켜 먹고, 유행에 따라 남들과 똑같은 스타일의 옷을 고집하고, 남들이 극찬하는 여행지를 골라 여행하려고 하는 것이다. 이는 새로운 것을 추구하기보다 기존의 것을 추구하는 것이 편하고 안전하기 때문이다. 그래서 어떤 조직에서도 기존의 제도와 문화를 만든 사람들이 떠났음에도 불구하고 남아 있는 사람들은 그 제도와 문화를 계속하여 따르려고 하는 것이다.

사실 이러한 행태는 기존의 경험에 기반한 지식을 활용하기 때문에 예측 리스크를 줄여주어 어떤 면에서는 매우 효율적인 전략일 수 있다. 하지만 문제는 항상 똑같은 음식을 먹고, 똑같은 옷을 입고, 색다른 곳에 가볼 수 없다는 데 있다. 다시 말해, 새로운 것을 얻을 수 없게 되는 것이다. 인간의 욕구 5단계설을 주장한 매슬로우Maslow는 "만약 세상에 도구가 망치밖에 없다면 모든 문제를 못으로 보는 성향을 띠게 될 것"이라고 지적한 바 있다. 그의 지적대로 천편일률적인 방법으로 문제를 해결하고자 하면 다른 방법이 눈에 보이지 않는 법이다.

그래서 동질성이나 유사성을 강조하는 공동체에서는 다른 의견이 제대로 제시되지 않는다. 단지 구성원 간의 친밀성이 주가 되어 일이 처리되기 때문에 사람들이 자신의 의견을 아예 제시하지 않거나 불가피할 경우 최소한만 드러내려고 한다. 구성원과 다른 의견을 제시하게 되면 그 사람은 다른 사람에게 낯선 존재로밖에는 인식되지 않기 때문에 주저하게 되는 것이다. 결국 이러한 조직에서는 침묵과 순응만이 생존전략이 된다. 따라서 서로에게 무엇인가를 기대하거나 배우는 것이 불가능해지며, 낯선 것을 회피하고 동일한 것만을 추구하게 되어 성장이 힘들어진다. 아울러 '집단사고'와 같은 의사결정 실패가 나타날 확률이 높아질 수밖에 없다.

혹자는 동일한 것이 뭐가 나쁘냐고 말할지도 모르겠다. 오히려 갈등을 줄이고 융합에 도움이 될 수도 있다고 반문할 수도 있다. 물론 그런 측면도 있을 것이다. 하지만 우리나라에서 한때 문제가 되었던 황소개구리가 사라진 것이나, 치타의 개체 수가 줄어든 것도 모두 '동종 교배'에 그 원인이 있다는 점을 생각해보자. 황소개구리의 경우 어미와 새끼, 형제, 자매 등 가까운 혈연끼리 짝짓기를 계속한 결과, 열성 유전자가 축적되면서 생존 능력이 떨어져버렸다. 치타의 개체 수도 전 세계적으로 7천여 마리밖에 남아 있지 않은데, 이 경우도 특정 지역에서 살아남은 소수 개체 사이에서만 번식 활동을 하다 보니 유전적 다양성이 결여된 탓이다.

동종 교배의 부작용은 황소개구리나 치타와 같은 일부 동물에서만 나타나는 문제가 아니다. 우리나라의 경우 아파트 문화는 교육이라는 영역에서 동질성과 밀집성의 특성을 보여주는 대표적인 사례다. 아파트 문화의 영향으로 생겨난 말 중 하나가 '절대로 능가할 수 없는 것이 엄마 친구의 아들 성적'이라는 말이다. 어찌 보면 '남들처럼'이라는 한국의 교육 풍토는 아파트를 중심으로 하는 동질성에 기인한 측면도 크다.

또한 낯설고 이질적인 것과 마주치지 못할 경우 사람들은 모든 것을 자기 자신의 관점에서만 바라보게 되어 일종의 나르시시즘narcissism에 빠질 수 있다. 자기 세계에 빠진 사람은 다른 사람의 이야기를 자기 입장에서 이해하고 듣기 때문에 자기가 듣고 싶은 말만 듣거나, 자기가 듣고 싶은 말로 바꿔 듣는다.

이를 잘 보여주는 대표적인 작품이 중국의 작가 루쉰이 지은 『아Q정전』이라는 소설이다. 이 소설에서 주인공 '아Q'는 동네 건달들에게 두들겨 맞으면서도 '자식 놈에게 맞은 셈이군. 정말이지 말세라니까'라고 말하며 마치 이기기라도 한 것처럼 자신을 합리화한다. 심지어 도둑으로 몰려 형장에 끌려가면서도 살다 보면 목이 잘릴 수도 있다고 생각한다. 사형 선고를 받은 일부 죄수들은 처형 직전 집행유예를 받을지도 모른다는 '집행유예 망상delusion of reprieve'에 빠져 실낱같은 희망이라도 가진다고 하는데, 아Q는 이마저도 단념한 채 '20년이 지나면 다시 사내로 태어나'와 같은 이상한 노래를 부른다. 심지어 글씨를 쓰지 못해 자기의 죄를 인정하는 문서에 동그라미로 서명하면서도, 동그라미를 제대로 그리지 못한 것이 자기 인생의 큰 오점이라고 생각한다.

결국 아Q처럼 늘 자기 세계에만 머무르는 지독한 나르시시즘에 빠진 이들은 다른 사람의 세계를 통해 자신의 협소함을 깨닫는 것이 아니라, 자기 세계의 즐거움만이 전부인 것으로 착각하고 안주하며 살아갈 수밖에 없다. 그러니 창의적 사고가 싹틀 여지가 없는 것이다.

# 창의적 사고 방법

## ⋮ 생각의 물구나무

　창의적 사고를 가로막는 고정관념, 습관, 지식 답습과 같은 적들의
실체를 알았으니, 이제 이러한 적들을 이길 수 있는 방법을 살펴보자. 전
투에서 이기기 위해서는 적절한 전략과 전술이 있어야 하고 전투에 필요
한 전투원 양성과 무기, 식량 등을 준비하는 시간이 필요하듯, 창의적 사
고를 함양하기 위해서도 구체적인 방법과 자세가 필요하다. 그런데 우리
가 치러야 할 전투는 우리 내면에 자리한 보이지 않는 창의성의 적들을 물
리치기 위한 또 다른 내면의 힘을 키우는 것이다. 그렇게 내면의 힘을 기
르는 자기 자신과의 전투에서 승리할 수 있을 때, 머지않은 미래에 겨루
게 될 인공지능과의 삶의 전투에서도 월계관을 쓸 수 있을 것이다.

　우선 고정관념을 없애는 가장 똑똑한 방법은 기존의 인식을 버리는
것이다. 검은색 선글라스를 끼고 있을 때 올바른 색을 볼 수 없듯이, 기존
의 인식관을 버리지 못하면 사물의 본질을 제대로 볼 수 없고 새로운 생

각도 떠오르기 힘들다. 그런데 생각만큼 기존의 생각을 바꾸기가 쉽지 않다. 대개 인간은 자신에게 필요한 것만 보려고 하는 심리가 있기 때문이다. 심리학에서는 이를 '선택적 지각selective perception'이라고 부른다.

선택적 지각의 반대편에는 '무주의 맹시inattentional blindness'라는 현상이 자리하고 있다. 이는 자기가 보고 싶은 것에만 집중하다가 정작 중요한 것을 놓치게 되는 것을 말한다. 심리학 교수인 크리스토퍼 차브리스Christopher Chabris와 대니얼 사이먼스Daniel Simons의 '보이지 않는 고릴라' 실험은 이러한 심리를 잘 보여준다. 이 실험에서는 검은 셔츠를 입은 3명, 흰 셔츠를 입은 3명이 각각 팀을 이뤄 농구공을 공중으로 던지기도 하고, 땅에 튕겨 전달하면서 서로에게 패스한다. 이때 사람들에게 흰 셔츠를 입은 팀이 몇 번을 패스하는지 세어보라고 하면, 실험에 참가한 사람들은 열심히 흰 셔츠 팀의 패스 횟수를 센다. 그런데 패스를 하는 사람들 사이로 검은 고릴라 옷을 입은 사람이 가슴을 두드리며 등장했다가 퇴장하는 장면이 나온다. 하지만 실험 참가자의 50퍼센트는 고릴라가 등장했다는 사실을 전혀 알아채지 못한다. 그만큼 패스 횟수를 세는 데에만 몰두했기 때문에 고릴라의 등장을 눈치 채지 못하는 것이다.

고릴라 실험에서 흥미로운 것은 사회적 지위가 높을수록, 나이가 들수록 고릴라를 보지 못한 비율이 높다는 사실이다. 이는 나이가 들고 사회적 지위가 높아질수록 자신이 원하는 것만 보느라 세상이 어떻게 바뀌는지 모를 수 있다는 사실을 잘 보여주는 것이기도 하다. 그러고 보면 사람들에게는 자기 나이만큼 키워온 개 두 마리가 있는데, 그 개 이름이 바로 '편견'과 '선입견'이라는 말이 맞는 셈이다.

이외에도 사람들은 자신의 믿음과 일치하는 정보는 받아들이되 그렇지 않은 정보를 무시하기도 하고, 어떤 판단이나 예측을 할 때 가장 최근의 사례 혹은 가장 강렬하게 기억에 남아 있는 사건에 집착하기도 한다. 따라서 인간에게 내재된 이러한 성향과 인식을 바꾸지 않고서는 고정관념이라는 적을 이기기 힘들다.

창의성은 새로운 눈으로 사물을 바라볼 때 발휘된다. 즉, 똑같은 것을 보더라도 새로운 인식과 관점으로 바라봐야 다른 결과를 만들어낼 수 있는 것이다. 예를 들어, 가브리엘 샤넬Gabrielle Chanel과 같이 여성의 다리가 못생겼다고 생각하면 절대로 미니스커트를 만들 생각을 못 하지만, 메리 퀸트Mary Quant와 같이 여성의 다리가 예쁘다고 생각하면 미니스커트를 만들 수 있는 것이다.

이와 같이 관점을 달리하는 것은 생각을 거꾸로 하여 '생각의 물구나무'를 서는 것과 같다. 육상 선수들이 높이뛰기를 하는 모습을 보면 배를 위로 향하고 몸을 눕혀 장대를 넘는다. 이런 방법을 '배면뛰기' 또는 '포스베리 플랍flop'이라고 하는데, 1968년 멕시코 올림픽에서 이 방법을 처음 생각해낸 딕 포스베리Dick Fosbury의 이름에서 따온 것이다. 지금이야 대부분의 높이뛰기 선수들이 이 방법을 사용하지만, 사실 그가 이 방법을 시도하기 전까지는 모든 선수가 가슴을 아래로 향하고 뛰는 '정면뛰기' 방법을 사용했다. 당시 정면뛰기로 세운 최고 기록은 5.8피트(약 1.77미터)였다. 하지만 포스베리는 배면뛰기를 통해 7.425피트(약 2.27미터)라는 올림픽 신

포스베리 플랍
(배면뛰기)

기록을 세웠다. 몸을 뒤집는다는 생각의 차이가 무려 50센티미터의 기록 차이를 만든 것이다. 이처럼 당연하다고 생각하는 기존의 가정을 없애거나 다른 가정으로 대체하는 과정을 통해 새로운 생각을 자꾸 시도해야만 새로움이 생겨나게 된다.

하지만 기존의 관성을 깨고 하루아침에 다른 생각을 하는 것이 쉬운 일은 아니다. 기존의 인식이 망망대해를 항해하는 거대한 배와 같이 꽤나 묵직하기 때문이다. 커다랗고 무거운 배가 진행 방향을 90도 틀려고만 해도 배의 엔진을 끄고 상당한 거리를 나아가야만 한다. 마찬가지로 일종의 관성의 법칙이 작용하는 우리 인식도 그 방향을 바꾸기 위해서는 상당한 거리를 더 나아가야 한다. 하지만 적어도 방향을 틀어야 한다는 사실을 인식한 것만으로도 시동은 거는 셈이다.

그런데 막상 시동을 걸어도 꾸준한 노력이 더해지지 않으면 생각을 전환하기가 쉽지 않다. 인식의 전환은 마치 '거꾸로 자전거'를 타는 것과 같기 때문이다. 거꾸로 자전거는 일반 자전거와 달리 핸들을 오른쪽으로 돌리면 왼쪽으로 가고, 왼쪽으로 돌리면 오른쪽으로 가는 자전거다. 유튜브에 올라와 있는 영상을 보면, 아무도 이 자전거를 타고 3미터를 나아가지 못한다. 개발자 자신도 이 자전거를 타는 데 무려 8개월이 걸렸다고 한다. 그만큼 기존의 자전거를 타는 습관이 몸에 배어 있기 때문이다. 결국 거꾸로 자전거를 타기 위해서는 뇌의 메커니즘뿐만 아니라 몸의 무게중심과 팔 다리의 균형감각을 모두 바꿔야만 한다. 마찬가지로 사람의 인식도 자전거처럼 한 번 자리를 잡으면 그것을 바꾸기가 쉽지 않기 때문에 일정한 시간을 두고 바꾸어가는 노력이 반드시 필요하다.

또한 인식의 전환을 위해서는 사물의 본질을 생각할 수 있어야 한다. 그래야 새로운 눈이 떠진다. '가슴 받이 의자'나 '날개 없는 선풍기', '검은색 휴지', '무풍 에어컨' 등과 같은 제품들은 사물의 본질을 볼 수 있었기 때문에 나온 대표적인 제품들이다. 단순히 등을 받치는 개념이 아니라, 편안한 자세로 오랜 시간 집중할 수 있도록 도와주는 의자의 본질을 생각할 수 있었기에 가슴 받이 의자가 나올 수 있었고, 시원한 바람을 통해 더위를 식혀주는 것이 선풍기의 본질이라는 것을 인식할 수 있었기에 날개 없는 선풍기가 출시될 수 있었다. 마찬가지로 휴지의 본질은 색깔과 관련이 없고, 에어컨의 본질도 바람과 관계없이 시원하기만 하면 되는 것이다.

다만 사물의 본질을 생각하더라도, 그 사물에 내재된 의미에 지나치게 얽매이다 보면 생각의 확장이 일어나지 않게 된다. 앞에서 기술한 '정답의 역설 실험'에서 대학생들이 고무로 된 강아지 장난감을 지우개로 생각하지 못한 것이라든가, '양초 실험'에서 피실험자들이 압정을 담은 상자를 초 받침대라는 새로운 기능으로 바라볼 수 없었던 것은 사물의 주어진 기능이라는 범주에 갇혀 새로운 의미를 부여할 수 없었기 때문이다.

그런데 이러한 범주적 사고에서 벗어날 수 있는 방법이 생각보다 어렵지 않을 수도 있다. 평소에 재미있는 생각을 많이 하고 긍정적으로 생각해 버릇하면 되기 때문이다. 이를 잘 보여주는 것이 코넬대학 심리학자인 앨리스 아이센Alice Isen의 실험이다.

그는 학생들을 두 그룹으로 나누어, 한 그룹에게는 5분 동안 재미있는 코미디 영화를 보여주고, 다른 그룹에게는 논리적 사고를 자극하는 수학에 관한 영화를 보여주었다. 그 후 이들에게 10분 동안 던커의 촛불 문제를 풀게 했더니, 깔깔대며 재밌게 코미디 영화를 본 그룹은 75퍼센트가 문제를 푼 반면, 논리적 사고를 자극하는 영화를 본 그룹에서는 단 20퍼센트만이 문제를 풀었다. 코미디 영화를 보며 잠시 웃었다는 사실이 이처럼 큰 차이를 가져온 것이다. 이와 같은 결과가 나온 것은 기분이 좋아질 때 분비되는 도파민이 뇌의 다양한 영역을 활성화시켜 사고의 유연성을 높였기 때문이다.

그래서 스위스의 분석심리학자 칼 구스타프 융Carl Gustav Jung은 "창조는 지성에서 발현되지 않고 놀이 충동에서 일어난다"고 말했으며, 미국 놀이연구소 소장인 스튜어트 브라운Stuart Brown도 '놀이'가 창의성을 높이는 가장 창조적인 행위라고 했다. 심지어 네덜란드 역사학자인 요한 하위징

아Johan Huizinga는 인간의 존재 자체를 호모 루덴스Homo Ludens, 즉 '놀이하는 인간'으로 규정하기도 했다. 결국 재미있게 잘 놀다 보면 덩달아 창의적 사고도 길러지는 것이다. 창의성을 중요시하는 구글과 같은 기업들이 사무 환경을 놀이터와 같이 꾸미는 것도 이러한 이유 때문이다.

하지만 재미있게 노는 것에만 빠져 깊은 생각을 하지 않으면 창의적 사고가 숙성되지 않을 수도 있다. 재미있게 놀면서 몰입도를 높이고 긍정적 정서를 강화하는 것이 창의성의 씨를 뿌리는 것이라면, 단순한 몰입의 차원을 뛰어넘는 깊은 심사숙고contemplation의 과정은 그 씨가 발아하는 데 필요한 햇볕과 물을 공급해주는 과정이라고 할 수 있다. 따라서 생각을 깊이 하는 습관을 들여야 창의적 사고로 인한 열매가 맺어질 수 있다. 그렇다고 도를 닦는 승려처럼 깊고 조용한 산이나 암자에 들어갈 필요는 없다. 오히려 송나라 시인 구양수歐陽脩의 말처럼 화장실도 좋은 사색의 장소가 될 수 있다.[9] 하지만 화장실 안에서 사색이 길어지다 보면 밖에서 기다리는 사람은 사색이 되어버릴 수도 있으니, 그것만큼은 주의하도록 하자.

⁞ **NLP**(Neuro Linguistic Programming)

거꾸로 자전거 타기가 쉽지 않은 것은 자전거가 배우는 것이 아니라

---

**9** 송나라 시인 구양수는 침실, 말, 화장실, 즉 '삼상지학三上之學'에서 특히 생각이 잘 떠오른다고 했고, 미국의 심리학자 로버트 앱스타인Robert Epstein과 줄리안 제인스Julian Jaynes도 3B, 즉 '침실Bed, 버스Bus, 욕실Bath'에 있을 때 좋은 아이디어를 얻을 수 있다고 했다.

몸으로 익히는 것이기 때문이다. 즉, 일종의 습관과 같아서 그것을 고치는 데 오랜 시간과 노력이 필요한 것이다. 무려 8개월에 걸쳐 거꾸로 자전거 타기에 성공했어도 일반 자전거를 다시 타는 데는 불과 20분밖에 걸리지 않는다. 마찬가지로 어떤 습관을 고쳤다고 해도 기존의 습관으로 다시 돌아오는 것은 순식간이다. 한 러시아 작가의 말대로 습관은 진주 목걸이와 같아서, 매듭을 풀어버리는 순간 구슬이 풀어지듯 이전의 습관으로 되돌아가고 마는 것이다. 하지만 창의적 사고는 노력을 습관화하는 데서 싹트기 때문에 평소에 잘못된 습관을 고치고 좋은 습관을 기르는 노력을 지속적으로 기울이지 않으면 안 된다.

사실 습관을 고치는 것이 쉽지는 않지만, 앞에서 기술한 습관이 발생하는 뇌 구조를 제대로 이해할 경우 습관 교정이 그렇게 어려운 일만도 아니다. 바로 습관을 담당하는 뇌의 기저핵이 자기 마음대로 활동할 수 없도록 전두엽을 활성화시키면 된다. 즉, 전두엽이 뇌의 CEO가 되어 전반적인 생각과 행동을 통제하게끔 하는 것이다. 그런데 문제는 전두엽을 많이 사용하면 할수록 쉽게 피로해지는 약점이 있다는 것이다. 어려운 수학 문제를 오랜 시간 집중해서 풀다 보면 쉽게 피로해지는 것과 유사하다고 생각하면 된다. 따라서 이러한 전두엽의 약점을 극복할 수 있는 똑똑한 전략이 필요한데, 가장 관심을 끄는 이론이 바로 미국 캘리포니아대학의 언어학자인 존 그라인더John Grinder와 심리학자인 리차드 밴들러Richard Bandler가 만든 '신경언어학 프로그래밍NLP, Neuro Linguistic Programming'이다.

제2차 세계대전, 베트남전 등 많은 전쟁을 치른 미국은 참전 군인들의 심리적 문제에 큰 관심을 기울여 왔다. 하지만 신병들의 전쟁 공포증은 마땅히 치료할 방법이 없는 난제 가운데 하나였다. 그런데 이들로 하여금 전쟁 공포증을 극복한 고참병들의 행동과 말투를 따라하게 했더니, 그들이 마치 고참병인 것처럼 스스로를 인식하며 전쟁 공포증을 극복하는 것을 발견할 수 있었다. 이에 착안한 치료 방법이 바로 NLP인데, 이는 '인식Neuro'하는 대로 '말Linguistic'하고 '행동Programming'하며, 또한 '말'하고 '행동'하는 대로 '인식'이 바뀐다는 것을 보여주는 이론이다. 현재 상태를 어떤 바람직한 상태로 변화시키고자 할 때 뇌의 무의식에 프로그래밍되는 것을 활용할 수 있다는 이론적 토대가 바로 NLP인 것이다.

실제로 현재 자기가 불행하다고 생각하고 사는 것에 점차 흥미를 잃어 간다고 느끼는 사람들에게 행복한 사람들의 행동, 표정, 말투를 무의식적으로 따라 하게 하는 방법을 통해 '행복함'을 프로그래밍시키면 어느새 자기가 정말 행복하다는 것을 인식하게 되고, 실제로 삶이 즐겁고 감사한 것으로 바뀌게 된다. 그래서 사람은 '마음먹는 것'이 중요하고, 또 그것을 '어떤 행동으로 습관화하느냐'가 중요할 수밖에 없다. 마음먹은 대로 행동하게 되고, 그 행동이 습관으로 뇌에 프로그래밍되어, 결국 그러한 프로그램대로 삶이 결정되기 때문이다.

NLP 이론이 제대로 적용된 사례가 2000년대 초반 베스트셀러였던 『펄떡이는 물고기처럼』에 소개되었던 미국 시애틀의 '파이크 플레이스Pike Place 어시장'이다. 판매 부진으로 생기를 잃고 지쳐 있는 상인들에게 누군가가 엉뚱한 제안을 한다. 물고기를 다듬거나 나르는 일이 놀이같이 신나

고 즐거운 일이라며, 일하는 방식을 바꾸어보자고. 이후 상인들은 실제로 게임하듯 물고기를 던지고 받으며 '연어 한 마리 미네소타로 날아갑니다!', '나이스 볼, 나이스 캐치!'를 외친다. 그러자 침울하고 지긋지긋한 일로만 여겨졌던 일들이 신나는 놀이가 되어버렸고, 이내 시장은 넘치는 고객들로 북적거렸다. 심지어 해외 관광객들까지 그들의 모습을 보러 모여들었다. 환경이 아닌 태도를 바꿈으로써 일과 삶을 즐길 수 있다는 것을 보여준 유명한 사례다.

마찬가지로 금연도 우리의 생각을 바꿈으로써 더 쉽게 성공할 수 있다. 33년 동안 하루 4갑의 담배를 피웠던 회계사 출신 앨런 카Allen Carr는 끊임없는 금연 시도에도 불구하고 번번이 실패하던 중, 어느 날 갑자기 담배를 끊게 되었다. 그 후 회계사 일을 그만두고 금연 전도사로서 금연 클리닉 운동을 전개했던 그는 저서 『스탑 스모킹 플랜』에 그 비결을 소개하고 있다. 그중 하나는 흡연이 가져오는 폐암과 같은 질병 통계를 통해 겁을 주면서 약물, 보조제 같은 것을 이용하게 하거나 금연하겠다는 의지력을 강화시키는 것이 아니라, 단순히 '금연은 아주 쉽다'라는 것을 계속 반복하는 것이다.

이처럼 긍정적인 생각이 계속 반복적으로 주입되다 보면, 어느새 그것이 새로운 습관으로 자리 잡는다. 그런데 아무리 긍정적이고 새로운 생각이라도 그것이 뇌에 일정한 패턴으로 자리 잡기까지는 어느 정도의 기간이 필요하다. 영국 런던대학 제인 워들Jane Wardle 교수는 어떤 행동이 습관이 되기까지 18일부터 254일까지 사람들마다 편차가 있긴 했지만, 평균적으로 66일이 걸린다는 연구 결과를 발표하기도 했다.

또 다른 연구에서는 자연적 주기 가운데 하나인 21일이 최소의 시간이라고 이야기한다. 단군신화에서 곰이 쑥과 마늘을 먹으며 사람으로 변화하는 데 걸린 기간이 21일이었고, 병아리가 태어나기 위해 어미닭이 달걀을 품는 기간이 21일이며, 유아의 조기 사망을 막는 면역능력이 생성되는 기간이 21일이다. 그래서 아기가 태어난 지 세이레가 되는 21일까지의 기간은 외부인의 출입과 바깥출입을 자제한다.[10]

이처럼 21일이든, 66일이든, 100일이든 자신의 습관을 고치는 데는 어느 정도의 기간이 필요하다. 유튜브에는 구글 엔지니어인 맷 커츠Matt Cutts가 테드Ted에서 공개한 〈30일 동안 새로운 것 도전하기〉라는 영상이 소개되어 있다. 맷 커츠는 늘 해보고 싶었던 일을 정한 뒤 30일 동안

---

[10] 전쟁에서 공군 조종사를 전쟁에 투입하기 전에 모의 훈련을 몇 번 하는 것이 가장 효과적인가를 조사해본 결과, 21번 이상 훈련받은 사람들에게서 가장 높은 생존율이 나왔다. 성형외과 의사인 맥스웰 몰츠Maxwell Maltz는 손이나 발이 절단된 환자가 신체 부위를 잃었다는 사실에 익숙해지는 데 약 21일이 걸린다고 밝히기도 했다.

그 일에 도전한다. 그 후 그는 30일이란 기간이 새로운 습관을 들이거나 옛 습관을 버리기에 충분한 시간이라며, 그 시간을 통해 그냥 흘려보내는 시간을 더 기억에 남는 순간으로 만들 수 있었다고 고백하고 있다.

그러나 아무리 이론적으로 습관을 고치는 방법을 알고 있다고 하더라도 시작을 하지 않으면 아무런 소용이 없다. 습관을 고치는 출발은 바로 습관을 고치겠다고 마음먹고 새롭게 시작하는 데 있다. 영국의 사회학자인 새무얼 스마일즈Samuel Smiles는 "습관은 나무껍질에 새겨놓은 글자와 같다. 나무가 자랄수록 그 글자도 함께 커진다"고 했다. 그의 말처럼 자신의 잘못된 습관이 더 고착화되기 전에 지금부터라도 좋은 습관을 들이고자 시작해보는 것은 어떨까?

습관이 사소해 보이고 그렇게 중요해 보이지 않을 수도 있지만, 사실 습관 하나만 바꾸어도 그것이 삶에 미치는 변화는 실로 어마어마하다. 'Garbage in, garbage out'이라는 영어 표현에서도 알 수 있듯이, 삶에 잘못된 습관이 배일 경우 그 삶의 결과는 잘못된 결과로 이어질 수밖에 없기 때문이다. 쓰레기와 같은 습관을 계속 가지고 있는 한 쓰레기가 배출될 수밖에 없는 것이다.

습관을 고치는 것은 어떻게 보면 익숙함을 버리고 불편함을 선택하는 것과 같다. 따라서 그 과정이 힘들 수밖에 없다. 하지만 진주 속으로 들어온 불편한 모래알이 영롱하게 빛나는 진주를 만들어내듯, 습관을 고치는 불편한 과정을 겪어야만 우리 삶도 빛나게 된다.

## ⁞ 메디치 효과

생각의 물구나무를 서기 위해서는 생각과 행실의 관성인 습관을 고치는 것도 중요하지만, 이와 더불어 반드시 필요한 것이 '융합적 사고'다. 창의성은 섞으면 섞을수록 다양한 색을 내는 오색 물감과도 같기 때문에 창의성을 기르기 위해서는 낯설고 이질적인 것들과 자꾸 만나야 한다. 각양각색의 지식이 어우러질 때 새로운 발상이 생겨나기 때문이다.

영어 속담에 "It takes all sorts to make a world(세상을 만들기 위해서는 온갖 다양한 것이 필요하다)"라는 말이 있다. 이는 같은 것만 존재했더라면 세상이 창조되지 못했을 것이라는 의미다. 따라서 세상을 획일적으로 바라보는 것이 아니라 다양한 관점에서 바라볼 수 있어야 한다. 다행히 최근에는 개인의 다양성이 증대되면서 선택의 폭도 확대되고 있다. 많은 이의 기호 식품인 '커피'만 보더라도 예전에는 크림과 설탕의 양만으로 커피의 맛을 다르게 했지만, 이제는 개인의 취향에 맞추어 수십 가지 맛의 커피를 만들어낸다. 다양한 맛의 커피와 같이 창의성도 다양하게 융합될 때 그 향이 우러나오는 법이다. 이는 서로 다른 분야가 접목될 때 사고의 확장이 자연스럽게 일어나기 때문이다.

예를 들어, 의학을 공부한 학생이 '똥을 싸지 못하면 정상적으로 살 수 없고, 똥을 이용해 약도 만들 수 있으니 똥은 매우 유용한 것'이라고 주장할 때, 치매 할머니와 같이 살고 있는 학생은 똥은 '세상에서 가장 슬픈 것'이라고 말할 수도 있고, 변비로 고생해본 학생은 '나를 힘들게 하는 것'

이라 얘기할 수도 있다. 또한 경제학적으로 사고하는 학생은 '코끼리 똥으로 종이를 만들 수 있고, 똥을 이용해 커피도 만들 수 있기 때문에 똥은 경제적인 것'이라고 말할 수도 있다. 심지어 자신의 대변을 깡통 속에 밀봉하여 '예술가의 똥'이란 작품을 만든 피에로 만조니Piero Manzoni가 살아있다면 '똥은 예술'이라고 주장할 수도 있다. 이처럼 서로 다른 생각이 만나고 융합돼야 다양한 관점을 가지게 되고 생각의 확장도 일어나게 된다.

그런 측면에서 2017년 케이블 채널 TvN에서 인기리에 방송되었던 '알쓸신잡'이라는 프로그램은 융합의 진수를 보여주었다. 이 프로그램은 정치인이자 작가인 유시민, 뇌 과학자 정재승, 맛 칼럼니스트 황교익, 소설가 김영하 등 4인이 지방을 여행하며 수다를 떠는 프로그램이다.[11] 그런데 4인의 아저씨들이 펼치는 수다가 예사롭지 않았다. 이들은 어떤 주제나 이슈에 대해서도 자신의 관점에서 이야기하며 시청자들의 지적 호기심을 충족시켜 주었다. 이는 출연진들의 전문 분야가 서로 달랐지만, 하나의 이슈에 대해 서로 다른 관점이 어떻게 융합되는지를 잘 보여주었기 때문이다.

한편, 경영 컨설턴트 프란스 요한슨Frans Johansson은 서로 다른 분야가 만나서 새로운 것이 창조되는 현상을 '메디치 효과'라고 표현했다. 이는 15세기 이탈리아 피렌체 메디치 가문의 후원하에 과학자, 철학가, 예술가 등 다양한 분야의 사람들이 모여 교류하면서 전혀 다른 역량들의 융합을 통해 창조와 혁신을 이끌어낸 데서 착안된 말이다. 메디치 가문의 막강한

---

**11** 프로그램의 인기에 힘입어 출연진을 바꾸어 '알쓸신잡 2편'과 '3편'이 만들어지기도 했다.

힘과 지원에 힘입어 서로 다른 사람들과 문화가 만나면서 폐쇄적인 중세 시대를 뛰어넘는 화려한 '르네상스' 시대가 열렸다. 당시 꽃피웠던 살롱 문화는 금융업자, 건축가, 예술가, 문학가 등이 서로 친분을 쌓으며 각 분야를 통합하고 예술 걸작들을 창조하는 데 기여하기도 했다.

우리가 즐겨 먹는 '오믈렛'도 메디치 효과의 산물이다. 1439년 메디치 가문은 재정 후원을 통해 그리스어를 사용하고 플라톤 철학이 주도하고 있던 동방 비잔틴 교회와, 라틴어를 사용하고 아리스토텔레스 철학이 주류를 형성하고 있던 서방 가톨릭교회와의 만남을 주선했다. 피렌체에서 종교회의를 개최한 것이다. 이때 피렌체 요리사들은 계란을 삶거나 프라이팬에 깨트려 요리하는 방식밖에 몰랐다. 그런데 비잔틴 제국에서 온 사람들은 계란 여러 개를 깬 다음, 각종 채소 썬 것을 집어넣고 휘저어서 '스크램블 에그'를 만들어 먹는 것이 아닌가? 이때부터 이탈리아 요리에 오믈렛이 등장하기 시작했다.

이러한 메디치 효과는 오늘날에도 이어지고 있다. 아이폰, 아이패드 등 스티브 잡스가 이끌었던 애플의 세계적인 히트 상품들이 바로 메디치 효과의 대표적인 상징물이다. 스티브 잡스는 아이패드를 처음 발표하는 날, '기술technology'과 '인문학liberal arts'이라는 표지판이 교차하는 무대를 배경으로 등장했다. 이는 스티브 잡스의 창조 원천이 바로 예술과 인문학의 탐구에서 나왔다는 것을 보여주는 것이다. 영국의 과학자이자 작가였던 C. P. 스노우Snow는 인문학과 자연과학 간의 심연을 '두 문화two cultures'로 표현하며, 인문학과 자연과학의 간극 확대를 영국이 쇠망한 이유라고 지적한 바 있다. 그렇다면 애플의 성공도 인문학과 자연과학이라는 두 문화가 제대로 접목되었기 때문인지도 모르겠다.

이처럼 전혀 어울릴 것 같지 않은 분야가 서로 연결될 때 새로운 창조가 일어난다. 이는 서로 다른 분야에서 새로운 아이디어를 빌려올 수 있기 때문이다. 한 예로, 제조업 비용 절감과 생산성 혁신을 일으켰던 헨리 포드Henry Ford의 T-모델 자동차 조립라인은 시카고의 도축 및 육류가공 공장의 시스템에서 아이디어를 빌려온 것이었다. 뿐만 아니라 노벨상을 받은 과학자들이 일반 과학자들에 비해 예술적 취미를 즐기는 비율이 훨씬 높다는 사실이라든가, 특정 산업에 특화된 산업도시보다 다양한 산업이 뭉쳐 있는 산업 클러스터에서 혁신이 더 활발하게 일어난다는 연구 결과도 이질적 결합이 창의성을 유발하는 좋은 사례가 될 수 있다.

문화심리학자인 김정운 박사도 창조적 행위의 구체적 방법으로 '에디톨로지'를 이야기한다. 에디톨로지는 서로 다른 것을 편집할 수 있는 능력인 동시에 기존에 있던 것에서 새로운 것을 찾아내는 유추 능력이기도 하다.

편집 능력과 관련하여 『책을 읽는 사람만이 손에 넣는 것』의 저자인 후지하라 가즈히로藤原和博는 20세기가 퍼즐형 사고와 정보 처리력을 요구하는 시대였다면, 21세기는 레고형 사고와 정보 편집력이 필수적인 기량이 되는 시대라고 말했다. 퍼즐형 사고에 익숙한 사람은 처음에 설정된 화면만 만들 수 있고 완성된 그림을 변경하기 어렵다. 하지만 레고형 사고는 레고 블록을 쌓듯이 아이디어를 내기만 하면 다양한 형태로 무한 확장이 가능하다. 만드는 사람이 원하는 대로 집을 지을 수도 있고 공원을 만들 수도 있다. 이러한 사고에는 정해진 정답이 없으며, 각자 스스로 수긍할 수 있는 답을 찾아낼 수 있느냐 아니냐가 전부일 뿐이다.

유추 능력은 사물의 유사성을 이용하여 다른 사물로부터 유사한 것을 유추하는 '은유metaphor'와 사물의 인접성을 통해 서로 관계있는 것을 유추하는 '환유metonymy'로 나눌 수 있다. 불가사리 모양에서 별을 떠올리는 것이 은유라면, 축구라는 단어에서 리오넬 메시Lionel Messi나 손흥민을 떠올리는 것이 환유다. 이러한 유추 능력은 관련이 없거나 멀리 떨어져 있는 사물을 서로 연결시키고 관계를 맺어주기 때문에 창의적 사고의 원천이 된다. 그래서 아리스토텔레스는 예술이 가진 창조성의 근원이 '은유'라고 말하기도 했다. 뉴턴이 떨어지는 사과나무를 보고 중력의 법칙을 발견한 것도, 개미가 음식물을 무는 모습을 보고 스테이플러stapler를 만든 것도, 옷에 붙은 엉겅퀴 가시를 보고 '찍찍이'라고 불리는 벨크로velcro를 만든 것도 모두 유추 능력에 기인한 사례다.

메디치 효과, 융합적 사고, 에디톨로지는 서로 표현만 다를 뿐, 결국 같은 말이다. 이는 창의성이 남이 하는 대로 따라 하는 지식 답습적인 태도가 아닌, 다양한 선택지를 하나씩 스스로 시도해보는 '가능성 탐색exploration'적인 태도를 가질 때 싹틀 수 있다는 것을 알려준다. 즉, 선배의 말을 듣고 무작정 같은 음식만 시켜 먹는 것이 아니라, 다양한 메뉴를 직접 시켜 먹어보면서 최적의 결과를 찾으라는 것이다. 물론 그 시도가 실패할 수도 있겠지만, 그러한 시도를 자꾸 할 때 전혀 예상치 못했던 의외의 성공을 거둘 수도 있고, 오히려 더 나은 문제해결 방법을 찾을 수도 있는 것이다. 따라서 어느 정도는 과거의 경험과 학습 내용을 가지고 살아가더라도, 꼭 새로운 탐색과 시도를 해보는 삶의 자세가 필요하다. 또 필요하다면 위험을 무릅쓰고라도 물개가 기다리고 있는 바다에 가장 먼저 뛰어드는 '퍼스트 펭귄first penguin'과 같이 행동할 수도 있어야 한다. 그래야 예전에 몰랐던 것도 알게 되고, 새로운 삶이 주는 기쁨도 맛볼 수 있는 것이다.

실제로 창의적 아이디어를 낼 때 우리의 뇌를 살펴보면, 평소 신호를 주고받지 않던 영역이 서로 소통하는 모습을 볼 수 있다. 신경과학자들의 연구에 의하면, 창의적인 아이디어가 만들어지는 순간 평소 신호를 주고받지 않던 뇌의 영역들이 신호를 주고받는 것으로 나타났다. 이는 어떤 문제를 바라볼 때 서로 다른 관점에서 바라보거나, 관련이 없는 개념들을 연결하는 작업이 필요함을 보여주는 것이기도 하다. 따라서 일부러라도 나와 다른 경험을 가진 사람을 만나려 해야 한다. 불편한 사람을 만나야 또 다른 배움이 있고, 마음이 편치 않은 책을 읽어야 또 다른 방법을 이해하려고 노력하게 되기 때문이다. 그렇지 않고 기존의 것에 익숙해져 거기에 안주하려고 하면 할수록 편안함의 늪에만 빠질 뿐이다.

사실 자신이 모르는 분야를 접할 때 처음에는 낯설 수도 있다. 하지만 일상의 반복과 익숙함이 낯설어질 때 새로운 느낌이 생겨나는 법이다. 그래서 러시아의 문예학자인 빅토르 시클롭스키Viktor Shklovsky는 창조적 사고는 일상의 당연한 경험들에 대한 의심에서 시작된다며, 이를 '낯설게 하기ostranenie'라고 정의하기도 했다. 또한 스탠퍼드대학 경영학과 로버트 서튼Robert Sutton 교수는 지금 자신에게 일어나는 일을 전에도 경험한 적이 있는 것같이 느끼는 '데자부deja vu'라는 말을 뒤집어 '부자데vuja de'라는 말을 만들기도 했다. 부자데란 익숙한 것도 낯설게 바라보는 시각이나 느낌이란 의미로 '신시감新視感'이라고도 한다. 결국 '부자데'는 늘 접하는 익숙한 상황이지만 처음 접하는 것처럼 낯설게 바라보는 것으로, 이를 통해 창의력이 생길 수 있으므로 '생각의 부자'가 되는 비결인 셈이다.

프랑스 인시아드 경영대학원 교수인 허미니아 아이바라Herminia Ibarra는 내면을 통해 얻어지는 통찰력이란 의미의 '인사이트insight'에 빗대어 다른 사람과의 교류를 통해 외부에서 얻어지는 통찰력을 '아웃사이트outsight'라고 표현한 바 있다. 즉, 바다에서 난류와 한류가 만나야 산소와 플랑크톤이 풍부한 황금 어장이 조성되듯, 우리의 생각도 서로 다른 생각이 만나야 아웃사이트가 발휘되는 것이다. 과연 우리는 얼마나 아웃사이트를 발휘하며 살고 있는가?

# 창의력 함양에 필요한 자세

## 명확한 목표의식

창의적 사고를 위해서는 기존의 인식에서 벗어나 생각을 뒤집어보기도 하고, 굳어진 습관을 고치고, 이질적인 것과 접하면서 사고의 융합을 일으켜야 한다. 그러나 창의적 사고가 하루아침에 길러지는 것은 아니다. 창의력 함양을 위해서는 꾸준한 준비와 노력이 필요한데, 이때 필요한 자세가 바로 목표의식, 자기성찰, 시간 관리, 독서다. 이 네 가지 덕목이 뒷받침될 때 창의성의 확장이 일어나게 된다.

우선 목표의식을 명확히 하는 자세를 가져야 한다. 가고 있는 길을 바꾸는 가장 빠른 방법은 목적지를 바꾸는 것이다. 따라서 창의성은 목표의식으로부터 시작된다고 말할 수 있다.

아주 작은 성취를 이루려고 해도 목표를 세우지 않고서는 그것을 시작하기가 힘든 것이 사실이다. 작은 습관 하나를 고치는 것만 해도 그것을 고쳐보겠다는 목표를 세우지 않고서는 실행 자체가 불가능하다. 이는 행동의 목표를 분명히 하지 않으면, 그 목표를 실현하려는 구체적인 생각이 뒤따르지 않기 때문이다. 즉, 구체적인 목표를 설정해야 그 목표를 달성하기 위해 필요한 것들을 생각하게 된다는 말이다. 반대로 목적과 목표가 없으면 삶이 게을러지기 마련이다.

따라서 목표 없는 삶은 나침반 없는 항해와 같고, 보이지 않는 과녁을 명중시키려고 하는 부질없는 시도와도 같다. 나침반 없는 항해를 한번 생각해보라. 그 자체가 재앙이지 않겠는가? 재앙을 뜻하는 영어 단어 'disaster'는 사라진다는 뜻의 'dis'와 별을 뜻하는 'aster'로 이루어져 있다. 과거 나침반 없이 항해하던 시절에는 별을 보고 방향을 잡았기 때문에 별이 사라지는 것이 바로 재앙이었다.

따라서 무엇인가를 성취하기 위해서는 반드시 먼저 목표를 세워야 한다. 즉, 꿈을 목표로 전환시키고, 그 목표를 구체적인 계획으로 전환시킬 때에야 비로소 성취를 향한 발걸음이 시작되는 것이다. 그런 면에서 목표는 '마감 기한이 있는 꿈'이라고도 할 수 있다. 그리고 목표를 세웠다면 그 목표를 자꾸 생각해야 한다. 강렬한 목표 지향성이 무의식을 자극해 목표 달성을 향해 나아가게 만들기 때문이다. 프랑스의 대통령이었던 샤를 드골Charles de Gaulle은 "위대해지려고 각오한 사람만이 위인이 될 수 있다"라고 말했고, 헬렌 켈러는 "세상에서 가장 중증의 장애인은 목표가 없는 사람"이라고 했다. 그만큼 목표 설정의 중요성을 이야기하고 있는 것이다.

다행히 인간에게는 기본적으로 목표를 추구하려는 욕구가 잠재되어 있다. 즉, 인간에게는 어떤 의미와 목적을 추구하고, 그것을 충족시키려는 욕구가 본능적으로 내재되어 있다는 말이다. 그래서 심리학자 에릭 클링거Eric Klinger는 '인간의 뇌가 목적 없는 삶을 견딜 수 없다'라는 주장을 펼치기도 했다. 때문에 목표를 가지게 되면 우리의 행동은 자발적으로 변하게 된다. 아무런 보상이 없더라도 자발적 동기로 문제 해결에 몰입하게 되는 것이다. 그래서 비록 귀찮은 과정을 거칠지라도 목표를 이루고자 하는 욕구로 인해 일을 재미로 느끼게 된다. 한마디로 목적의식이 그 사람을 전진시키는 원동력이 되고 삶의 성취를 위한 동기를 이끌어내는 시발점이 되는 것이다.

미국의 신경학자 안토니오 다마지오Antonio Damasio에 따르면, 우리가 도달하고 싶은 것을 생각하자마자 우리의 몸속에는 마치 그 생각이 현실이 된 듯한 상태가 유발된다고 한다. 즉, 우리가 추구하는 즐거움이나 승리를 조금씩 먼저 느끼면서 다가올 보상을 미리 맛볼 때, 이로 인해 계속 앞으로 전진하는 효과가 나타난다는 말이다.

따라서 어떤 목표를 달성하기 위해서는 성공한 미래의 모습을 그려보는 것이 매우 중요하다. 하지만 막연한 상상만으로는 안 되고, 그것을 이룰 구체적인 계획을 반드시 세워야 한다. 그렇지 않고 '어떻게든 되겠지' 하는 단순한 낙관주의는 현실을 냉정하게 바라보는 능력을 마비시킬 수 있다.

한 연구에서 학생들에게 공부를 할 수 있도록 동기부여를 하는데, 한 그룹에게는 학기가 끝날 때 좋은 점수를 받아서 자신이 경험할 감정을 상상해보라는 식으로 동기부여를 했고, 다른 그룹에게는 시험에서 좋은 점수를 받을 수 있도록 열심히 공부하는 자신을 상상해보라는 식으로 동기부여를 했다. 그 결과, 막연히 결과에 대한 긍정적 환상을 통해 동기를 부여받았던 학생들은 열심히 공부하는 과정을 상상한 학생들만큼 열심히 공부하지도 않았고 좋은 성적도 받지 못했다. 이처럼 성공 자체에 대한 단순한 상상만으로는 목표 달성에 별 도움이 되지 않는다.

그리고 단순한 낙관주의는 목표한 것이 이루어지지 않았을 때 좌절과 실망으로 이어질 수도 있다. 이를 잘 보여주는 것이 '스톡데일 패러독스Stockdale paradox'다. 베트남 전쟁 당시 포로수용소에서 7년 6개월간 갇혀 있다 석방된 미국인 장군 제임스 스톡데일James Stockdale은 수용소 생활을 가장 견뎌내지 못한 사람들이 모두 대책 없는 낙관주의자들이었다고 말했다. 스톡데일에 따르면, 그의 동료들은 아무런 근거도 없이 '이번 크리스마스 전에는 나갈 수 있을 거야'라고 믿었다. 그러다 크리스마스가 지나면 '부활절 전에는 석방될 거야'라는 희망을 확신으로 키워나갔다. 하지만 이들은 추수감사절이 지나도 석방되지 않자 큰 실망에 빠졌고, 그 상실감을 이기지 못해 목숨을 잃었다고 한다. 아우슈비츠 수용소에 감금되었다가 살아남은 심리학자 빅터 프랭클Victor Frankl도 그의 저서 『죽음의 수용소에서』에서 1944년의 성탄절부터 1945년 새해에 이르기까지 일주일간 수용소의 사망률이 전에 볼 수 없던 추세로 급격히 증가했다며, 그 이유로 '성탄절까지는 다시 집에 돌아갈 수 있겠지'라는 가냘픈 희망이 꺾여, 용기를 잃고 실의에 빠진 탓이라고 밝혔다.

이처럼 '어떻게든 되겠지'라는 막연한 낙관주의는 정말 위험한 생각이다. '내가 지금은 이래도 난 어차피 최고가 될 거니까 괜찮아'라는 악마의 속삭임에 빠질 수 있기 때문이다. 이른바 '긍정적 환상positive fantasy'에 빠지는 것이다. 그러다 그 목표를 도저히 이루지 못할 것 같으면 수용소에 있었던 사람들처럼 그냥 포기의 길로 가게 된다. 그래서 '무조건 잘될 거야'라는 자기중심적인 희망이 아니라, 현실이 녹록지 않다는 것을 인정하고 더 나은 미래를 위해 철저히 준비하는 낙관주의가 필요하다.

목표가 설정되면 나타나는 태도 변화가 3가지 있다. 바로 '목표를 이루고자 하는 간절함, 자발성과 몰입, 의식적인 노력'이다.

우선 목표를 설정하게 되면, 그것을 이루기 위한 간절한 마음이 생긴다. 간절함은 생각의 엔진에 불을 붙이는 점화장치와 같은 역할을 하기 때문에 지루하고 고통스러운 생각을 견디게 하고 지속시켜주는 힘으로 작용한다. 그래서 목표를 달성하려고 하는 사람은 처음의 간절함을 잊지 않는다. 많은 이가 간절함을 성공의 원인으로 꼽는 이유다. 일례로, 일본에서 가장 존경받는 3대 기업가로 꼽히는 가즈오 이나모리稲盛和夫는 그의 성공 비결에 대해 "성공하고야 말겠다는 강렬한 열망이 잠재의식 밑바닥까지 스며들어야 한다"고 말했다. 하버드대학의 존 코터John Kotter 교수도 중요한 변화를 도입하려고 애쓰는 100여 개 기업을 연구한 결과, 변화 도입에 실패한 대부분의 경우는 '절박함'을 조성하는 데 실패한 것이 그 원인이었다고 밝히기도 했다. 또한 이지성 작가도 그의 저서 『꿈꾸는 다락방』

에서 공부든, 시험이든 무엇인가를 이루고 싶은 꿈이 있다면 생생하게 꿈 꿀 때 현실이 된다고 이야기한다. 즉, 어떤 일에 대하여 간절히 바라고 원하면, 그것이 반드시 이루어진다는 말이다.

사람이 간절하게 되면 목표한 바를 끝까지 이루겠다는 '격물치지格物致知'의 정신이 생긴다. 격물치지란 사물의 이치를 끝까지 파고들어 완전한 앎에 이른다는 의미다. 격물치지를 강조한 대표적인 인물이 다산 정약용이다. 그는 "격물치지 없는 인문고전 독서는 백 번, 천 번을 읽는다 한들 전혀 읽지 않은 것과 다를 바 없다"라고 말한 바 있다. 그만큼 어떤 목표를 정하고 그것을 이루기 위해서는 끝까지 파고드는 정신이 있어야 함을 강조한 말이다. 실제로 인류 역사에서 위대한 업적을 이룬 사람들은 끝까지 자신의 목표를 포기하지 않고 지속적으로 노력한 사람들이 대부분이다.

일례로, 라이트Wright 형제는 비행기를 개발하기 위해 805번이나 도전했고, 진공청소기를 만든 세실 부스Cecil Booth는 5,000번의 실패를 맛보아야 했다. 또한 KFC 치킨의 창업자인 커널 샌더스Harland Sanders는 자신의 요리법을 구매해줄 후원자를 찾았으나 1,008회나 문전박대를 당한 후 1,009번째에 성공하기도 했다. 이처럼 수많은 실패에도 불구하고 이들이 성공에 이를 수 있었던 것은, 격물치지의 정신으로 목표를 이루고 말겠다는 간절함이 있었기 때문이다.

목표 설정 후 나타나는 또 다른 변화는 '자발성'이 높아진다는 점이다. 그래서 힘겨운 일도 즐겁게 할 수 있게 된다. 신경과학자이자 미래학자인 대니얼 핑크Daniel Pink는 호기심과 흥미를 충족하기 위해 일할 때 훨씬 큰 성과가 나타난다며, 이를 '톰 소여 효과'라고 칭했다.

미국 작가 마크 트웨인Mark Twain의 소설『톰 소여의 모험』을 보면, 폴리 이모가 말썽꾸러기 톰 소여를 혼내기 위해 울타리에 페인트칠을 시키는 장면이 나온다. 며칠을 해도 다 끝내지 못할 양이었기 때문에 따분해하고 괴로워하던 톰은 기발한 아이디어를 떠올린다. 지나가던 친구 벤이 톰의 딱한 처지를 비웃으면서 지나가자, 톰은 전혀 이해할 수 없다는 표정으로 울타리를 칠할 기회가 날마다 있는 줄 아느냐며, 이것이 너무 재미있는 일이라고 너스레를 떤다. 그러자 벤은 톰의 말에 홀딱 넘어가 자기도 한 번만 칠하게 해달라고 말하지만, 톰은 단번에 거절한다. 톰이 계속 거절하자, 결국 벤은 먹고 있던 사과까지 주며 애걸한다. 다른 아이들까지 모두 톰의 덫에 걸려든다. 결국 톰 대신에 친구들이 페인트칠을 하게 되었지만, 이들은 대단히 즐겁게 일을 했다. 그들에게 있어 페인트칠은 재미있는 놀이였던 것이다.

이처럼 어떤 외적인 보상이 없어도 자기 일이 즐거워서 푹 빠져 있는 심리적 상태를 시카고대학의 칙센트미하이Csikszentmihalyi 교수는 '플로우flow'라고 명명했다. 최적 경험에 빠져 있을 때 물 흐르는 것처럼 편안하고, 마치 하늘을 자유롭게 날아가는 느낌이기 때문이다. 플로우와 가장 어울리는 우리말은 '몰입'이다.[12] 무엇인가에 몰입할 때 일이 기쁨의 차원을 넘

---

**12** 보통 몰입을 심리학에서는 'zone'으로 표현한다. 스포츠 선수들의 경우 몰입을 하게 되면 야구공이 수박만 하게 보이고, 아무리 먼 거리의 퍼트라도 골프선수들은 반드시 집어넣을 것 같은 확신이 들기도 한다. 그래서 몰입을 하게 되면 무엇이든 가능한 꿈같은 '무아지경in the zone'에 도달하게 된다.

어 자신과 하나가 되는 경지를 체감해본 적이 있을 것이다. 그때는 시간 개념이 왜곡되며 자아에 대한 의식도 사라진다. 신선놀음에 도낏자루 썩는 줄 모르는 무아지경의 단계에 오르는 것이다.

몰입이 가진 또 하나의 특징은 그것이 주로 외재적 동기보다는 내재적 동기에 의해 유발된다는 점이다. 일 자체에서 오는 즐거움과 보람이 내재적 동기라면, 외재적 동기는 돈, 사회적 지위 등과 같은 외적인 목적 때문에 생기는 동기를 말한다. 그래서 내재적 동기를 가지고 일하는 창의적인 사람들일수록 몰입을 좀 더 자주, 그리고 오랫동안 경험하게 된다. 이를 보여주는 실험이 있다.

원숭이에게 아무 조건 없이 퍼즐을 주었더니 원숭이는 그 퍼즐에 흥미를 보이면서 퍼즐을 풀며 놀았다. 그러다 아주 손쉽게 퍼즐을 풀 수 있는 단계까지 이르게 되었다. 그런데 이 원숭이에게 퍼즐을 풀 때마다 바나나를 주자 원숭이는 바나나가 필요할 때만 퍼즐을 풀었고, 퍼즐을 풀었는데도 바나나를 주지 않으면 화를 내기까지 했다. 심지어 배가 고프지 않으면 퍼즐을 거들떠보지도 않았다. 그리고 원숭이들에게 퍼즐을 푸는 경쟁을 시켰더니, 자기보다 빨리 푸는 원숭이가 생기자 퍼즐 풀기를 포기하는 원숭이들이 생겨나기 시작했다. 이 실험은 창의성을 필요로 하는 일에는 외재적 보상과 경쟁이 그렇게 효율적이지 않다는 점을 잘 보여주고 있다.

심지어 외재적 동기는 '코브라 효과'를 유발하여 오히려 역효과가 발생하기도 한다. 인도가 영국의 식민지 지배를 받던 당시 영국은 인도의 많은 뱀 때문에 골머리를 앓고 있었다. 그래서 영국은 이 문제를 해결하기 위해 코브라의 머리를 잘라올 때마다 한 마리당 일정량의 포상금을 지불하겠다고 했다. 하지만 인도 사람들은 포상금을 노리고 코브라를 잡는 대신 자기 집 뒷마당에서 열심히 코브라를 키워 오히려 코브라 수가 더 늘어나고 말았다. 이외에도 1947년 고고학자들이 지중해 사해 지역에서 발견된 고대 두루마기 문헌에 대해 발굴 비용을 지불하자 사람들이 멀쩡한 양피지들을 찢어서 가져온 것이라든가, 19세기 중국에서 공룡의 뼈를 발견한 사람에게 사례비를 준다고 했을 때 농부들이 멀쩡한 공룡의 뼈를 부숴 따로따로 제출한 일은 코브라 효과를 잘 보여주는 사례다.

마지막으로 목표가 생기면 목표 달성을 위해 단순한 연습이 아닌 의식적인 연습을 하게 된다. 단순한 연습이 기본적으로 무언가를 그저 반복하는 것이라면, 의식적 연습은 단순한 연습에 비해 훨씬 목적의식이 강하고 집중력을 요하는 연습이다. 그래서 의식적인 연습을 하지 않으면 아무리 오랜 경험을 쌓아도 실력이 쌓이지 않는다. 대개 사람들은 20년 경력의 운전기사가 5년 경력의 운전기사보다 운전 실력이 좋고, 20년 경력의 의사가 5년 경력의 의사보다 실력이 더 좋고, 20년 경력의 선생이 5년 경력의 선생보다 유능할 것이라고 생각한다. 하지만 사람이 무엇인가를 처리할 수 있는 어느 정도의 수준에 오르면, 그 이후에 하는 단순한 연습은 실력 향상으로 이어지지 않는다. 바로 의식적인 노력이 없기 때문이다. 이런 이유 때문에 20년 동안 어떤 일에 종사한 사람의 실력이 5년밖에 종사하지 못한 사람보다 못할 가능성이 있는 것이다.

따라서 실력 향상을 위해서는 반드시 의식적인 연습이 필요하다. 그러나 의식적인 연습은 구체적인 목표가 설정되어 있지 않을 경우 지속하기가 매우 힘들다. 즉, 구체적인 목표가 있어야 스스로에게 동기와 힘을 부여하고, 목표를 향해 끈기 있게 나아갈 수 있도록 스스로를 조절하며, 이전에는 하지 못했던 것을 시도하게 되고, 자신이 편안함을 느끼는 컴포트 존comfort zone에서 벗어나려고 노력하게 되는 것이다. 일례로, 다이어트를 통해 몸무게를 줄이겠다는 목표를 세워야만 먹고 싶은 것을 참고 땀을 흘리게 되는 것이다.

그런데 주의할 점은 달성하지 못할 목표를 설정하게 되면 의식적인 노력을 지속하기 힘들다는 사실이다. 따라서 목표를 이루기 위해서는 장기적인 목표도 중요하지만, 단기적으로 이룰 수 있는 실현 가능한 목표를 설정하는 것이 좋다. 실현 불가능한 장기 목표를 설정했다가 도중에 지쳐버릴 수도 있기 때문이다. 마라톤 선수들도 42.195킬로미터를 달릴 때 한 번에 그 긴 거리를 뛴다고 생각하는 것이 아니라, 여러 구간으로 나눈 후 각 구간별로 목표 시간을 정해놓고 달린다. 이렇게 목표를 쪼갤 때 보다 쉽게 목표를 이룰 수 있는 것이다. 또한 달성하기 힘든 목표를 세우게 되면 그것이 오히려 핑계가 될 수도 있다. 즉, 별로 노력하지 않고 허송세월만 보내고 있는 자기 자신을 변명하기 위해 이룰 수 없는 허황된 목표를 핑계로 삼는 것이다.

그리고 언제까지 그 목표를 이루겠다는 마감기한deadline을 설정하는 것도 유용한 방법이다. 심리학자 아모스 트버스키Amos Tversky와 엘다 샤퍼 Eldar Shafir 는 대학생들에게 설문을 작성해오면 5달러를 보상으로 주겠다고 했다. 대신 한 그룹에게는 기한을 정해주지 않았고, 다른 그룹은 5일이라는 기한을 정해줬다. 그 결과, 기한을 정하지 않은 대학생들은 25퍼센트만이 설문지를 작성했지만, 기한을 정해준 대학생들은 66퍼센트나 설문지를 작성했다. 영국의 경제사회연구회에서는 연구 제안서를 제출하는 대학 연구자들의 제출 기한을 없애자 제안서 제출률이 20퍼센트나 떨어지기도 했다. 이처럼 데드라인은 사람들로 하여금 그것을 스스로 지키기 위한 노력을 더 하게 만드는 효과가 있다.


## ⋮ 자기성찰과 메타인지

사람은 기본적으로 목표를 추구하는 존재다. 그래서 자신이 세운 목표를 달성할 때 보람과 기쁨을 느낀다. 그 때문에라도 목표를 이루고자 하는 간절함으로 몰입과 의식적인 노력을 하게 된다.

그러나 명심해야 할 것은 목표를 추구하는 과정에서 자신이 제대로 가고 있는지를 항상 돌아봐야 한다는 점이다. 인생은 목표를 향해 끊임없이 달려야 하는 마라톤 같은 것이기는 하지만, 시간을 효율적으로 사용하도록 최적화된 프로그램에 따라 무조건 맹목적으로 달리는 러닝머신 위에서의 달리기와 같은 삶은 아니기 때문이다. 러닝머신 위에서는 자신이 달린 거리라든가, 칼로리 소모량과 같은 지표를 볼 수 있기 때문에 자신의 목표가 얼마나 성취되었는지를 가늠해가면서 그냥 달리면 된다. 하지만 인생이라는 마라톤은 그러한 지표를 볼 수 있는 것이 아니다.

따라서 무조건 맹목적으로 달릴 것이 아니라 자신이 제대로 가고 있는지를 한 번쯤 점검해봐야 하고, 반드시 멈추어서 뒤도 돌아봐야 한다. 일종의 자기성찰이 필요한 것이다. 심지어 자기성찰을 강조했던 소크라테스는 "성찰 없는 삶은 살 가치가 없다"라고 말하기도 했다.

사실 자기성찰은 인간이 절대 혼자서 살아갈 수 있는 존재가 아니기 때문에 더욱 필요한 덕목이기도 하다. 기본적으로 사람의 성장은 남과 더불어 살아갈 수 있을 때에야 비로소 가능해진다. 바로 다른 사람이 자신을 비춰볼 수 있는 거울과 같은 역할을 해주기 때문이다. 심지어 철학자들은 인간이 혼자 있는 순간에도 홀로 있는 존재가 아니라, 자신과 자신 사이에 존재하는 기묘한 존재라고 얘기한다. 뭔가 보람 있는 일을 했을 때 스스로를 대견하게 여기면서 자기 자신을 칭찬해본 경험이 있다면, 이 말이 이해가 될 것이다. 이처럼 우리 내면에는 무엇인가를 하는 자기 자신과, 그 자신을 바라보는 또 다른 자신이 항상 존재하고 있다.

여기서 자신을 바라보는 또 다른 자신을 다른 말로 표현하면 '메타인지metacognition'다. 메타인지는 1976년 미국의 발달심리학자인 존 플라벨John Flavell이 만든 용어다. 영어의 접두사 메타meta 는 '~에 대하여about'라는 뜻을 가진 그리스어 표현으로 '변화, 변성, 초월, 최상의, 최고의, 한 단계 높은 차원'이라는 의미를 가진다. 애벌레가 나비가 되는 것과 같은 형태의 변화를 뜻하는 '변태metamorphosis'나 은유를 의미하는 '메타포metaphor', 궁극의 것을 연구하는 '형이상학metaphysics'은 '메타'의 뜻을 잘 보여주는 단어다.

'상위 인지' 또는 '초인지'로도 번역되는 메타인지는 자신의 인지 과정에 대한 인지능력으로서 현재 자신의 인지 작용을 검토, 관리, 조정하는 인지 활동을 말한다. 다시 말해, 내가 무엇을 알고 무엇을 모르는지를 아는, 자신을 객관적으로 볼 수 있는 능력이다. 소크라테스의 '너 자신을 알라', 공자의 '아는 것을 안다고 하고 모르는 것을 모른다고 하는 것, 이것이 바로 아는 것이다知之爲知之 不知爲不知 是知也'는 메타인지의 의미를 잘 보여주는 말이기도 하다.

한마디로 메타인지는 자기성찰을 하는 능력이다. 때문에 메타인지 능력이 높으면 자신이 무엇을 알고 모르는지를 잘 알게 된다. 그래서 그냥 무작정 다이어트를 하는 것보다 자신이 먹는 것을 기록하며 다이어트를 할 때 자신의 모습을 더 적나라하게 볼 수 있어 체중 감축이라는 목표를 달성할 확률이 높아지게 된다. 특히 공부하는 학생들 가운데 메타인지가 높은 학생들은 자신이 무엇을 알고, 무엇을 모르는지를 잘 알기 때문에 배운 내용에 대해 자신이 아는 것과 모르는 것을 명확하게 구분하려고 노력하는 모습을 보인다. 그래서 모르는 부분에 대해서는 완벽하게 숙지할 때까지 매달리며, 혹시 모르는 것이 있을까 봐 정리에 정리를 반복한다. 또한 시험을 보고 난 뒤 정답을 맞혀보지 않아도 본인의 점수를 어느 정도 예측할 수 있다. 틀린 문제를 대하는 태도도 다른데, 메타인지가 낮으면 "아는 문제인데 실수했다"라고 표현하지만, 메타인지가 높으면 실수라고 생각하지 않고 "몰랐던 것이다"라고 말한다. 그리고 내일 시험에 '아는 것만 나왔으면 좋겠다'라고 바라기보다 모르는 것이 나올까 봐 안달하는 모습을 보인다.

하지만 메타인지가 낮은 사람들은 자신의 수준을 파악하지 못하기 때문에 자신이 얼마나 어리석은지 알 수 없다. 따라서 메타인지가 낮은 사람들이 무엇을 안다고 표현하더라도 그것은 진짜 아는 것이 아닐 수 있다. 이른바 '더닝 크루거 효과Dunning-Krugger effect'가 나타나는 것이다. 더닝 크루거 효과는 우매한 사람일수록 자신이 우매하지 않다고 더 강하게 확신하는 것을 말한다.[13]

한편, 메타인지가 발달한 사람일수록 자신을 제대로 평가하기 때문에 감정을 잘 다스리고 보다 이성적으로 행동한다. 한마디로 '자기조절 능력'이 탁월한 것이다. 예를 들어, 전교 1등을 하는 학생도 졸리는 것은 마찬가지지만, 그 학생이 다른 학생들과 다른 점은 5~10분 정도 졸다가도 누가 깨우지 않아도 스스로 일어나 나머지 문제를 푼다는 사실이다.

그래서 메타인지가 높을수록 목표를 이루기 위해 현재의 자신을 통제하게 된다. 즉, 미래의 자신과 현재의 자신이 일종의 '율리시스 계약'을 맺는 것이다. 약 3천 년 전 트로이 전쟁의 영웅이었던 율리시스는 고향으로 돌아가는 길에 '세이렌'이라는 요정들이 노래를 부르는 바위섬을 지나

---

**13** 코넬대학 심리학자인 데이비드 더닝David Dunning과 서스틴 크루거Justin Kruger는 실험을 통해 인간의 실제 능력과 그것을 인지하는 정도에 차이가 있다는 것을 밝혔다. 더닝과 크루거 교수는 자동차 운전, 테니스, 체스, 독해력 등 여러 분야의 테스트를 진행하면서 테스트 점수에 대한 학생들의 기대치나 자신감을 평가했다. 그 결과, 실제 테스트 점수가 낮은 학생일수록 자신의 실력에 대한 기대와 자신감이 높았고, 테스트 점수가 높은 학생들은 자신의 능력보다 낮은 자신감을 보였다. 이 결과에서 알 수 있는 것은 능력이 낮은 사람일수록 자신의 잘못이나 부족한 실력을 알아차리지 못하고 오히려 자신을 과대평가한다는 점이다.

'세이렌'의 유혹에 넘어가지 않기 위해 돛대에 몸을 묶은 '율리시스'

가게 된다. 그런데 세이렌의 노래를 들으면 누구나 바다에 빠져 죽기 때문에 율리시스는 부하들에게 자신을 돛대에 꽁꽁 동여매라고 명령한 후, 부하들에게는 각자의 귀를 밀랍으로 막아 세이렌들의 노랫소리에 넘어가지 않도록 했다. 즉, 율리시스는 세이렌의 노랫소리에 정신이 나간 미래의 자신이 어리석은 일을 벌이지 않도록 현재의 건전하고 이성적인 자신이 미래의 자신과 스스로 거래를 한 것이다.

율리시스와 같이 자신을 통제할 수 있는 사람은 어떤 고통이나 손실에 직면해도 이를 피하고자 하는 '회피 동기적인 태도'가 아니라 오히려 자신의 목표를 이루고자 하는 '접근 동기적 태도'를 보인다. 그래서 접근 동기를 가진 사람은 이루고 싶은 목표를 설정하고, 그것을 이루기 위한 방법을 생각하고, 간절히 노력하며, 그에 따른 결과를 스스로 평가하고, 그 평가에 대한 피드백을 반영하여 새롭게 목표를 설정하며, 또다시 도전한다. 이는 명확한 목표의식이 있을 때 나타나는 행동들이기도 하다.

이제 자신을 되돌아보자. 나는 과연 메타인지가 높은 편인가? 혹시 낮다고 생각되더라도 너무 실망하지는 말자. 메타인지 능력은 지능지수와 달리 훈련이나 노력을 통해 충분히 향상시킬 수 있기 때문이다. 특히 공부를 하는 학생들이라면 메타인지 향상을 통해 성적도 끌어올릴 수 있다. 실제로 교육심리학자들은 공부나 성공에 관여하는 부분은 지능지수보다는 메타인지가 훨씬 더 큰 영향력을 미친다고 주장한다. 네덜란드 라이넨대학의 마르셀 베엔만Marcel Veenman 교수는 성적에 영향을 미치는 요인들을 분석한 결과, 지능지수가 성적의 25퍼센트 정도를 결정하지만 메타인지는 40퍼센트 정도를 결정한다고 했다.

미국 교육 이론가인 하워드 가드너Howard Gardner도 삶에 성공하기 위해 필요한 요소로 지능지수라는 획일적인 지능이 아니라, 다양한 지능이 필요하다는 '다중지능이론'을 전개한 바 있다. 그는 인간의 지능이 단일하지 않고 언어지능, 논리수학지능, 시각공간지능, 신체운동지능, 음악지능, 대인지능, 자기이해지능, 자연지능으로 구성되어 있다며, 이러한 지능은 사회문화적 환경과의 상호작용을 통해 발달한다고 했다.

따라서 메타인지 능력을 높이기 위해 항상 자신이 왜 틀렸는지, 그 이유를 물어보면서 앎과 모름의 착각 정도를 줄여나가는 자세가 필요하다. 또한 보고 이해하는 것으로 끝나는 것이 아니라, 내 것으로 만들어서 설명할 수 있을 때까지 반복하는 노력이 필요하다. 표현해볼 때 비로소 무엇을 아는지, 무엇을 모르는지 명확하게 알 수 있기 때문이다. 그래서 독서를 하더라도 눈으로 읽는 것에서 끝나는 것이 아니라, 반드시 요약하는 시간을 가져야 한다. 메타인지는 습관에 좌우되는 측면이 크기 때문에 의도적으로라도 이러한 훈련을 할 필요가 있다.

마지막으로 목표의식과 메타인지 외에 창의적 사고에 꼭 필요한 자세가 '시간 관리'와 '독서'다.

우선 목표의식이 아무리 투철하고 자기성찰 능력이 뛰어나더라도, 시간을 제대로 관리하지 못하면 그 어떤 것도 이룰 수 없다. 시간이란 존재는 절대 기다려주는 법이 없기 때문이다. 그런데 시간 관리라고 해서 무조건 시간을 아껴 쓰는 것만을 의미하는 것은 아니다. 시간은 우리의 의식과 현실에서 충분히 왜곡될 수 있는 상대적인 속성을 지니고 있어서, 그 속성을 제대로 이해해야만 시간 관리의 본질을 알 수 있다.

시간 관리의 본질을 제대로 이해할 때 창의성도 향상될 수 있다. 하버드대학의 테레사 아마빌레Teresa Amabile 교수는 고학력 직원 238명을 대상으로 시간과 창의성 간의 관계를 조사한 결과, 시간에 쫓기는 날에 직원들의 창의성이 평균 45퍼센트나 떨어진다는 것을 밝히기도 했다.

한편, 독서는 창의력의 가장 큰 원천이라고 할 수 있다. 폭넓은 독서는 새로운 아이디어와 관점을 전달받는 수단으로서 다양한 분야의 지식을 알게 해주어 사고의 융합과 확장이 가능하게 해줄 뿐만 아니라, 자유롭게 상상의 나래를 펼 수 있게 해주기 때문이다.

시간 관리와 독서에 대해서는 따로 지면을 할애하여 보다 자세히 기술하고자 한다.

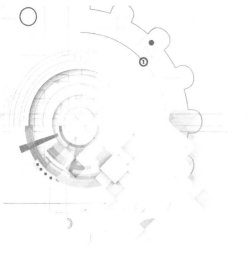

# 창의성과
# 시간 관리

## ⦂ 빨리빨리 병에 걸린 현대인들

세 형제가 한 집에 살고 있어.

그들은 정말 다르게 생겼어.

그런데도 구별해서 보려고 하면 하나는 다른 둘과 똑같아 보이는 거야.

첫째는 없어. 이제 집으로 돌아오는 참이야.

둘째도 없어. 벌써 집을 나갔지.

셋 가운데 막내, 셋째만이 있어.

셋째가 없으면, 다른 두 형도 있을 수 없으니까.

하지만 문제가 되는 셋째는 정작 첫째가 둘째로 변해야만 있을 수 있어.

셋째를 보려고 하면 다른 두 형 중의 하나를 보게 되기 때문이지.

말해 보렴. 세 형제는 하나일까? 아니면 둘일까? 아니면 아무도 없는

것일까?

꼬마야, 그들의 이름을 알아맞힐 수 있으면,

넌 세 명의 막강한 지배자 이름을 알아맞히는 셈이야.

그들은 함께 커다란 왕국을 다스린단다.

또 왕국 자체이기도 하지. 그 점에서 그들은 똑같아.


　독일의 작가 미하엘 엔데Michael Ende의 『모모』라는 소설에서 호라 박사가 주인공 모모에게 낸 문제다. 과연 정답이 무엇일까? 바로 첫째는 미래, 둘째는 과거, 셋째는 현재다. 미래, 과거, 현재를 대입시켜 위 내용을 다시 읽어보면 이해가 갈 것이다.

　'시간을 훔치는 도둑과, 그 도둑이 훔쳐간 시간을 찾아주는 한 소녀에 대한 이상한 이야기'라는 부제가 붙은 이 소설은 '시간'에 관한 내용을 다루고 있다. 이 소설에서 회색 중절모자를 쓰고 두꺼운 서류 가방을 든 회색 신사들은 훗날 돌려주겠다는 약속을 하면서 사람들에게 쓸모없는 시간을 저축하라고 말하며 다닌다. 회색 신사의 말을 들은 사람들은 친구와의 대화를 줄이고, 키우던 앵무새를 내다 버리고, 노래하고 책 읽는 시간도 줄여가면서 남는 시간을 그들에게 맡긴다. 그러자 삶은 점점 각박해지고 황폐해져만 간다. 그러면서 시간을 훔쳐간 회색 신사들은 점차 자신들의 어둠을 확장시켜 나간다.

　이 소설은 늘 바쁘게 살기를 요구당하는 산업사회가 우리 삶을 얼마나 피폐하게 만들고 있는지를 생각하게 한다. 산업의 발전으로 사람들의 삶은 더 풍요로워졌지만, 현대인들의 삶은 하루하루가 정신없이 바쁘기만 하다. 대개 부유해질수록 사람들은 귀찮고 하기 싫은 일들을 다른 사람에게 돈을 주고 시킬 수 있기 때문에 오히려 시간이 많을 것으로 생각하지만, 정작 현대인의 삶을 보면 성공한 사람들일수록 더 시간에 쫓기고 있다.

그래서 미국의 과학저술가 제임스 글릭James Gleick은 현대인들이 '빨리빨리 병hurry sickness'을 앓고 있다고 진단하기도 했다. 심지어 하버드 의대의 에드워드 할로웰Edward Hallowell은 스스로 바빠야 한다고 느끼는 강박관념을 새로운 전염병이라고도 말한다. 실제로 시간을 줄여주는 기술과 서비스의 도움으로 노동시간이 절약되었지만, 현대인들은 오히려 시간이 전보다 부족하다고 호소하고 있다. 2011년 미국 갤럽은 '미국인들은 점점 더 부유해질수록 점점 더 시간이 부족하다고 느낀다'는 내용의 조사 결과를 공개한 적도 있다.

이런 결과를 두고 볼 때, 어쩌면 현대인들은 칙센트미하이 교수의 주장대로 일종의 '일의 역설paradox of work'에 빠져 있는지도 모른다. 그는 사람들이 일을 하고 있을 때 큰 행복감과 성취감을 느끼는 반면, 자유시간이 되면 오히려 지루함과 불안감을 느끼고 목표 상실로 인한 혼란스러운 감정도 자주 경험하는 역설에 빠져 있다고 주장했다. 즉, 현대인들은 자유시간이 주어져도 그 시간을 제대로 활용할 줄 모르고, 오직 일에만 몰두하기에 시간의 부족을 더 느끼는 것이다. 그렇다면 미하엘 엔데의 소설『모모』의 마을 사람들처럼 현대인들은 시간 도둑인 회색 인간들에게 시간을 도둑이라도 맞은 것일까?

미국 텍사스대학 대니얼 하머메시Daniel Hamermesh 교수는 부유할수록 시간에 쪼들리는 이유로 부자일수록 보다 많은 가능성에 노출되어 있기 때문이라고 지적했다. 가난한 사람들은 돈의 제약으로 인해 자신이 하고 싶은 일을 하지 못하는 경우가 많지만, 부유한 사람들은 돈의 제약 없이 마음만 먹으면 뭐든지 할 수 있다는 것이다. 그래서 제한된 시간 내에 많은 것을 하려다 보니 상대적으로 시간이 부족해진다는 것이다. 심지어 사람들은 자신이 얼마나 중요한 사람인지를 나타낼 때 매우 바쁘다는 사실로 증명해야 한다고까지 믿는다. 즉, 고급 승용차를 통해 자신의 성공을 과시하듯, 분주하게 삶으로써 자신이 얼마나 중요한 사람인지를 보여줄 수 있다는 것이다. 이는 부유하고 영향력 있는 사람의 시간이 더욱 가치 있어 보이기 때문이다. 하지만 그렇게 바쁘게 살아가는 삶 속에서 정작 사람들 간의 관계는 소원해질 수 있다는 사실을 미하엘 엔데는 날카롭게 지적하고 있다. 그래서 자신만의 시간을 지니고 있고, 시간의 비밀을 아는 '모모'라는 아이를 등장시켜 그들이 잃어버린 시간을 되찾아준다.

『모모』의 내용 중 '시간은 진짜 주인의 시간일 때만 살아 있다'는 말이 나온다. 삶의 여유를 잃어버린 채 살아간다면, 본인이 가진 시간의 주인이라고 말할 수 없다는 말이다. 그런데 이 말이 주변인들을 돌아볼 여유조차 없이 살아가는 바쁜 현대인들에게 어쩌면 역설적으로 들릴지도 모르겠다. 그만큼 우리는 1분 1초를 아껴야 한다는 시간관념 속에서 살고 있기 때문이다. 특히 대학입시를 앞둔 수험생들처럼 해야 할 공부는 많고 시간이 촉박할 때에는 부족한 시간이 원망스럽기까지 하다. 그래서 눈 깜빡할 사이에 지나가는 1초도 놓치지 않으려고 이를 악물고 기를 쓴다.

실제로 시간을 아끼기 위한 노력의 흔적은 쉽게 찾아볼 수 있다. 현재 우리가 사용하고 있는 '원자시'와 천문현상과의 차이 때문에 만들어진 '윤초'[14]라는 제도만 해도, 단 1초의 차이도 용납하지 않으려는 인간의 끊임없는 노력이 반영된 결과라고도 볼 수 있다. 실제로 윤초를 통해 시간을 보정하는 것은 1년에 0.2초씩 느려지는 지구의 자전 속도 때문이다. 비단 윤초뿐만이 아니다. 과학자들은 시간을 자꾸 쪼개고 쪼개서 펜토초($10^{-15}$초), 아토초($10^{-18}$초)까지 파고들었으며, 심지어 시간의 경계라고 할 수 있는 '플랑크 시간'이라는 개념을 제시하기도 한다. 플랑크 시간은 $10^{-43}$초로서 시간을 쪼개고 쪼갰을 때 이보다 짧은 시간은 있을 수 없다.[15] 또한 시간을 아끼고자 하는 노력의 흔적은 우리말에도 나타난다. 눈을 깜빡이거나 숨을 한 번 쉴 만한 짧은 시간을 말하는 '순식간', 눈동자를 한 번 움직여 보는 시간인 '별안간', 빗방울이 하늘에서 떨어지는 시간인 '삽시간'과 같은 단어들은 찰나의 순간을 잡고, 촌각을 다투며, 촌음을 아끼고자 하는 인간의 행위가 투영된 단어들이다.

---

**14** 과거에는 태양이 자오선을 통과하는 평균적인 하루의 길이라든가, 지구의 공전과 같은 기준을 중심으로 1초를 정의했다. 하지만 지구 자전의 불규칙성 등으로 인해 오차가 발생하면서 1967년부터 '세슘-133 원자'의 진동수(91억 9,263만 1,770번)를 1초로 정의하여 사용하기 시작했다. 이를 '원자시'라 부르는데, 이 정의에 따르면, 하루는 정확히 8만 6,400초다. 윤초는 이러한 원자시와 실제 하루 길이가 0.9초 이상 차이가 나면 원자시에 1초를 더하거나 빼는 방법으로 보정한다. 실제로 1972년 이후 지금까지 총 27차례 윤초가 추가되었다.

**15** 플랑크 시간Planck time은 시간이 그 유효성을 잃어버리는 경계가 된다고 하여 '신의 시간'으로 불리기도 한다. 빅뱅 이후 아주 찰나의 시간에 중력, 강력, 약력, 전자기력이 생겨났는데, 플랑크 시간인 $10^{-43}$초가 지난 후 맨 처음 분리되어 나온 힘이 중력이다.

## ⋮ 시간 여행

윤초를 통해 시간을 보정하는 것이 기술적으로 가능할지는 몰라도 현실에서 지나가는 1초를 실제로 붙드는 것은 불가능하다. 그러나 인류는 시간을 멈추는 상상을 멈춘 적이 없다. 실제로 영화 〈엑스맨〉이나 〈어벤저스〉와 같은 공상과학 영화를 보면, 상대방의 총구에서 총알이 발사되어 목표물에 맞기 전에 엄청나게 많은 일을 하는 캐릭터들이 그려지기도 하는데, 이는 시간을 멈추고 통제하고자 하는 인간의 상상에서 비롯된 장면들이다.

영화 〈사랑의 블랙홀〉

사실 나 자신만 하더라도 이러한 상상에서 자유롭지 못하다. 아주 오래전 이야기다. 군 복무 시절 휴가를 나와 재미있게 보았던 〈사랑의 블랙홀〉이라는 영화가 있다. 원제목은 〈성촉절Groundhog Day〉[16]인데, 우리나라에는 〈사랑의 블랙홀〉이라는 제목으로 번역되어 소개되었다. 그런데 영화 내용을 보고 나면 번역을 참 잘했다는 생각이 든다.

이 영화는 한 기상캐스터가 어느 도시에서 열리는 성촉절 행사를 취

---

**16**  그라운드 호그ground hog는 다람쥣과 마멋marmot속에 속하는 동물인데, 미국과 캐나다에는 2월 2일 그라운드 호그가 겨울잠에서 깨어나 밖으로 나와 날씨를 살펴본다는 민간 전설이 있다. 이때 그라운드 호그가 자신의 그림자를 보고 놀라 다시 땅속으로 들어가면 봄이 6주 뒤에나 찾아온다고 한다.

재하러 갔다가 겪는 기이한 경험을 다루고 있다. 자고 일어나면 똑같은 날과 똑같은 장소가 계속 반복되는 것이다. 어제와 똑같은 상황이 반복되는 수수께끼 같은 시간 속에서 주인공인 기상캐스터 '필'은 여자를 꼬셔보기도 하고, 금고 수송차량을 털기도 한다. 그러다 반복되는 날에 환멸을 느낀 나머지 자살을 시도해보기도 한다. 그러나 주인공이 어떠한 행동을 하든, 자고 일어나면 바로 어제의 그 시간과 그 장소가 똑같이 반복되고 만다. 마치 시간이라는 감옥에 갇혀버린 듯하다.

그러다가 필은 프로듀서 '리타'의 착하고 순수한 마음에 이끌리면서 그녀를 진심으로 사랑하게 된다. 그리고 마침내 그녀의 마음과 사랑을 얻었을 때, 그 사랑은 필이 갇혀버린 시간의 감옥을 여는 열쇠가 된다. 이제 더 이상 똑같은 날이 반복되지 않는 것이다.

당시 영화의 소재가 매우 독특해 영화에 블랙홀처럼 빠져들었던 기억이 있다. 당시 군 복무 시절이었기에 시간이 무척 더디게 흘러간다고 느끼던 참이어서, 매일 똑같은 시간이 반복되는 이 영화가 마치 군 제대 날짜만을 하염없이 기다리며 시간의 굴레에서 벗어나지 못하는 나 자신이 처한 모습과 묘하게 오버랩되어 더욱 재미있게 감상할 수 있었다.

이제 40대 중반의 나이에 접어들고 보니, 20대였던 그때의 젊은 시절이 그리워진다. 하지만 어쩌랴? 지나간 시간을 되돌릴 수 없는 것을. 당시 영화에서는 시간이 멈추어 있었지만, 현실에서는 예나 지금이나 시간은 끊임없이 흘러가고 있다. 현실적으로는 지나가는 1초를 잡을 수도, 시간을 되돌리는 것도 불가능해 보인다. 시간이라는 것이 과거에서 현재를 거쳐 미래로만 나아가면서 일방통행을 하고 있기 때문이다. 〈벤자민 버튼의 시간은 거꾸로 간다〉라는 영화의 주인공은 80세의 외모로 태어나서 시간이 흐를수록 젊어지기는 하지만, 실제 인생에서 이 영화처럼 시간을 거스르는 사람은 보지 못했다. 설사 현실에서 벤자민 버튼처럼 젊어질 수 있다고 해도, 그 대가는 어떤 형태로든 반드시 치르게 된다. 노화라는 것은 일종의 엔트로피가 증가하는 자연의 법칙인데, 젊어짐으로 인해 한쪽의 엔트로피가 줄어들 경우 반드시 그 주변의 엔트로피가 늘어나면서 총 엔트로피는 증가하기 때문이다. 오스카 와일드Oscar Wilde의 소설 『도리언 그레이의 초상』에서 주인공 도리언 그레이는 늙지 않지만, 초상화 속의 자신은 날이 갈수록 추하게 늙어가는 것과 같은 이치다. 결국 짜버린 치약처럼 일어난 일은 다시 돌이킬 수 없으며, 시간도 되돌릴 수 없다는 사실은 매우 자명해 보인다.

그런데 과학자들은 이러한 시간의 방향성을 우주론적으로, 또는 열역학적으로 정의하면서 시간을 거스를 수 있지도 않을까 생각한다. 우주론적으로 시간을 보면 우주의 시작에서 끝까지, 빅뱅에서 출발하여 우주가 끝날 때까지 시간은 오직 한 방향으로 흐른다. 과학자들은 이를 '시간화살time's arrow'이라고 표현하기도 한다. 열역학적으로는 모든 물리적인 과정이 엔트로피가 증가하는 방향으로 진행되기 때문에 시간도 무질서한 방향으로 흘러간다.

그러나 시간을 거스르고 싶어 하는 인간의 상상이 가끔 영화나 소설에 반영되곤 하는데, 대표적인 장면이 영화 〈슈퍼맨〉에 나온다. 바로 땅속에 묻힌 사랑하는 여인을 구하기 위해 슈퍼맨이 빠른 속도로 지구를 거꾸로 돌리면서 시간을 되돌리는 장면이다. 그렇게 슈퍼맨은 시간을 되돌리는 방법을 통해 죽었던 자신의 연인을 되살려낸다. 평균 시속 1,667킬로미터로 돌고 있는 지구의 자전이 멈추면 지구상의 모든 생명체는 살아남지 못할 것인데, 사랑하는 여인을 살리기 위해 지구를 거꾸로 돌리겠다는 슈퍼맨의 상상이 기발하기만 하다. 하지만 설령 지구의 자전 방향을 바꿀 수 있다고 해도 시간을 거꾸로 되감을 수 있는 것은 아니다. 어쩌면 해시계의 그림자 방향은 바꿀 수 있을지 모르겠다.

뿐만 아니라 사람들은 항상 타임머신을 타고 시간 여행을 하는 꿈을 꾸기도 한다. 이는 비단 현대인들만의 상상은 아니다. 영국의 소설가 허버트 조지 웰스Herbert George Wells는 1898년 『타임머신』이라는 소설에서 "과학 하는 사람들은 시간이 공간의 일종에 지나지 않음을 잘 알고 있다"며 "우리는 공간의 모든 방향으로 움직일 수 있듯이 시간 속을 돌아다닐 수 있다"고 말하고 있다. 이 소설은 시간 여행자가 타임머신을 타고 80만 년 후인 802701년에 가서 겪은 이야기를 들려주는데, 작가인 웰스가 타임머신을 타고 가는 시간 여행을 상상한 것도 놀랍지만, 아인슈타인보다 20여 년이나 앞서 시간이 공간의 일부라는 것을 밝힌 점도 매우 놀라운 일이다.

이처럼 시간을 거스르는 상상은 사람들의 상상력을 자극해왔고, 그러한 상상력은 지금도 계속되고 있다. 과학자들은 먼 미래에 과학이 크게 발전하면 타임머신 개발이 가능할 것이라고 생각하기도 한다. 시간 여행이 가능하다고 보는 과학자들은 물리법칙이 타임머신을 원천적으로 불가능하다고 말하지 않는 한, 시간 여행이 가능하다고 생각한다. 단지 발생확률이 매우 낮을 뿐이다.

실제로 프린스턴 대학의 물리학자 리처드 고트Richard Gott는 '우주끈cosmic string'이라는 초고밀도를 가진 물질이 시간 고리를 만들면 과거로 이동할 수도 있다고 주장했고, 아인슈타인도 블랙홀의 중심부를 통과하면 시공간의 다른 지점으로 연결된다고 했다. 또한 블랙홀이 빠르게 회전하면서 생기는 '웜홀worm hole'의 한쪽 끝을 중성자별에 연결하고 다른 쪽 끝에 빈 공간을 가져다 놓으면, 양 끝 사이에 시간 지연 터널이 생겨 과거와 미래로 시간 여행이 가능하다고 주장하기도 했다. 미국의 물리학자 킵 손Kip Thorne도 음의 물질negative matter과 음의 에너지negative energy가 존재한다면 웜홀을 통해 광속에 가까운 속도로 움직이는 타임머신을 만들어낼 수 있다고 생각했다. 영화 〈인터스텔라〉를 보면 웜홀을 이용하여 시간 여행을 하는 모습을 볼 수 있다.

하지만 과거로의 시간 여행을 위해서는 해결해야 할 과제가 만만치 않다. 일단 과거로 가는 타임머신을 만들려면 기본적으로 '할아버지 역설'을 해결해야 한다. 즉, 타임머신을 탄 사람이 과거로 날아가 할아버지를 살해한다면 현재의 자신은 존재하지 않게 되는 이상한 상황이 발생하는 것이다.[17] 과학자들은 이러한 역설을 해결하기 위해 시간 여행에 의해서는

---

**17** 과거로 여행하여 미래의 기술정보를 전파할 경우 기술의 원천이 없어져 버리는 '정보의 역설', 과거로 여행하여 자기 자신의 아버지가 될 수도 있는 '성의 역설', 과거로 여행하여 미래에 발생하는 사건을 방지함으로써 생기는 '빌커의 역설', 과거에 살고 있는 또 다른 나와 만나게 되는 '자아의 역설' 등 시간 여행으로 인해 많은 혼란이 야기될 수 있다.

절대로 인과율이 깨지지 않는다거나, 다른 평행우주의 존재로 인하여 할아버지를 죽여도 또 다른 내가 다른 우주에 존재한다는 등의 가설을 통해 나름대로의 해결책을 제시하기도 한다.

하지만 아직까지 시간 여행을 하는 타임머신이 개발되었다는 소식은 듣지 못했다. 그렇다고 영화 〈사랑의 블랙홀〉에서처럼 똑같은 날이 매일 반복되면서 우리가 충분히 시간을 쓸 수 있는 것도 아니다. 따라서 현실적으로 시간이 일방향으로 흐르고 과거로 되돌릴 수 없는 속성을 지녔다는 것을 받아들이는 자세가 중요하다.


## ⦂ 시간의 왜곡과 상대성

시간이 갖는 두 번째 속성은 시간이 절대적인 개념이기도 하지만 상대적인 속성을 지녔다는 사실이다.

프랑스의 지질학자 미셸 시프레Michel Siffre는 1962년 7월 16일, 1톤가량의 생필품과 식료품을 준비한 뒤 시계를 휴대하지 않은 채 알프스의 빙하 동굴로 내려갔다. 그는 130미터 깊이의 동굴에 텐트를 치고 63일 동안 완전한 어둠 속에 갇힌 채 시간을 보냈다. 그가 실험을 마친 날짜는 9월 14일이었다. 하지만 외부와 완전히 단절된 캄캄한 동굴 속에서 지낸 시프레는 그날이 8월 20일이라고 인식했다. 시프레의 인식 속에서 무려 25일이나 공중으로 날아가버린 것이다. 시프레가 느끼는 시간은 밖의 친구들이 느끼는 시간과 완전히 달랐다. 그렇다면 과연 그 시간은 어디로 달아나버린 것일까?

시프레의 실험은 우리 인체에 생물학적 시계가 존재한다는 사실을 잘 보여준다. 다시 말해, 시간은 어떤 외부적인 현상일 뿐만 아니라 우리의 의식에서 생겨나는 현상이기도 하다는 뜻이다. 그래서 마크 트웨인의 소설 『톰 소여의 모험』에서도 동굴에 갇힌 톰 소여와 베키가 며칠이 지났는지를 계속 헷갈려 했던 것이다. 이와 관련하여 프랑스 철학자인 앙리 베르그송Henri Bergson은 시간에는 바늘의 움직임에 지나지 않는 시계가 가리키는 시간 외에, 의식의 시간도 있다고 했다. 베르그송은 이러한 의식의 시간을 본연의 시간으로 보았는데, 이는 직관적으로만 파악이 가능한 개인 내면세계의 일이라고 했다. 그렇기 때문에 사람마다 느끼는 시간이 달라질 수 있다. 실제로 학자들은 뇌에 있는 '선조체striatum'라고 불리는 뉴런으로 이루어진 작은 조직 덩어리를 시간을 감지하는 유일한 기관으로 추정하고 있다. 선조체가 있기 때문에 찌개를 끓이려고 가스레인지 위에 올려놓은 물이 끓을 때 얼마나 시간이 지났는지를 느낄 수 있는 것이다.

그래서 뇌에 장애가 발생하게 되면 그 사람은 아무 때나 먹고, 자고, 깨어나고, 한밤중에도 일을 시작하는 등 생활이 엉망이 된다. 실제로 뇌에 이상이 생기면 시간의 질주를 경험하기도 한다. 자동차에 앉아 있으면 갑자기 다른 자동차들과 보행자들이 엄청난 속도로 질주해오는 것처럼 보이고, 차를 마실 때 자신의 손에 들린 찻잔이 용수철처럼 입으로 돌진하는 것처럼 보인다. 이러한 증상을 보이는 환자에게 1분이 경과했을 때 신호를 보내라고 하면 5분이 경과한 후에야 1분이 지났다는 신호를 보낸다. 이는 그의 인식 속에서 시간이 실제보다 5배나 느리게 가고 있다는 것을 보여준다.

그런데 뇌에 이상이 없는 정상인이라도 그들이 느끼는 시간 감각이 항상 안정적인 것은 아니다. 독일의 심리학자인 빌헬름 분트Wilhelm Wundt 는 시간 감각을 연구하기 위해 '박자 기계'를 고안하여 실험해보았다. 그 결과, 사람들은 속도가 일정해도 소리가 점점 커질 경우 속도가 빨라진다고 느꼈다. 이는 캄캄하고 으슥한 밤길을 혼자 걷고 있을 때, 뒤에서 따라오는 발자국 소리가 점점 더 커질수록 뒷사람이 더 빠른 속도로 걷는다고 착각하며 일종의 공포감을 느끼는 상황과 유사하다. 뒷사람의 걷는 속도가 일정하더라도 그 사람의 걸음 폭이 나보다 클 경우 나에게 다가오는 소리가 커지기 마련인데, 우리는 그 사람이 더 빨리 걷는다고 착각하는 것이다. 그만큼 우리 뇌의 시간 감각은 속이기 쉽다.

그리고 문화에 따라 시간에 대한 인식이 달라지기도 한다. 대개 우리는 항상 과거는 뒤에, 미래는 앞에 놓여 있다고 생각한다. 하지만 안데스 산맥에 사는 아이마라aymara족은 과거를 물으면 시야의 앞쪽을 가리킨다. 과거의 사건들은 이미 한번 경험했으므로 볼 수 있는 앞쪽에 있고, 미래의 사건들은 알 수 없으므로 등 뒤에 있다는 것이다.

한편, 시간의 왜곡은 우리 뇌에서만 발생하는 것이 아니다. 실제로 물리적인 공간에서도 시간은 왜곡된다. 이를 입증한 대표적인 것이 '상대성이론'이다.

아인슈타인은 특수상대성이론을 통해 물체의 속도가 빠를수록 시간이 느려지며, 일반상대성이론을 통해 물체의 질량이 클수록 시공간의 왜곡이 심하게 나타난다는 사실을 밝혔다.

특수상대성이론에 의하면, 빠르게 움직이는 물체일수록 시간이 느리게 간다. 이를 '시간 팽창'이라고 부르는데, 이로 인해 '쌍둥이 역설'도 생긴다. 만일 어떤 쌍둥이 형제 중 한 명이 광속에 가까운 빠른 속도로 우주여행을 하고 지구로 돌아온다면, 지구에 남아 있는 다른 쌍둥이 형제는 우주여행을 한 쌍둥이 형제보다 훨씬 나이가 들어버린다. 따라서 빛의 속도로 여행하는 것은 일종의 불로장생의 약을 먹는 것과 마찬가지일 수 있다.[18]

한편, 아인슈타인은 특수상대성이론에서 시간과 공간이 사슬처럼 맞물려 있다고 가정하고 시간과 공간을 '시공간spacetime'이라는 하나의 구조로 통합했다. 시공간이라는 개념을 좀 더 쉽게 이해하기 위해서는 시간과 공간을 연결시켜 생각해보면 된다. 가장 쉬운 예로, 밤하늘에서 반짝이는 별빛을 생각해보자. 현재 우리가 보고 있는 별빛은 사실 엄청난 과거에서 온 빛이다. 즉, 우리가 현재 공간적으로 멀리 떨어져 있는 어떤 천체를 보고 있는 것은 시간적으로 그 천체의 과거 모습을 보고 있는 것이다. 따라서 우리는 시간적으로 과거를 보지 않으면 공간적으로 멀리 볼

---

**18** 우주여행을 하게 되면 운동량이 제한되는 밀폐된 무중력 공간에서 장기간 방사선에 노출되고 근육량도 수축되기 때문에 신체 나이는 더 먹을 수도 있다.

수가 없게 된다. 그렇기에 시간은 4차원으로 이루어진 우주의 한 차원일 뿐이라고 말할 수 있는 것이다.[19]

그런데 아인슈타인은 일반상대성이론을 통해 이러한 시공간이 왜곡될 수 있다고 주장했다. 즉, 시공간은 일그러지거나 뒤틀릴 수도 있고, 접히거나 꼬일 수 있으며, 심지어는 찢어질 수도 있다는 것이다. 그러면서 이와 같은 현상을 일으키는 주범이 다름 아닌 질량 또는 에너지라고 했다. 언뜻 잘 이해가 되지 않는 이러한 주장을 이해하기 위해서는 중력에 대한 아인슈타인의 설명을 들여다봐야 한다.

물체 사이를 끌어당기는 힘이라고 여겨졌던 중력에 대해 아인슈타인은 완전히 다른 차원으로 접근했다. 그는 시간과 공간이 평평하지 않기 때문에 중력이 발생한다고 보았다.

물렁물렁한 고무판 위에 볼링공을 얹어놓은 모습을 상상해보자. 고무판에 무거운 볼링공을 얹어놓으면 공이 있는 자리가 움푹 들어간다. 이렇게 움푹 들어간 곳은 주위에 있는 다른 공들을 끌어당기는 작용을 할 것이다. 그렇게 다른 공들이 움푹 들어간 곳으로 들어가는 것이 바로 변형된 시공간 안에 있는 물질들 사이에 인력이 작용하는 방법이다. 그래서 태양이 있으면 태양 주위의 시공간이 움푹 들어가기 때문에 태양 주위의 모든 물체는 태양으로 굴러 떨어지려고 하는 것이고, 행성들은 태양으로 끌려 들어가지 않기 위해 빠른 속도로 태양 주위를 돌아야 하는 것이다.

---

**19** 동양의 노자 철학에 나오는 '천장지구天長地久'라는 말도 시공간의 개념을 함께 아우르는 말이다. 보통 '長'은 공간을 나타내는 말이고, '久'는 시간적 개념이다. 그런데도 시간을 나타내는 하늘에 공간을 나타내는 형용사가 붙고, 공간을 나타내는 땅에 시간을 나타내는 형용사가 붙어 있다.

시공간은 움푹 들어간 고무판과 같이 행성에 의해 변형될 수 있다.

여기서 물렁물렁한 고무판이 바로 시공간이다. 그러므로 시공간은 구부러지거나 휘어질 수 있다. 다만 그 정도가 시공간 속에 들어 있는 질량과 에너지의 분포에 따라 달라지고, 휘어진 시공간의 곡률에 따라 물체 사이에 얼마나 큰 중력이 작용하는지가 달라질 뿐이다. 시공간이 급하게 휘어져 있어 곡률이 크면 큰 중력이 작용하고, 완만하게 휘어져 있어 곡률이 작으면 작은 중력이 작용한다.

결국 아인슈타인에 따르면, 중력은 변형된 시공간과 물체 사이에 일어나는 상호작용인 셈이다. 뉴턴은 사과가 땅에 떨어지는 것이 지구와 사과 사이에 서로 잡아당기는 힘 때문이라고 했지만, 아인슈타인은 지구가 만든 시공간의 웅덩이 속으로 사과가 굴러 떨어지는 것이라고 설명한 것이다.

이제 중력의 개념을 알았으니, 여기에 시간이라는 변수를 대입해보면 시간의 왜곡을 이해할 수 있다. 즉, 질량에 의해 휘어진 시공간으로 인해 중력이 생기고, 중력이 클수록 그곳에서 시간도 천천히 흐르는 것이다. 블랙홀은 중력이 너무나 강해서 블랙홀 주변에서는 시간이 무한대로 늘어난다. 시공간의 곡률이 엄청나게 커져 시간이 크게 휘어지기 때문에 그만큼 시간이 천천히 흐르는 것이다. 그래서 중력이 지구 표면보다 약한 지구 궤도상의 국제 우주 정거장에서는 시간이 지표면에서보다 빠르게 흐른다. 믿지 못하겠다면 10억 분의 1초의 오차도 감지해내는 원자시계로 측정해보면 된다.[20]

이처럼 시간은 우리의 인식 속에서도 왜곡될 수 있고, 실제 물리계에서도 왜곡될 수 있는 상대적인 존재다. 그렇다면 시간의 상대성이 일상에서는 어떻게 작용할까?

시간의 상대성과 관련하여 일상에서 가장 많이 하는 말이 '왜 이렇게 시간이 빨리 가지?'라는 말이다. 특히 나이가 들수록 이런 말을 자주 한다. 그도 그럴 것이 나이를 먹을수록 시간이 번개처럼 지나간다고 느끼는 사람들이 많다. 어린 시절에는 해마다 방학과 크리스마스를 손꼽아 기다릴 정도로 시간이 천천히 흘러가는 것같이 느껴졌지만, 나이가 든 후에는 지난해 추석이 엊그제 같았는데, 벌써 추석인가 하는 생각이 들 정도로 시간이 빨리 흘러간다고 느끼는 것이다. 왜 이렇게 젊었을 때와 나이가 들었을 때 시간을 체감하는 느낌이 다른 것일까? 이는 우리의 뇌가 느

---

**20** 향후 '광시계'가 개발되면 원자시계보다 초의 정확도가 100배 이상 향상되어, 제자리에서 1센티미터만 들어 올려도 중력 변화에 따른 시간의 영향을 측정할 수 있을 것으로 기대되고 있다.

끼는 '시간의 상대성' 때문이다.

심리학자 피터 맹건Peter Mangan은 20대의 젊은이와 60대의 노인을 대상으로 실험을 했다. 사람들에게 3분의 시간을 마음으로 세게 한 후 정확히 3분이 되었다고 생각되었을 때 이야기하라고 했다. 그러자 20대 젊은이들은 3분이라는 시간을 3초 내외로 상당히 정확하게 예측한 반면, 60대 노인들은 3분 40초 정도가 지나서야 3분이 지났다고 이야기했다. 3분 40초를 3분으로 느꼈으니, 한마디로 긴 시간을 짧게 느낀 셈이다. 게다가 이런 착각은 나이에 비례해 더욱 심해졌다.

이 실험 결과를 과학적으로 해석해보면, 어린 나이일수록 뇌 신경 세포의 정보 전달속도가 빠르고 모든 경험이 더 강렬하게 기억되는 반면, 나이가 들수록 그 속도가 느려지고 경험의 강도도 약해지기 때문에 나타나는 현상이라고 할 수 있다. 다시 말해, 어린아이일 때는 모든 대상, 모든 사건이 새로움으로 기억되지만, 나이가 들수록 지각과 지성이 점차 닳아 새로운 자극 없이 지나가버리는 일이 많아지는 것이다. 이는 좋은 성능의 카메라가 있으면 더 빠른 속도로 사진을 찍을 수 있는 것과 유사하다. 즉, 어린아이일수록 뇌의 성능이 우수하기 때문에 똑같은 시간에 일어난 사건이라도 더 많은 프레임의 사진을 뇌에 담을 수 있는 것이다. 따라서 어린아이들의 뇌에서는 사건들이 마치 슬로모션처럼 기억된다. 사진이 많을수록 그 사진을 연결해놓으면 슬로모션이 확장되는 것과 같은 이치다. 때문에 어린아이들은 시간이 더디게 가는 것처럼 느낀다. 반면, 나이가 들수록 뇌기능이 저하되면서 우리 뇌는 사건을 듬성듬성 찍는다.

즉, 익숙한 일상의 모습들이 상대적으로 기억에 잘 남지 않아 뇌가 많은 부분을 놓쳐버리는 것이다. 그래서 시간이 순식간에 지나가버리는 것처럼 느껴진다.

나이를 먹을수록 시간이 빨리 가는 것에 대해 철학자 쇼펜하우어 Schopenhauer는 삶의 시간이 마치 경사면을 따라 떨어지는 공처럼 가속되는 운동이라고 표현하기도 했고, 회전하는 원반의 중심에서 먼 점일수록 더 빨리 돌아가는 것과 같은 원리라고 설명하기도 했다. 탄생이라는 원점에서 멀어질수록 시간이 빨리 지나간다는 것이다. 이처럼 우리는 세월의 상대성이론에 지배받으며 살고 있다.


## ⁝ 시간 관리의 본질

지금까지 살펴본 시간의 속성은 크게 두 가지다. 하나는 한 방향으로 흘러 되돌릴 수 없다는 것이고, 다른 하나는 인식과 물리계에서 왜곡될 수 있는 상대성을 지녔다는 것이다. 그렇다면 이러한 속성을 가진 시간을 어떻게 관리해야 할까?

시간 관리 전문가인 마이클 포티노Michael Fortino에 따르면, 인생 70년을 가정할 때 우리는 수면에 23년, 목욕에 7년, 식사에 6년, 줄을 서서 기다리는 데 5년, 집안 청소에 4년, 각종 회의에 3년, 자리에 없는 사람에게 전화를 교환해주는 데 2년, 물건 찾고 우편함 여는 데 8개월, 신호등 기다리는 데 6개월을 소비한다고 한다. 인생 70년 중 50년 이상의 시간을 습관적인 일을 하는 데 쓰고 있는 것이다. 따라서 내가 의미 있는 일에 쓸 수 있는 시간은 얼마 남아 있지 않을지도 모른다. 그래서 사람들은 시간을 더 아끼고 관리하기 위해 전문가의 조언을 구하기도 한다.

그런데 시간 관리를 조언하는 사람들은 대개 '먼저 이것을 하고 그다음 저것을 하라'는 식의 방법을 제공한다. 그러나 우리가 그런 원칙을 모르는 것이 아니다. 실제로 어떤 사람들은 두꺼운 다이어리와 계획표에 자신의 하루하루를 적어가며 엄격하게 시간을 관리한다. 마치 다이어트를 위해 식단을 체계적으로 조절하는 것처럼 시간 다이어트를 하는 격이다.

하지만 이런 방법이 별 효과가 없다는 주장도 있다. 미국 루트거대학의 캐럴 카우프만-스카보로Carol Kauffman-Scarborough 교수는 이와 같은 시간 다이어트가 뚱뚱하지 않은데도 독한 다이어트를 하는 것과 같다고 비판한다. 시간 부족을 느끼는 분주한 사람들은 어떤 일정을 계획했더라도 집중력 저하로 그 일에 집중하지 못한다는 지적이다.

따라서 시간의 상대성을 활용하는 방법이 필요하다. 우리가 시간의 부족을 느끼는 것은 계획표를 짜지 못해서가 아니라, 우리의 감정과 사고 때문이다. 그러므로 시간의 부족을 상쇄하는 방법 중 하나는 우리의 뇌가 느끼는 시간감각을 조정하는 것이다.

우선 가장 쉬운 방법은 주어진 시간을 최고로 잘 활용하는 것이다. 속도를 두 배로 올렸을 때 목표점에 두 배 빨리 도착하는 것처럼 인생을 두 배로 열심히 살면 시간을 두 배로 더 잘 쓸 수 있게 된다. 그저 흘러가는 시간의 흐름에 자신을 맡겨버리고 살아간다면 흘러가버리는 시간이 삶을 절망과 포기라는 감옥으로 인도하겠지만, 주어진 시간을 낭비하지 않고 제대로 활용하는 것은 그러한 감옥에서 탈출하는 열쇠가 될 수 있는 것이다.

다행히 과학의 발전 덕분에 사람들은 많은 시간을 절약하고 있다. 한 예로, 우리는 구글이나 네이버 검색을 통해 지식을 찾아봄으로써 도서관에서 책을 뒤져 지식을 찾는 것보다 훨씬 많은 시간을 절약할 수 있다. 구글의 수석 경제학자인 핼 베리언Hal Varian이 구글 검색을 통해 절약되는 시간을 측정해보았더니 구글 없이 질문에 답하는 데 평균 22분이 걸린 반면, 같은 답을 구글에서 얻는 데에는 7분밖에 걸리지 않았다고 한다. 구글이 질문 하나당 평균 15분을 절약해주는 셈이다. 매일 질문을 하나씩 한다고 가정하고 시간당 최저임금(2018년 기준 7,530원)을 적용하여 돈으로 환산해보면, 성인 한 명당 연간 70만 원 정도 더 버는 셈이다.

두 번째 방법은 어린아이처럼 세상을 자주 바라보면서 되도록 슬로모션으로 기억하는 것이다. 그러기 위해 필요한 것이 바로 '집중력'이다. 집중력에 도움을 주는 것 중의 하나가 '커피'다. 커피를 마시게 되면 순간 뇌에서 각성효과가 일어난다. 한 연구에 따르면, 카페인을 200밀리그램 복용한 사람은 시간을 실제 길이보다 최고 50퍼센트 짧게 경험한다는 결과도 있다. 이는 커피에 들어 있는 카페인이 흥분을 고조시켜 집중력을

높이기 때문이다.[21]

그런데 문제는 커피의 약발이 그리 길지 않다는 데 있다. 보통 카페인의 지속효과는 12시간 정도라고 한다. 따라서 집중력을 높이기 위해서는 더 효과적인 다른 방법이 필요하다. 그것은 바로 집중력을 담당하는 뇌의 전두엽을 사용하여 순간의 기억을 슬로모션으로 입력하는 것이다.

미국 스탠퍼드대학 신경과학과 교수인 데이비드 이글먼David Eagleman 은 사람들이 강렬한 경험 속에서 느끼는 시간의 변화를 알아보기 위해 안전장치가 갖춰진 놀이공원 기구 위 50미터 높이에서 뛰어내리게 한 다음 땅에 도달하기까지 걸린 시간을 추측하게 했다. 그런데 실제 낙하시간은 평균 2.17초였는데, 사람들은 평균 3초 정도 걸렸다고 대답했다. 떨어지는 데 실제보다 더 오랜 시간이 걸렸다고 느낀 것이다. 이처럼 무엇인가에 집중할 때 느껴지는 시간은 더 긴 법이다.

따라서 집중력을 높이는 방법을 통해 해야 할 일을 빠른 시간에 끝내면 시간을 벌 수 있다. 집중해서 공부를 하면 1시간 동안 해야 할 공부를 더 짧은 시간에 끝낼 수 있는 것이다.

그런데 주의해야 할 점은 별 의미 없는 것에 집중하다가 오히려 시간을 뺏겨버릴 수도 있다는 것이다.

한 실험에서 컴퓨터의 빈 화면에 빨간색에서 분홍색의 얼룩이 변하

---

**21** 우리 뇌는 열심히 공부하면 그 부산물로 '아데노신adenosine'이라는 물질이 생겨 뇌의 수용기에 들러붙는다. 아데노신이 일정 수준 이상 수용기에 쌓이면 몸은 피곤함을 느낀다. 그런데 수용기에는 아데노신뿐만 아니라 카페인도 들러붙는다. 커피를 마시면 카페인이 아데노신이 붙을 수 있는 자리를 빼앗기 때문에 피로감을 덜 느끼게 된다. 잠을 자고 나면 피로가 풀리는 것도 아데노신이 사라지기 때문이다.

다가 사라지는 장면을 보여주면서 어떤 색깔의 얼룩이 화면에 머문 시간을 말해달라고 했다. 그런데 실험이 반복될수록 실험 참가자들은 흘러가는 시간 대신 점점 더 색깔에 관심을 기울였다. 그러면서 얼룩이 나타나는 시간이 더 짧아졌다고 대답했다. 색깔에 주의를 기울이느라 시간을 놓쳐버린 것이다. 또한 복잡한 그림과 단조로운 그림을 각각 15초 동안 관찰하게 한 후 15초가 지났을 것으로 추정될 때 그림에서 눈을 떼게 해보면, 단조로운 그림보다 복잡한 그림을 더 오래 보게 된다. 이는 우리의 시간 감각이 지루한 그림보다 흥미로운 그림을 볼 때 시간이 더 빨리 지나가는 것으로 느끼기 때문이다.

그래서 텔레비전을 보고 있을 때 시간이 쏜살같이 흘러가버리는 것이다. 텔레비전을 보는 동안 우리의 감각이 재빠르게 바뀌는 영상에 사로잡히기 때문이다. 하지만 며칠이 지난 후에 기억해보면, 그 시간들이 흔적도 없이 사라진 것처럼 느껴진다. 텔레비전에서 본 것이 별 의미가 없어서 우리의 뇌가 아무것도 기억해두지 않았기 때문이다. 텔레비전은 그렇게 현재의 시간을 몰아낼 뿐만 아니라, 기억 속의 시간도 함께 몰아낸다. 좀 심하게 말하면, 텔레비전이 우리의 생명을 단축시키는 것이다. 그래서 독일의 사회학자 하르트무트 로자Hartmut Rosa는 이러한 시간의 축소 현상을 '텔레비전 패러독스'라고 명명하기도 했다.

한 통계에 따르면, 우리나라 사람들은 하루 평균 3시간을 텔레비전 시청에 소모하고, 미국인들은 7시간, 영국인들은 4.5시간을 소비한다고 한다. 평균 수명을 80세라고 할 때 미국인들은 23년, 영국인들은 15년을 텔레비전 앞에서 보내고, 우리나라 사람들도 10년 가까이 텔레비전과 함께 보내는 셈이다. 특히 삼성은퇴연구소에 따르면, 은퇴 이후 우리나라 60대 남성의 하루 평균 텔레비전 시청 시간이 4시간 이상이라고 하니, 인생의 끝자락을 향해 갈수록 시간의 빠름을 더욱 실감하게 될지도 모른다.

게임도 마찬가지다. 게임은 우리의 집중력을 완전히 사로잡는다. 게임을 하다가 시간이 번개같이 지나가버린 경험을 해본 독자도 있을 것이다. 배에서 꼬르륵 소리가 나거나 엄마가 그만하라고 소리를 질러야, 그제야 시간이 많이 흐른 것을 깨닫고 그만두는 경험 말이다. 그런데 게임을 중지하고 나면, 마치 블랙홀이 삶의 일부분을 집어삼켜 버린 것처럼 몇몇 장면을 제외하고는 아무것도 기억이 나지 않는다.

세 번째 방법으로 스스로가 젊다는 생각을 갖고 사는 것도 도움이 될 수 있다. 이와 관련하여 1979년 미국 뉴햄프셔주에서 행해진 '시계 거꾸로 돌리기 연구counterclockwise study'는 주목할 만하다. 이 실험은 당시 70대 후반에서 80대 초반의 노인 8명을 상대로 20년 전 당시처럼 살게 하는 실험이었다. 실험자들은 노인들에게 1959년 풍경으로 완벽하게 꾸며진 집에서 흑백 TV로 카스트로의 아바나 침공, 미국 첫 인공위성 익스플로러 발사 등의 장면을 시청하게 하고, 라디오와 영화도 당시 것만 접하도록 했다. 간병인이나 가족의 도움 없이 요리와 청소도 스스로 하게 하고, 과거의 나이로 돌아간 것처럼 현재형으로만 말하고 토론하게 했다.

그러자 노인들이 실제로 젊어지는 놀라운 일이 벌어졌다. 노인들의 시력과 청력, 기억력, 악력이 개선되고 체중도 늘어났다. 또한 부축 없이는 걷기도 힘들었던 한 노인은 꼿꼿한 자세로 걷기까지 했다. 그들의 행동과 표정은 50대로 돌아간 것처럼 보였다. 이처럼 실제로 시간을 거꾸로 돌릴 수는 없어도 마음의 시계는 거꾸로 돌릴 수 있다.

네 번째 시간 관리의 비결은 순간의 기회를 포착하는 것이다. 이는 크로노스chronos와 카이로스kairos라는 개념을 알면 보다 잘 이해할 수 있다.

그리스어로 시간과 때를 나타내는 단어는 2개다. 하나는 '크로노스'이고, 다른 하나는 '카이로스'다. 크로노스는 우리가 일반적으로 알고 있는 흘러가는 객관적인 시간으로, 모두에게 동일하게 적용되어 멈출 수도 통제할 수도 없는 물리적인 시간이다. 즉, 세슘 원자로 측정한 양적인 시간이다. 그래서 시계를 뜻하는 '크로노미터chronometer', 연대기란 뜻의 '크로니클chronicle'과 같은 단어의 어원이 되기도 한다.

그리스 신화에 등장하는 크로노스는 대지의 여신 '가이아'와 나중에 태어난 하늘의 신 '우라노스' 사이에서 태어났다. 가이아와 우라노스는 서로 붙어 있었는데, 어머니 가이아의 후원으로 크로노스가 아버지 우라노스의 남근을 거세하면서 하늘과 땅이 서로 떨어지게 되었다. 그때부터 비로소 시간이 시작된 것이다. 그 후 크로노스는 후계자들이 갖게 될 지배권력에 대한 두려움 때문에 태어나는 자식들을 모두 삼켜버린다. 다행히 어머니 레아의 도움으로 간신히 살아남은 막내아들 제우스가 아버지인 크로노스를 제압하고 지하 세계에 크로노스를 영원히 가두어버리긴 하지만, 크로노스의 통제할 수도 멈출 수도 없는 행동은 모든 것을 탄생시키고, 또 모든 것을 파괴하는 시간의 속성과 닮아 있다. 어떤 이는 크로노스 신이 자신의 아이들을 다시 토해내는 모습을 해마다 소멸했다가 다음 봄이면 소생하는 곡식들의 변화와 결부시키기도 한다.

반면, 카이로스는 특정한 때를 말한다. 이는 일종의 '기회'라는 의미를 갖는 시간으로, 사람들마다 다른 의미로 적용될 수 있는 주관적이고 심리적인 시간이다. 어떤 찰나의 순간이라도 거기에서 가치와 의미를 찾을 수 있다면, 그 시간은 카이로스가 된다. 크로노스가 시계에 표시된 숫자를 읽어내는 것을 말한다면, 카이로스는 현재 진행 중인 일에서 잡아채는 완벽한 타이밍이라고 할 수 있다.

그리스 신화에서 카이로스는 제우스의 막내아들인데, '기회의 신'으로 불린다. 이탈리아 토리노 박물관에 가면 앞머리는 무성하고, 뒷머리는 대머리이며, 발에는 날개가 달려 있고, 손에는 저울과 칼이 들려 있는 카이로스 조각상을 볼 수 있다. 앞머리가 무성한 것은 사람들이 금방 알아차리지 못하게 하고 쉽게 붙잡을 수 있도록 하기 위함이고, 뒷머리가 대머리인 것은 지나가고 나면 붙잡지 못하도록 하기 위함이다. 발에 날개가 달린 것은 최대한 빨리 지나가기 위한 것이고, 저울을 들고 있는 것은 정확히 판단하라는 것이고, 칼을 든 이유는 칼같이 결단하라는 의미이다. 기회의 신답게 기회의 속성을 적나라하게 보여주고 있다. 그래서 카이로스는 개인에게 인생의 큰 전환점이 될 수도 있는 시간이자 기회를 뜻하는 말이다.

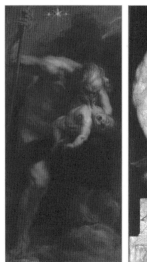

〈자식을 삼키는 크로노스〉(1636), 페테르 파울 루벤스

카이로스

우리의 삶에는 이러한 크로노스와 카이로스의 시간이 뒤섞여 있다. 쉬운 예로, 아이를 임신한 10개월이 크로노스라면, 아이가 태어나는 순간은 카이로스다. 서울역에서 KTX를 타고 부산까지 가려면 2시간 30분 정도 걸리는데, 이 시간은 크로노스다. 하지만 마음에 맞는 친구와 함께 즐거운 이야기를 나누면서 가다 보면, 언제 2시간 30분이 지났는지 모를 정도로 시간이 빨리 가버린다. 이 시간은 카이로스다. 아인슈타인은 "상냥한 여자와 함께 보내는 2시간은 2분처럼 느껴지고, 뜨거운 난로 위에서의 2분은 2시간처럼 느껴진다. 그것이 바로 상대성이다"라고 말한 바 있다. 결국 크로노스와 카이로스는 시간의 상대성을 다르게 표현하고 있는 셈이다.

그래서 카이로스는 누구나 자신의 의지나 성향에 따라 얼마든지 통제할 수 있다. 끊임없이 흐르는 크로노스 시간은 붙잡을 수 없지만, 카이로스 시간은 마음먹기에 따라 얼마든지 자기 것으로 붙들 수 있다. 그래서 크로노스 시간을 자신만의 카이로스 시간으로 만들 수만 있다면 보람과 기쁨, 성취감이 자연스럽게 늘어나게 된다. 또한 고난이나 역경에 직면하더라도 좌절하거나 후퇴하기보다는 도전적이고 적극적인 자세를 가질 수 있다.

따라서 카이로스적인 삶을 살기 위해서는 삶의 순간순간을 항상 소중하게 생각하고 주어진 기회에 최선을 다해야 한다. 아울러 생각을 깊이 하여 생각의 속도를 높이고, 생각의 무게를 늘려야 한다. 대개 보통 사람들의 생각은 다른 사람의 생각에 단 하루도 영향을 미치기 힘든 반면, 플라톤, 아리스토텔레스, 공자와 같이 위대한 철학자들의 생각은 지금까지도 사람들의 생각에 중요한 영향을 미치고 있다. 즉, 이들의 생각은 보통 사람들보다 더 긴 세월을 살고 있는 셈이다. 마치 상대성 세계에서처럼 빠르고 무거운 현자의 생각이 보통 인생의 시간보다 천천히 흐르고 있는 것이다.


마지막 시간 관리 방법은 보다 가치 있는 일에 집중하는 것이다. 프랑스의 소설가 생텍쥐페리Saint Exupery의 『어린 왕자』를 보면, 한 장사꾼이 어린 왕자에게 1주일에 53분을 절약할 수 있는 갈증해소 알약을 파는 장면이 나온다. 그러자 어린 왕자는 '만약 내게 마음대로 써도 되는 53분이 있다면 난 샘을 향해 천천히 걸어가겠어'라고 생각한다. 어린 왕자는 절약할 수 있는 53분이라는 '시간'보다 샘이라는 '가치'를 선택한 것이다.

이와 같이 시간을 줄이는 것에 초점을 맞추기보다 어린 왕자와 같이 주어진 시간 동안 자신이 생각하는 가장 가치 있는 일에 집중하는 것이 어쩌면 시간을 더 잘 관리하는 법인지도 모른다. 무턱대고 시간만 쫓는 것이 아니라, 보다 의미 있고 가치 있는 일에 집중하면서 인생을 살아가고자 하는 노력이야말로 인생의 밑거름이 되기 때문이다.

그러한 밑거름이 있어야 인생이라는 땅이 제대로 경작된다. 시간은 마치 사유지와 같아서 경작하지 않으면 아무런 가치도 창출하지 못하고 독초와 잡초만 자랄 뿐이다. 하지만 적절하게 개량할 경우 부지런한 일꾼의 노력에 반드시 보답하기 마련이다. 시간이 인생을 구성하는 주요 재료가 되는 이유이기도 하다.

# 창의성의 원천,
# 독서

## ⋮ 독서의 힘

토끼풀 같은 아이야, 장차 무엇이 되고 싶니

선생님이 되고 싶니 발명가가 되고 싶니

시인 혹은 장군이 되고 싶니

너의 고사리 주먹에 쥐어진 한 권의 책이 지금은 무겁겠지만

그 속에 네가 가야 할 길이 있고 하늘이 있다

무거우면 네 연한 무릎 위에 책을 세우고

첫봄 개나리꽃 같은 아이야

별을 읽어라 바다를 읽어라 우주를 읽어라

네 눈빛이 책 속에 있는 동안

들 가운데는 자운영 꽃이 피고 파랑새가 더 멀리 날고

고래가 바다를 횡단한다

네 가슴이 책을 꿈꾸는 동안

세계는 발자국 소릴 죽이고 네 숨소리를 듣는다

파도가 가라앉고 폭풍이 잠자고

태백 산봉에는 흰 구름이 핀다

자두꽃 같은 아이야, 네 상상 속엔 지금

사슴이 지나느냐 연어가 돌아오느냐

들판 끝에 송아지가 우느냐

언젠가 아버지가 되고 어머니가 될

이 세상의 별인

책 읽는 아이야

책과 인쇄 박물관

이기철 시인의 〈책 읽는 아이〉라는 시다. 내 아이에게 언제라도 읽어주고 싶은 아름다운 이 시는 춘천에 있는 '책과 인쇄 박물관' 앞마당에도 걸려 있다. 책을 좋아하는 사람이라면 한 번쯤 방문해볼 만한 박물관이다.

이 시에서 밝히고 있는 것처럼 한 권의 책에는 아이들이 가야 할 길이 있다. 독서가 사람을 성장하게 만든다는 말이다. 우리는 우리가 읽는 것으로 만들어진다. 그만큼 책 속에 담긴 정보와 지식은 사람의 내공을 깊게 만드는 영양소가 되기 때문이다. 대개 사람들은 책을 읽을 때, 그것이 어떤 식으로 발현될지 알지 못한 채 책을 읽는 경우가 많다. 하지만 꾸준하게 책 속에 담긴 다른 사람들의 생각에 귀를 기울이다 보면, 그 속에 담겨진 지혜와 지식이 자신도 모르게 내면에 쌓이게 되고, 본인의 경험과 뒤섞이면서 자신만의 내공으로 발전하게 된다. 그래서 미래에셋 박현주 회장은 미당 서정주 시인의 '나를 키운 건 8할이 바람'이라는 시구에 빗대어 '나를 키운 건 8할이 독서'라고 고백하기도 했다. 마치 씨앗처럼 수년 동안 싹을 틔우지 않은 채 동면하다가도, 어느 날 갑자기 찬란한 꽃을 피워내는 것이 독서인 것이다.

따라서 독서는 자기 성장을 위한 투자라고 할 수 있다. 그러므로 어떤 책을 읽느냐에 따라, 또 얼마만큼의 책을 읽느냐에 따라 투자 수익, 즉 자기 성장의 결과가 달라진다. 단편적인 정보나 노하우를 얻기 위한 독서가 단기 투자라면, 전문지식, 사상, 철학 등에 관한 책을 읽는 것은 중장기 투자라고 볼 수 있다. 하지만 투자에 있어서 어떤 투자법이 더 중요하고 덜 중요하다고 볼 수 없기 때문에 균형 있는 투자를 할 필요가 있다.

그런 투자를 했을 때 우리는 보다 지식의 원천에 가까이 다가갈 수 있게 되고, 더 나아가 지적 체계의 수준도 높일 수 있게 된다. 대개 지적 체계는 자료, 정보, 지식, 지혜의 4단계로 나눌 수 있다. 의도적으로 혹은 무작위로 수집된 '자료'가 지적 체계의 가장 기본적인 단계이고, 그렇게 모인 자료 중에서 쓸 만한 '정보'를 찾을 수 있다. 그리고 정보가 쌓여 일정한 분류 체계를 갖추면 '지식'이 되고, 쌓인 지식을 통해 통합적으로 사고하고 분석 및 비판 능력을 발휘할 수 있으면 그것이 곧 '지혜'가 된다.

한마디로 지식은 정보의 축적물이고, 지혜는 지식의 적절한 운용인 것이다. 그리고 지혜가 있어야 창의성도 발휘된다. 창의성은 지혜의 영역이기 때문이다.

한편, 지식의 반대는 무지이고, 지혜의 반대는 어리석음이다. 지식을 습득하면 무지를 변화시킬 수는 있지만 어리석음을 변화시킬 수는 없다. 따라서 지식이 많은 사람도 지혜가 없으면 어리석을 수 있는 것이다. 지식과 지혜의 차이에 대해 법정 스님은 "지식은 바깥의 것이 안으로 들어오는 것이지만, 지혜는 안의 것이 밖으로 나가는 것"이라고 말하기도 했다. 즉, 집어넣는 교육이 아닌 꺼내는 교육을 해야 지혜가 발현된다는 것이다. 또한 다산 정약용은 글쓴이의 마음을 깨달아 지혜의 문을 활짝 여는 '문심혜두文心慧竇'를 목적으로 글을 읽어야 한다고 했다. 이는 다른 사람의 지식으로 지식인이 될 수 있을지는 몰라도, 다른 사람의 지혜로는 지혜로운 사람이 될 수 없기 때문이다. 하지만 독서를 꾸준히 하게 되면 마치 누에가 뽕잎을 꾸준히 먹은 후 명주실을 토해내듯 새로운 지혜를 토해내게 된다. 그래서 독서는 지혜의 물을 건너는 것과 비슷하다. 깊은 강을 건너다보면 온몸이 다 젖겠지만, 책을 통과한 후에는 새로운 나 자신을 발견할 수 있게 된다.

미국 드라마 중 인기리에 방영되었던 〈맥가이버〉라는 프로그램이 있다. 어떠한 상황에서도 뛰어난 임기응변으로 위기를 벗어나는 맥가이버는 다양한 지식을 활용하여 임무를 수행하는 '브리꼴뢰르bricoleur'형 인재다. 프랑스어로 '잡역부', '수공 일을 직접 하는 사람', '손재주꾼'이란 뜻을 갖고 있는 브리꼴뢰르는 어떤 것이든 모두 만들 수 있는 재능이 많은 사상가를 말한다. 이들은 주위에 있는 재료를 수집해서 필요한 것을 뚝딱 만들어내는 창의력을 가진 사람들이다. 예를 들어, 산속에서 아무런 불빛이 없는 상황에서도 맥가이버는 주변의 숯, 소금, 물, 알루미늄 호일 등을 이용해 전지를 만들어 주변을 밝혀낸다. 그런데 이러한 지혜는 전지에 대한 기본적인 지식이 없이는 불가능하다. 농축된 우라늄이 임계질량을 넘어야 핵분열을 일으키는 것처럼 지식이 어느 정도 쌓이고 쌓여야 지혜가 발현되는 법이다.

군이 책을 읽지 않더라도 요즘에는 인터넷을 통해 어떤 지식이든 쉽게 얻을 수 있지 않느냐고 물을 수도 있다. 그러나 인터넷에서 쉽게 얻을 수 있는 지식은 '자료'와 '정보'에 가깝다. 자료와 정보는 마치 마트에서 맛보는 시식 상품과 같아서 체계화되어 있지 않고 단편적이다. 따라서 자료와 정보로는 빠른 길을 찾는 데 도움이 될 수 있을지는 몰라도, 자신이 걸어가야 할 인생길에 대한 목표나 비전, 왜 그 길을 걸어가야 하고, 또 어떻게 걸어가야 하는지에 관한 것들은 알려주지 못한다.

더구나 인공지능으로 대표되는 미래 사회는 정보와 자료의 양만으로 승부할 수 있는 시대가 아니기 때문에, 정보와 자료를 아무리 많이 가지고 있다고 하더라도 그것을 지식과 지혜로 승화시켜 창의성을 발휘하지 못한다면 그러한 자료와 정보는 죽은 것이나 다름없다. 하지만 책은 단순히 정보를 나열하는 데 그치지 않고 정보를 응용하고 실천하게끔 하는 종합적인 지식을 제공한다. 따라서 독서는 인간에게 주어진 하나의 종합선

물세트와 같다. 그럼에도 많은 이들은 이 좋은 선물을 풀어 보지도 않고 바쁘다는 이유로 외면하기까지 한다. 그 안에 인생을 바꿀 열쇠가 들어 있는데도 말이다.

이제라도 책이라는 선물 보따리를 풀어보자. 혹시 아는가? 그 안에 시행착오를 겪지 않고서도 빠른 길로 갈 수 있는 방법을 알려주는 지도가 담겨 있을지. 굳이 시행착오를 겪지 않더라도 미리 시행착오를 겪을 대로 겪은 '저자'라는 선배가 그 내용을 책에 정리해놓았을지 모른다. 이는 돈으로도 살 수 없는 다른 사람의 경험을 공짜로 얻는 것과 마찬가지다. 42.195킬로미터를 달리는 마라톤으로 치면, 10킬로미터 지점에서 시작하는 것만큼이나 유리해지는 것이다.

게다가 그 저자의 지적 수준이 높으면 높을수록 풍부한 지식과 고차원의 사고방식을 따라 배울 수도 있다. 따라서 독서는 저자의 사고방식을 자기 것으로 만드는 과정을 통해 생각하는 능력을 향상시킬 수 있도록 도와준다. 독서의 참된 의미와 가치는 사고력을 확장시키는 데 있다. 철학자 데카르트Descartes는 "좋은 책을 읽는다는 것은 지난 몇 세기에 걸쳐 가장 훌륭한 사람들과 대화를 나누는 것과 같다"라고 말했다. 한 권의 책에는 저자가 평생에 걸쳐 습득한 전문 분야의 지식과 노하우, 글쓴이의 철학과 통찰력 등 모든 지식과 지혜가 담겨 있기 때문이다.

특히 문학, 역사, 철학, 이른바 '문사철'이라고 불리는 인문 고전과 같은 양서들은 일종의 기반 지식 역할을 하기 때문에, 이러한 분야의 책을 읽게 되면 인간에 대한 근본적인 이해가 높아지고 인간답게 살아가는 길을 발견하게 된다. 특히 고전은 아주 오랜 시간 동안 사람들의 사랑을 받으며 살아남았기 때문에 시간과 공간의 변화에도 변하지 않는 삶의 본질이 담겨 있다.[22] 따라서 고전을 읽게 되면 삶의 본질적인 요소들을 생각하게 되고, 현재 우리에게 진정으로 의미 있는 깨달음과 창조적인 아이디어를 얻을 수 있게 된다.

그런데 고전은 읽기가 매우 어렵다. 그만큼 난해하기 때문이다. 그래서 재치와 입담으로 유명한 마크 트웨인은 고전을 '사람들이 칭찬은 하면서도 읽지 않는 책'이라고 정의하기도 했다. 하지만 고전은 '말해야 하는 것을 결코 끝마치지 않은 책'이라고 할 만큼 생각을 깊이 하게 만드는 매력이 있다.

따라서 고전을 많이 읽을수록 그만큼 성공에 가까워질 수 있다. 한 예로, 100년 동안 노벨상 수상자를 84명이나 배출시킨 시카고대학은 그 비결을 고전 위주의 독서 목록을 만들어 교육한 데서 찾는다. 실제로 시카고대학은 2년 동안 폭넓은 교양과목을 공부해야 하는 '그레이트 북스Great Books' 프로그램을 채택하고 있다.

스티브 잡스도 "소크라테스와 점심 한 끼를 할 수 있다면 전 재산을 내놓을 수도 있다"고 말할 정도로 고전에 취한 사람이었다. 하지만 철학

---

**22** 메리엄 웹스터Merriam-Webster 사전에 따르면, 고전은 '고대 그리스 혹은 로마의 저작물'이라고 정의되어 있다. 로마 시대에는 세수 확보를 위해 시민들을 소유한 토지에 따라 여섯 그룹으로 분류했는데, 그 가운데서도 가장 많은 토지를 가진 계층을 '클라시스classis'라고 불렀다. 여기서 'class'(품격, 계급, 등급), 'classic'(고전)과 같은 영어 단어들이 유래했다.

자 소크라테스는 안타깝게도 이미 2천 년 전에 죽었다. 그러나 지금도 그런 천재들과 대화를 할 수 있는 기회가 있으니, 바로 '고전 읽기'다. 책은 저자의 에센스이기 때문이다. 따라서 저자와 대화를 나누는 것보다 그가 쓴 책을 읽는 편이 비교가 안 될 만큼 많은 내용을 전달받을 수 있다.

일본의 뇌 과학자인 도마베치 히데토苫米地英人 박사는 지능지수가 읽은 책의 권수와 정비례한다며, 지능지수를 높이는 최고의 수단이 독서라고 단언한다. 미국 러시대학의 연구에서도 고령 이후에 하는 독서가 정신적 퇴화를 32퍼센트 정도 늦춘다고 한다. 그만큼 독서는 생각을 향상시키고 뇌를 청춘처럼 유지시키는 비결인 것이다.

실제로 독서는 두뇌를 골고루 발달시켜주고 신경회로의 연결을 더욱 단단하게 한다. 워싱턴대학에 따르면, 책을 읽을 때 뇌의 17개 영역이 관여한다고 한다. 우선 글을 읽으면 시각 정보를 담당하는 후두엽이 활성화되고, 글을 사고로 전환시키는 두정엽도 활성화된다. 또한 측두엽의 정보 저장 능력이 높아져 이해력도 높아진다.

책을 통해 생각하는 능력이 향상되면 상상력도 자극된다. 독서라는 것은 단순히 평면인 종이 위에 적혀 있는 글자를 읽는 행위이지만, 글을 읽다 보면 그렇게 누워있던 글자가 종이에서 튀어나와, 어느새 우리 머릿속에서 걷거나 뛰어다니면서 멋진 상상의 세계로 안내한다. 세한도를 창작한 추사 김정희도 "가슴속에 만 권의 책이 들어 있어야 그것이 흘러넘쳐서 그림과 글이 된다"라고 말했다. 실제로 인류의 역사를 보면 위대한 상상력이 기여한 부분이 많다. 싱가포르의 리콴유李光耀 수상은 독서 상상력으로 싱가포르를 건설했다고 말했으며, 프랑스의 샤를 드골 대통령도 독서 상상력으로 위대한 프랑스 건설을 꿈꾸었다. 독일의 고고학자 하인리히 슐리히만Heinrich Schliemann은『일리아드』를 읽고 트로이 문명을 발굴했으며, 링컨은『엉클 톰스 캐빈』을 읽고 노예 해방의 영감을 얻었다. 실로 독서는 인간의 뇌를 자극하여 새로운 영감을 주는 원천과도 같다. 가야금 명인인 황병기 선생은 "아무 산이나 고운 물을 내는 건가. 우선 숲이 울창해야 하고, 그 속엔 약초도 있고 비도 적당히 내려야지. 사람에겐 독서란 게 약초나 비 같은 거야. 바로 영혼의 영감을 만들어내는 근본이 아니겠어?"라며 독서의 중요성을 말하기도 했다.

상상력을 한자로 쓰면 '想像力'이다. 코끼리의 모습像이 들어간다. 이에 대해 한비자는 사람들이 살아있는 코끼리를 직접 보기가 어렵기 때문에 죽은 코끼리뼈를 보고 전체 모습을 머릿속에서 그려본다고 해석했다. 이는 상상력이라는 것이 아무것도 없는 공간에서 나오는 것이 아니라 코끼리뼈와 같은 과거의 경험이라든가, 어떤 지식이 근저에 자리 잡고 있어야 함을 의미한다. 말하자면 환상은 실재의 거울인 셈이다. 실제로 사람들에게 수억 광년 떨어진 행성에 생명체가 있다면 어떤 모습일지를 자유롭게 상상해서 그림으로 그려보게 하면, 대체로 우리가 보던 생명체와 비슷한 그림을 그린다. 이처럼 자유로운 상상조차도 기존 지식이나 경험에 의해 영향을 받는다. 따라서 독서는 상상력과 창의력의 원천인 것이다.

한편, 독서는 스트레스와 불안으로부터의 탈출구다. 영국 서섹스대학 신경심리학과 데이비드 루이스David Lewis 교수는 '독서, 음악 감상, 한 잔의 커피, 게임, 산책'이 스트레스를 얼마나 줄여주는지를 측정했다. 그 결과, 조용한 곳에서 약 6분 정도 책을 읽으면 심박수가 낮아지고 근육 긴 장이 풀어지면서 스트레스가 68퍼센트 감소하는 것으로 나타났다. 독서 의 스트레스 감소 효과가 가장 컸다. 뒤를 이어 음악 감상이 61퍼센트, 커 피 마시기가 54퍼센트, 산책이 스트레스를 42퍼센트 줄여주는 것으로 나 타났다. 그러나 게임은 스트레스를 21퍼센트 줄여주긴 했지만 심박수는 오히려 높아졌다. 루이스 박사는 "독서는 현실에서 탈출하고 싶은 욕구를 잘 충족시켜준다. 무슨 책을 읽는지는 중요하지 않다. 다만 작가가 만든 상상의 공간에 빠져 일상의 스트레스와 걱정에서 탈출할 수 있으면 된다" 고 말했다.

독서의 스트레스 해소 기능은 과학적으로도 입증되었다. 뇌 기능 이 미징을 이용한 연구에 따르면, 언어 정보가 뇌에 들어오면 편도체의 흥분 이 억제되어 부정적인 감정이 진정되고 기분이 개선된다는 사실이 관찰되 었다. 일례로, 배가 아플 때 엄마가 '엄마 손은 약손' 하고 배를 문질러주 면 실제로 아픔이 사라진 것처럼 느낀 경험을 해보았을 것이다. 이것은 일 종의 암시 효과도 있지만 언어 정보에 의한 불안 해소의 결과이기도 하다.

따라서 어떤 걱정거리가 있다면 책을 한 권 사서 읽기를 권한다. 조 용한 음악이 흐르는 멋진 풍경의 카페에 앉아 조용히 독서 삼매경에 빠져 본다면 더할 나위 없이 좋을 것이다. 삼권분립을 주장한 프랑스의 정치 사상가 몽테스키외Montesquieu는 "나는 한 시간의 독서로 누그러들지 않는 어떤 슬픔도 알지 못한다"라고 말한 바 있다. 독서를 통한 스트레스 감소 효과를 실감했기에 할 수 있는 말이다.

독서가 인체의 신경계통에 좋다는 연구 결과도 있다. 미국의 신경학 권위지인『뉴로』는 독서가 공해나 독성 물질로 인한 인체의 피해를 줄이는 효과가 있다고 밝혔다. 과학자들은 독서가 신경계에 흐르는 혈액량과 혈류의 속도를 증가시켜 독성 물질이 혈관에 끼지 않고 몸 밖으로 배출되도록 돕는 것으로 보고 있다.

독서는 소득을 높여주고 성공의 밑거름이 되기도 한다. 2009년 일본 경제산업지역연구소가 조사한 결과에 따르면, 사람들의 연수입이 높을수록 도서 구입비가 높은 것으로 나타났다. 실제로 현실에서도 성공한 사람의 대부분은 열렬한 독서가이다. 세계 최고의 투자가인 워렌 버핏의 성공 비결도 독서다. 그는 다른 사람들보다 5배 이상 책을 읽었다고 말할 정도로, 매일 깨어 있는 시간의 3분의 1 이상을 독서에 투자하는 엄청난 독서광으로 알려져 있다. 그는 자신의 하루 일과를 이렇게 말한다. "나는 아침에 일어나 사무실에 나가면 자리에 앉아 읽기를 시작한다. 읽은 다음에 8시간 통화를 하고, 읽을거리를 가지고 집으로 돌아와 저녁에는 다시 또 읽는다." 빌 게이츠 역시 어릴 적 별명이 책벌레였을 만큼 독서를 좋아한다. 그는 "오늘의 나를 있게 한 것은 동네의 작은 공공 도서관이었다"며 "하버드대학 졸업장보다 독서하는 습관이 더 중요하다. 내 성공의 비결은 어린 시절부터 길러온 독서 습관이었다"라고 밝혔다.

독서가 부를 가져다주는 이유는 독서를 통해 사회 흐름과 변화를 읽을 수 있기 때문이다. 책을 통해 생각도 깊어지지만 사람과 사회에 대한 관찰과 대화를 통해 미래를 읽을 수 있게 된다. 미래를 읽을 수 있다면 투자에 성공하는 것은 자명한 이치다. 독서경영으로 유명한 이랜드 박성수 회장의 말처럼 지금은 "지식이 곧 상품"인 시대다. 고령화 사회를 넘어 고령 사회로 접어들고 있는 이때,[23] 만일 노후 소득에 대한 걱정이 많다면 독서하기를 권해본다. 은퇴 이후 연금을 받기 직전까지의 '은퇴 크레바스'를 슬기롭게 극복할 수 있는 방법을 찾을 수 있을지도 모른다.

독서는 인간관계 개선에도 도움을 준다. 이는 독서가 가진 본질이 저자와의 대화이기 때문이다. 다시 말해, 책을 읽을 때는 저자가 책을 통해 전하고자 하는 주제와 이슈에 대해 내 생각과 비교하며 질문을 던지는 지적 활동이 수반되기 마련이다. 대화와 다른 점이 있다면 실제 대화는 돌이킬 수 없는 반면, 독서는 시간과 상관없이 곱씹을 수 있다는 점이다. 그래서 마음만 먹으면 독서를 통해 맥락을 찾고 생각하고 질문하는 과정을 충분히 연습할 수 있다. 그렇게 훈련된 사람은 풍부한 대화의 소재를 활용하여 실제 대화도 더 능숙하게 이어갈 수 있게 된다.

---

**23** '고령화 사회ageing society'는 총 인구 중 65세 이상 인구가 차지하는 비중이 7퍼센트 이상인 사회이며, '고령 사회aged society'는 14퍼센트 이상인 사회를 말한다. 우리나라는 2000년에 고령화 사회에 진입했고, 2018년에 고령 사회로 접어들었다.

## ⋮ 핫미디어와 쿨미디어

한 교수가 대학 특강에서 "우리나라 정치 지도자들 대부분이 거의 책을 읽지 않는데, 이렇게 해서 어떻게 나라가 올바로 되겠습니까?"라고 말하자 대학생들이 일제히 환호하며 박수를 쳤다고 한다. 책을 읽지 않는 정치인들을 지적한 것에 호응한 것이다. 그런데 이어 "더 큰 문제는 요즘 대학생들이 전혀 책을 읽지 않으니 나라의 장래가 어떻게 되겠습니까?"라고 말하자 환호하던 대학생들이 갑자기 아무 말 없이 조용해졌다고 한다. 책을 읽지 않는 것에 대해 미국의 시인 요세프 브로드스키 Joseph Brodsky 는 "책을 불태우는 분서보다 나쁜 범죄가 많은데, 책을 안 읽는 것이 그 하나"라고까지 말하기도 했다. 약간의 과장이 섞여 있긴 하지만, 책을 읽지 않는 사람들의 심각성을 잘 짚은 말이기도 하다.

실제로 우리나라의 경우 대학생을 비롯한 많은 성인이 책을 읽지 않는다. 문화관광부가 격년마다 조사하는 '국민 독서 실태조사'에 따르면, 우리나라 성인은 연평균 8권 정도를 읽는다. 한 달에 책 한 권도 읽지 않는 것이다. 책 한 권을 읽을 때 약 5시간이 필요하다고 가정할 경우 한 사람이 50년 동안 책을 읽는 데 보내는 시간을 모두 합쳐봐야 3개월도 안된다. 이는 평생 화장실 가는 시간보다 못한 시간이다. 더구나 1년 동안 한 권의 책도 읽지 않은 비율이 40퍼센트나 되었다. 10명 중 4명은 독서를 전혀 하지 않는 것이다. 직장인이 책 사는 데 쓴 돈보다 술 마시는 데 쓴 돈이 4배나 많다는 조사 결과도 있다. 심지어 자신이 책을 읽지 않는 정도에서 그치지 않고, 책 읽는 아이들을 괴롭히는 '책따'까지 있다고 하니 기가 막힐 노릇이다.

그렇다면 왜 이리 독서가 어려운 것일까? 심리학자인 스티븐 핑커 Steven Pinker 는 "소리에 관한 한 아이들은 이미 선이 연결된 상태이지만 문자는 고생스럽게 추가 조립해야 하는 액세서리"라고 말한 적이 있다. 이는 우리의 뇌가 글보다 말에 더 자연스럽게 반응한다는 뜻이다. 그만큼 글을 받아들이기 어렵다는 말이다.

하지만 사람들이 독서를 하지 않는 가장 큰 이유로 꼽는 것은 '일이나 공부 때문에 시간이 없어서'이고, 그다음이 '휴대전화 이용, 인터넷, 게임을 하느라 바빠서'이다. 그다음이 '책 읽기가 싫고 습관이 들지 않아서'이다. 책을 읽는 많은 초·중·고등학생들조차도 '선생님 또는 부모님이 읽으라고 해서', '학교 또는 학원 숙제를 위해서'와 같이 수동적으로 책을 읽는 실정이다.

그런데 많은 사람이 책을 읽지 않는 이유로 꼽는 '시간이 없어서'는 흔한 변명으로밖에는 보이지 않는다. 사람들은 일하고 공부하느라 지쳐서 쉴 시간도 없는데, 고리타분한 책에 쓸 시간이 어디 있느냐고 반문한다. 그러나 이 말은 뒤집어 생각해볼 때 '시간만 있으면 독서를 할 수 있다'는 뜻이 된다. 과연 사람들이 시간이 없어서 독서를 못 하는 것일까?

통계청 자료에 따르면, 2015년 전국 2인 이상 가구의 가구당 월평균 도서구입비는 1만 6,623원이다. 그런데 가구당 월평균 통신비는 14만 7,725원으로 도서구입비의 9배 가까이 되며, 오락·문화 지출비도 통신비와 유사한 수준이다. 따라서 시간이 없어서, 생활이 빠듯하여 책을 못 읽는다는 것은 설득력이 떨어진다. 한 달에 책 한 권도 사지 않으면서 시간을 논하는 것은 구차한 변명일 뿐이다. 나폴레옹의 경우 목숨이 오가는 전쟁터에서조차 책에서 손을 놓지 않았다는 점을 생각해볼 때, 마음만 먹으면 누구나 책 읽기는 가능하다.

어디 그뿐인가? 정약용은 강진에서 유배생활을 하는 동안에도 복사뼈에 구멍이 3번이나 날 정도로 치열하게 독서했으며, 정조는 끝도 없이 밀려드는 정무와 당파 싸움, 그리고 암살 위험에 시달리면서도 손에서 책을 놓지 않았다. 피렌체에서 화형 선고를 받았던 단테Dante는 추격자들을 피해 도망 다니던 와중에도 책을 읽었고, 노벨평화상을 수상한 슈바이처 Schweitzer는 아프리카의 살인적인 더위 속에서도 매일 책을 읽었다. 감리교의 창시자인 존 웨슬리John Wesley도 말을 타고 이동하면서도 말 위에서 책을 읽었다.

정말 책을 읽을 마음만 있다면 일부러 휴가를 내서라도 독서할 수 있다. 조선 세종은 집현전의 재능 있는 신하들이 조정 업무에 쫓겨 책을 읽지 못하는 것을 알고, 이들에게 일정 기간 휴가를 주어 독서에만 몰두하게 하는 '사가독서賜暇讀書' 제도를 운영했다. 영국의 빅토리아 왕조 (1836~1901년) 때에도 고위 관리들이 3년에 한 번꼴로 한 달 남짓 휴가를 보내면서 셰익스피어 작품 5편을 정독하게 하고 독후감을 써내도록 하는 일명 '셰익스피어 휴가'가 있었다. 소문난 독서광이었던 미국의 클린턴 Clinton 대통령의 경우도 휴가철 독서로 유명했다. 그는 휴가 때면 어김없이

10여 권의 책을 읽었고, 언론들은 대통령이 읽은 책의 목록을 보도했다. 우리나라 김대중 대통령도 휴가 때마다 4권 정도의 책을 준비했다. 이처럼 굳이 독서 휴가 제도가 없더라도 자신의 휴가 기간에 독서를 하면, 그 자체가 독서 휴가가 되는 것이다.

결국 책을 읽고자 한다면 환경은 전혀 문제가 되지 않는다. "진정으로 책을 읽고 싶다면 사막에서나 사람의 왕래가 잦은 거리에서도 할 수 있고, 나무꾼이나 목동이 되어서도 할 수 있다. 책을 읽을 뜻이 없다면 조용한 시골 가정이나 신선이 사는 섬이라 할지라도 책 읽기에 적당치 않을 것이다." 모택동毛澤東이 존경했다고 하는 청나라 증국번曾國藩의 말이다.[24]

그런데 현대인이 책을 멀리하게 된 것은 시간적 여유가 없어서라기보다는 컴퓨터와 스마트폰의 영향이 더 크다. 이러한 전자기기들이 책의 대체재로 작용하기 때문이다. 심지어 정보 습득을 목적으로 책을 읽는 사람들에게 있어서 인터넷이나 스마트폰은 훨씬 쉽고 빠르게 그러한 목적을 성취할 수 있게 해주기 때문에, 책을 보는 것 자체가 오히려 시대에 뒤떨어진 행위로까지 여겨질 정도다.

그리고 세상에는 책보다 재미있는 것이 널리고 널렸다. 영화, 여행, 쇼핑, 뮤지컬, 스포츠, 게임 등 사람들의 재미를 유발하는 것들이 차고 넘치는 세상이다. 그러니 책은 점점 더 이러한 경쟁자들을 이겨내기 힘들어

---

**24** 모택동은 도서관을 통째로 읽어버린 것으로도 유명하다. 미국의 학자 로스 테릴Ross Terrill 은 세계적인 지도자 가운데 독서를 가장 즐기는 사람으로 드골과 모택동을 꼽기도 했다.

지는 것이다.

사람들이 점점 더 책을 멀리하고, 대신 영화와 같은 매체를 가까이 하는 이유를 '쿨미디어cool media'와 '핫미디어hot media'라는 틀로도 설명이 가능하다. 미디어 이론가이자 비평가인 마샬 맥루한Marshall McLuhan은 그의 저서 『미디어의 이해』에서 '감각기능의 확장 도구'라는 관점에서 미디어를 '핫미디어'와 '쿨미디어'로 구분했다. 그는 미디어가 전달하는 '정보의 충실도'와, 그러한 정보를 수용하는 사람들이 의미를 재구성하는 데 필요한 '상상력 투입의 정도'를 기준으로 쿨미디어와 핫미디어로 구분했다.

쿨미디어는 텔레비전, 만화와 같이 전달하는 정보의 충실도가 낮지만 참여도는 높은 미디어이며, 핫미디어는 정보의 충실도가 높지만 참여도가 낮은 미디어를 말한다. 즉, 핫미디어가 책, 라디오, 영화, 사진과 같이 데이터로 가득 찬 미디어라면, 쿨미디어는 전화, 텔레비전, 만화와 같이 데이터가 상대적으로 적은 미디어를 말한다. 핫미디어는 밀도가 높기 때문에 배타적이고 참여 가능성이 낮지만, 쿨미디어는 밀도가 낮기 때문에 포용적이고 참여 가능성이 높은 특징이 있다.

그런데 맥루한의 분류를 인간의 감각 기관을 이용하는 정도에 따라 약간 다른 방법으로 분류해볼 수도 있다. 즉, 쿨미디어를 2개 이상의 감각기관을 이용하는 미디어, 핫미디어를 하나의 감각기관을 이용하는 미디어로 분류하는 것이다. 쉽게 말해, 정보의 양이 하나의 감각기관으로 들어오게 되면 그 감각기관이 매우 피곤해지므로 '핫미디어'이고, 2개 이상의 감각기관으로 나뉘어 들어오면 덜 피곤하기 때문에 '쿨미디어'로 분류하는 방식이다. 이 방식을 적용해볼 때, 비록 맥루한은 '영화'를 핫미디어로 분류했지만, 영화를 볼 때 관객들이 눈과 귀를 모두 사용하기 때문에 영화는 쿨미디어에 해당될 수 있다. 반면, 책을 읽는 것처럼 시각에만 의존하거나, 라디오를 청취하는 것과 같이 귀에만 의존하는 미디어는 '핫미디어'에 속한다.

이런 관점에서 볼 때, 사람들은 대체로 쿨미디어를 선호한다. 그것은 쿨미디어가 가져다주는 즐거움이 더 크기 때문이다. 쿨미디어는 집중력을 분산시켜 마음속에 여유를 가져다준다. 더구나 요즘에는 대부분의 미디어가 쿨미디어로 전환되고 있다. 라디오에서 텔레비전과 영화로 진화하고 있으며, 전화의 경우에도 목소리만 듣던 것에서 얼굴도 보는 화상통화로 발전했다. 이런 추세라면 전통적인 핫미디어에 속하는 책은 설 자리가 없어질지도 모른다.

사람들은 '욜로YOLO' 인생을 추구한다. '인생은 한 번뿐 현재를 즐기자'는 뜻이 담긴 욜로는 'You Only Live Once'의 줄임말이다.[25] 그만큼 현대인들은 복잡한 것을 싫어하며, 한 번뿐인 인생을 자신이 원하는 것을 즐기면서 행복하게 살고 싶어 한다. 그것이 쿨한 인생이라고 생각하기 때문이다. 그래서 아이들의 언어도 호흡이 긴 문장은 인기가 없고 축약어를 많이 사용하는 등 짧은 커뮤니케이션이 대세가 되어가고 있다.

하지만 인생이라는 것이 '식은 죽 먹기'처럼 그렇게 간단하지만은 않

---

**25** YOLO는 2011년 미국의 뮤지션 드레이크Drake의 〈The Motto〉라는 곡의 후렴구에 처음 등장했고, 이후 옥스퍼드 사전에 신조어로 등재될 정도로 일상어가 됐다.

다. 핫미디어인 책을 멀리하다가 오히려 식은 커피같이 맛없는 인생이 되어 식은땀을 흘리게 될지도 모른다. 그렇다면 이제부터라도 향과 맛이 어우러지는 쿨한 인생을 책을 통해 찾아보는 것은 어떨까?

## ⋮ 독서에 임하는 자세

책의 효용을 알고 있어도 막상 현실에서는 책을 읽기가 쉽지 않을 수 있다. 그렇다면 어떻게 하면 책을 읽을 수 있을까?

일단 책장에 책을 꽂아두는 것이 중요하다.『장미의 이름』의 작가 움베르토 에코Umberto Eco 는 "책을 사서 책장에 꽂아만 둬도 그 책이 머리에 옮겨 간다"고 말했다. 책장에 책을 꽂는 순간부터 책이 자신을 봐달라는 메시지를 끊임없이 보낸다는 말이다. 윈스턴 처칠은 그의 수상록『폭풍의 한가운데』에서 다음과 같은 말을 남겼다. "책과 친구가 되지 못한다 하더라도 서로 알고 지내는 것이 좋다. 책이 당신 삶의 내부로 침투해 들어오지는 못한다 하더라도 서로 알고 지낸다는 표시의 눈인사마저 거부하면서 살지는 말아라." 결국 책 읽기의 출발점은 최소한 책을 만지고 쳐다볼 수 있도록 하는 데 있다. 소설가 김영하도 한 TV 프로그램에서 "책은 읽을 책을 사는 것이 아니고 산 책 중에서 읽는 것이다"라고 말하기도 했다. 그만큼 책장에 다양한 책을 꽂아두기만 해도 독서의 절반은 한 셈이다.

또한 책을 읽으려면 항상 책에 관심을 두고 있어야 한다. 그러다 보면 뜻하지 않은 기회에 좋은 책을 만나게 된다. 우리가 흔히 우연이라고 말하는 것들도 어떻게 보면 우연이 아닐 수 있다. 그냥 이 책 저 책을 무작위로 읽다가 우연히 좋은 책을 발견할 수도 있겠지만, 뭔가 더 가치 있는 것을 발견하고자 하는 주의망을 펼쳐둔 채 책을 읽을 때 '세렌디피티 serendipity'를 얻을 수 있다. 세렌디피티는 다른 사람들이 우연이라 생각하고 넘기는 일상에서의 소소한 발견을 창의적인 산물로 만드는 예리한 통찰력을 의미한다. 영국 소설가 호레이스 월폴Horace Walpole이 1754년에 쓴 편지에서 처음 만들어진 이 단어는 페르시아의 동화『세렌디프의 세 왕자The Three Princess of Serendip』에서 따온 것으로, '맑다, 고요하다'라는 의미의 'serene'과 '불행한 일'이라는 의미의 'pity'로 이루어져 있다. 이는 불운이 닥쳤어도 동시에 좋은 상황이 벌어졌다는 의미로, 역사에 큰 획을 긋거나 중대한 의미를 가지는 발견들 중에는 본래의 의도와는 다른 경우가 많다는 뜻을 내포하고 있다.

그리고 책을 멀리하게 하는 환경에서 벗어나야 한다. 책을 읽지 못하게 하는 대표적인 주범은 '미디어'다. 그러므로 의도적으로라도 미디어를 멀리해야 한다. 미국의 심리학자 허버트 크루그먼Herbert Krugman이 텔레비전을 시청하는 동안 뇌파를 측정해보았더니, 텔레비전을 시청할 때는 주로 알파파 상태의 뇌파가 나왔지만, 책을 읽을 때는 베타파가 나왔다. 텔레비전을 시청할 때 알파파가 많이 나왔다는 것은 그만큼 사고 능력이 저하된다는 의미다.[26] 실제로 미국 텍사스대학의 엘리자베스 밴디워

---

**26** 알파파는 의식은 뚜렷하지만 아무 활동도 하지 않을 때 주로 측정되지만, 베타파는 학습이나 과제 등에 정신을 집중할 때 주로 측정된다.

터Elizabeth Vandewater 교수는 어린이가 TV를 1시간 시청할 때마다 창의성은 11퍼센트 떨어진다고 했다. 또한 일본 도후쿠대학의 연구에 따르면, 하루 평균 2시간씩 텔레비전을 시청하는 아이들의 경우 지능지수가 저하되는 것으로 나타나기도 했다.

따라서 텔레비전 시청을 줄이는 효과는 생각보다 클 수 있다. 나루케 마코토成毛眞의『책, 열 권을 동시에 읽어라』를 보면, 텔레비전과 관련된 재미있는 일화가 소개되어 있다. 1974년 프랑스 부르타뉴 지방의 TV 송신탑이 과격파에 의해 파괴되는 사건이 있었는데, 이로 인해 그 지방에 있는 130만 대의 텔레비전이 1년 동안 먹통이 되었다. 그런데 텔레비전을 볼 수 없게 되자 사람들은 책을 읽기 시작했다. 또한 어린이들은 바깥 놀이를 즐기게 되면서 건강이 좋아졌고, 마을 사람들끼리도 대화가 늘어나 더욱 친밀해졌다.

이렇게 여건을 갖춘 후에는 의도적으로라도 독서에 시간을 들일 필요가 있다. 도저히 시간이 나지 않을 때는 자투리 시간을 이용해서라도 독서를 해보자. 독서는 시간이 있고 없고의 문제라기보다는 무엇에 우선순위를 두느냐의 문제다. 독서에 우선순위를 두는 사람이 탁월한 사람이라는 조사 결과도 있다. 심지어 식사 끼니를 줄여가면서까지 독서에 우선순위를 두는 사람들도 있다.

독서를 시작했으면 일정한 목표를 세우는 것이 좋다. 자기계발 전문가인 브라이언 트레이시Brian Tracy는 그의 저서『성취심리』에서 "목표가 없으면 성취도 없다"며 "성취가 난로라면 목표는 연료와 같다"고 말했다. 무엇인가 활활 타오를 수 있는 것이 있어야 자신이 원하는 결과를 얻을 수 있다는 의미다. 따라서 내가 한 달에 몇 권을 읽겠다든지, 1년에 몇 권을 읽겠다든지 하는 양적 목표라든가, 이런 종류의 책을 읽겠다든지 하는 질적 목표를 세울 필요가 있다. 그렇다고 목표가 반드시 거창할 필요는 없다. '앞산 법칙'이란 것이 있다. 목표를 크게 잡아 설악산이나 지리산처럼 높은 산에 오르려고 하는데, 도저히 자신이 없을 경우에는 일단 작은 규모의 앞산에 올라봐야 한다. 그러면 자신의 체력을 가늠할 수 있게 되고, 산에 오르기 위해 준비해야 할 것이 무엇인지 깨닫게 된다. 즉, 큰 목표를 달성하기 위해서는 작은 목표를 달성하는 성취감을 느끼는 것이 중요하다.

그리고 꾸준히 읽는 것이 중요하다. 꾸준히 읽으려면 의지가 있어야 한다. 의지가 없는 사람은 길이 아무리 좋아도 나아가지 못하지만, 의지가 강한 사람은 길이 아무리 험해도 꾸준히 앞으로 나아간다. 그만큼 독서는 책을 펼치는 단계에서부터 '내가 이것을 반드시 읽겠다'는 의지가 투입되어야 하는 활동이다. 스웨덴의 심리학자 안데르스 에릭손Anders Ericsson 교수는 어떤 분야의 전문가가 되기 위해서는 최소한 1만 시간 정도의 훈련이 필요하다는 '1만 시간의 법칙'을 제시하기도 했다. 책에 있어서도 이와 같은 꾸준한 노력이 필수인 것이다.

만일 의지가 약해질 것 같으면 송나라 시인 황산곡의 말이 의지를 깨우는 자극제가 될 수도 있을 것 같다. "선비가 사흘 동안 책을 읽지 않으면 그 입에서 나오는 말에 아무런 의미가 없고 거울에 비친 얼굴을 바라보기가 가증스럽다." 송대의 정치가인 왕안석도 이와 비슷한 말을 했다. "사흘 책을 읽지 않으면 눈썹이 어두워진다." 그러고 보니 "단 하루라도 책을 읽지 않으면 입에 가시가 돋는다"고 말한 안중근 의사의 말이 새삼스럽지 않다.

이런 식으로 자꾸 책에 관심을 가지고 독서를 하다 보면 자연스럽게 독서 습관이 길러진다. 1988년부터 일본에서 시작된 '아침 독서 운동'은 독서 습관 형성이 얼마나 유용한지를 잘 보여주는 사례다. 이 독서 운동은 일본의 한 여자고등학교에서 수업 시작 전에 10분 정도 학생들이 각자 좋아하는 책을 아무 부담 없이 읽도록 한 데서 시작되었다. 아침에 잠깐 책을 읽는 것이었지만, 이 운동으로 인해 학생들은 스스로 책을 읽는 재미를 들었다. 점점 더 책 읽는 속도가 빨라졌으며 독해력과 집중력이 좋아져, 전반적인 학업 성취도도 향상되었다. 이스라엘에서도 '오전 중 독서하기'는 주요 일과 중 하나다. 이스라엘 학생들은 등교하면 그날 읽을 책을 오전 중에 읽고, 카드에 독후감이나 요약한 내용을 기록하여 제출한다.

비록 어릴 때부터 독서 습관이 몸에 배어 있지 않더라도, 지금부터 시작하여 꾸준히 실천하면 독서를 습관화할 수 있다. '오늘은 인생에서 가장 젊은 날'이라는 말을 가슴에 새기고 지금부터라도 독서를 시작해보자. 그러면 장차 내면에 풍성한 숲이 만들어져 아름다운 새들이 찾아오고 맛있는 삶의 열매를 수확할 수 있을 것이다. 그러나 '나중에'라고 미뤄두는 순간, 그것은 삶에서 잊히는 법이다.

## ⦂ 독서의 완성, 글쓰기

　독서와 더불어 반드시 해야 할 것이 '글쓰기'다. 일본의 극작가인 이노우에 히사시井上廈는 "사람은 읽는 행위로 과거와 연결되고, 쓰는 행위로 미래와 연결된다"고 말했다. 마크 트웨인도 "읽기는 쓰기의 기초이며, 쓰기는 읽기의 연장이다. 읽기와 쓰기는 본래 하나이며, 서로 보완하는 개념이다. 양쪽 모두 균형 있게 공부해야 좋은 성과를 거둘 수 있다"고 말했다. 또한 일본의 교육학자 사이토 다카시斎藤隆는 "독서는 글자로 샤워하는 것이라고 할 수 있는데, 일정량이 넘어가면 직접 글을 쓰는 계기가 된다"고 했다. 그만큼 독서와 글쓰기는 동전의 양면처럼 긴밀하게 연결되어 있는 것이다. '읽기'는 '쓰기'에 의해 담보되고, '쓰기'는 '읽기'에 의해 뒷받침되기 때문에 읽기와 쓰기는 유기적으로 결합되는 순환적인 활동이다.

　사실 독서는 자기의 머리가 아닌 다른 사람의 머리로 생각하는 것이다. 그래서 쉬지 않고 책만 읽으면 다른 사람의 사상이 강하게 흘러들어와 오히려 해로울 수도 있다. 이는 마치 학생이 글씨를 쓸 때 선생이 써준 연필 자국 뒤를 펜으로 따라 쓰는 것과 같다. 따라서 책을 읽은 후에는 반드시 사색하는 시간을 가져야 한다. 책의 내용을 다시 생각해보고 되짚어봐야 비로소 읽은 것이 자기 것이 되기 때문이다. 음식을 먹은 후 소화를 시켜야 영양분이 되는 것과 같은 이치다.

　종이 위에 쓰인 저자의 사상은 모래 위에 남겨진 보행자의 발자취와 같다. 독자는 보행자가 걸어간 길을 볼 수는 있겠지만, 보행자가 길을 가는 도중에 무엇을 보았는가를 알려면 반드시 자신의 눈을 사용해야 한다. 그런 면에서 글쓰기만큼 좋은 것이 없다. 독서로 저자의 생각을 흡수했다면, 글쓰기를 통해 흡수된 저자의 생각을 자신의 생각과 버무려 요리할 수 있게 되기 때문이다. 그래서 독서의 완성은 책의 전체 내용을 파악하고, 저자의 의도를 분석하고, 자신이 어떻게 쓸 수 있는가를 구상해보는 것으로 마무리된다.

글을 쓰는 행위는 모호하고 구체적이지 못한 생각들을 명백하게 하고 예리하게 만들어준다. 글쓰기는 책을 통해 얻고 이해한 것을 하나의 일관된 주제로 엮기 위해 생각을 곱씹고, 그 생각을 정확하게 표현하기 위해 세심하게 단어를 선택하고 문장을 구성하는 깊은 사고의 과정이기 때문이다.

캐나다의 신경외과 의사인 와일드 펜필드Wild Penfield가 밝힌 '호문쿨루스'[27] 이론을 보더라도 글쓰기의 이점을 유추해볼 수 있다. 호문쿨루스는 인체의 모습을 한눈에 볼 수 있도록 인간의 대뇌와 신체 각 부분 간의 연관성을 밝힌 지도로서, 각 신체 부위의 크기를 겉질에서 차지하는 면적과 동일하게 배정해 그렸다. 이 지도를 보면 손과 손가락 부위가 대뇌피질의 감각영역과 운동영역에서 가장 많은 영역을 차지하고 있음을 알 수 있다. 이는 손과 손가락을 움직이면 뇌의 가장 많은 부분을 자극하고 활동하게 할 수 있다는 뜻이다. 젓가락을 사용하는 한국, 일본, 중국 사람들의 지

---

**27** 호문쿨루스Homunculus는 16세기 독일의 연금술사 파라켈수스Paracelsus가 만들었다는 전설 속의 작은 인조인간으로서 라틴어로 '작은 사람'이라는 뜻이다. 이는 중세 유럽인들이 사람의 정액 속에 이미 완전한 형태의 작은 사람이 들어 있다고 본 데서 나온 개념이다.

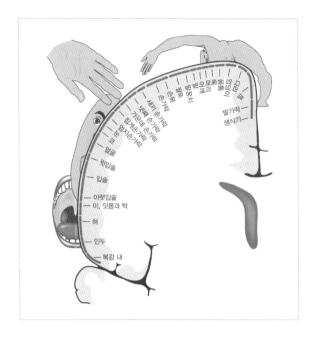

호문쿨루스 지도

능지수가 높은 이유이기도 하다. 그만큼 손을 사용한 글쓰기를 하게 되면 뇌가 활성화되면서 책의 내용이 기억으로 단단히 새겨진다. 그래서 괴테는 '손은 외부로 나온 뇌'라고 말하기도 했다. '적자생존'이라는 말은 환경에 적응해야 살아남는다는 뜻이지만, 또 다른 뜻으로 '적는 자가 살아남는다'는 우스개 뜻도 있다. 독서를 할 때 행간의 뜻을 읽어야 하는 것처럼 자신의 언어로 행간을 쓰다 보면 저자와 글의 배경을 더 잘 이해할 수 있고 자기 안에서도 새로운 눈이 떠진다. '움켜쥐다, 이해하다'라는 뜻을 가지고 있는 'Grasp'라는 영어 표현에서 알 수 있듯이, 모르는 것도 자꾸 손으로 연필을 잡고 쓰다 보면 이해가 되는 법이다.

한편, 글쓰기는 자신과 소통할 수 있는 시간이기도 하다. 글을 쓰면서 그동안 귀 기울여 듣지 않았던 내면의 목소리를 듣기도 하고, 자신이 좋아하고 잘할 수 있는 것, 숨겨진 재능을 발견하기도 한다. 즉, 글쓰기는 자신만의 어휘를 통해 자신의 정체성을 발견해나가는 과정인 셈이다.

결국 글쓰기는 두레박으로 퍼내면 퍼낼수록 샘솟는 우물물이라고 할 수 있다. 퍼내면 퍼낼수록 땅 밑에서 창의력이 샘솟지만, 관심을 가지지 않고 내버려두면 금세 말라버린다.

철벽을 두르다 못해 마치 철옹성과 같이 변해가는 인공지능 사회에서는 그 벽을 뚫을 수 있는 '창의성'이라는 절대 망치가 필요하다. 그런데 아는가? 그 절대 망치는 책이라는 지혜의 샘에서 만들어지며, 그것을 찾기 위해서는 자꾸만 퍼내야 한다는 사실을!

## 맺음말

어떤 명백한 문제가 있는데도 불구하고 무시하거나 언급하지 않는 불편한 진실을 말할 때, 우리는 '방 안의 코끼리elephant in the room'라는 표현을 쓴다. 어느 날 방 안에 들어온 작은 코끼리 한 마리가 예쁘다며 그냥 두었다가는, 그 코끼리가 점점 더 커져 결국 방 주인을 내쫓기 때문이다.

오늘날 인간 사회라는 방 안에는 '인공지능'이라는 커다란 코끼리가 들어와 있다. 그리고 그 코끼리가 점점 더 몸집을 불리고 있다. 그런데 이 코끼리가 인간을 내쫓을지, 인간에게 도움을 줄지는 아무도 모른다. 혹자는 그 코끼리가 인간의 일자리를 빼앗을 것이라고 하고, 다른 이는 인간에게 새로운 먹거리를 제공해주거나 삶을 더 편리하게 해줄 것이라고 말한다.

문제는 더 이상 이 코끼리를 내쫓을 수 없다는 데 있다. 따라서 이 코끼리와 더불어 사는 방법을 찾아야 한다. 그러자면 코끼리의 특성을 제대로 파악하고 코끼리를 사육하고 다스릴 수 있어야 한다. 이때 필요한 사육 능력이 바로 '창의성'이다. 그렇다면 우리는 코끼리를 다스릴 창의성을 갖추고 있는가? 만일 갖추지 못했다면, 앞으로 갖출 자신은 있는가? 만일 창의성을 갖추지 못했다고 판단한다면, 그것은 무엇 때문인가? 또 어떻게 하면 창의성을 갖출 수 있는가?

이러한 질문에 답하기 위해 이 책에서는 인공지능으로 대표되는 사회 변화의 모습과 창의성을 기르는 자양분이 될 교육의 현실, 그리고 창의적 사고를 함양할 수 있는 방법과 자세를 기술해보았다.

인공지능은 마치 진화를 거듭하는 듯한 모습을 보이며 인간 사회를 빠르게 잠식하고 있다. 인간의 일자리를 빼앗는 것은 물론이고, 인간이 인공지능에 의존하지 않으면 안 될 것 같은 사회를 만들어나가고 있다. 그런데 그 속도가 너무 빠르다 보니, 여태까지 경험하지 못한 불확실성과 함께 사회·경제 전반에서 급격한 변화가 표출되고 있다.

그런데도 우리 교육은 그 변화에 제대로 대처하지 못하고 있다. 좁은 대학 문을 향한 치열한 경쟁에서 이기는 데만 집중하다 보니, 창의성 함양은 아예 엄두도 못 낼 지경이다. 정답 위주의 집어넣는 교육에만 매달린 채, 그것이 잘못되었음을 알면서도 그냥 순응할 수밖에 없다고 여기고 있다.

하지만 인간 사회를 뒤덮을 인공지능이라는 거대한 쓰나미가 밀려오는데, 그냥 구경만 하고 있다간 순식간에 파도에 휩쓸려 모든 것을 잃어버릴 수도 있다. 그래서 그 파도를 탈 수 있는 '창의성'이라는 배가 절대적으로 필요하다. 그러자면 배를 만드는 방법을 알아야 하고, 배를 만들

수 있는 역량 또한 갖추어야 한다. 기존의 고정관념과 습관, 지식답습적 태도를 버리는 것이 그 방법이라면, 명확한 목표의식하에 스스로를 성찰하며, 시간을 관리하고, 꾸준히 독서하는 것은 그 힘과 역량을 키우는 비결이라고 할 수 있다.

물론 하루아침에 모든 것을 이룰 수는 없다. 사실 교육은 사회와 뫼비우스의 띠처럼 맞물려 있기 때문에, 사회가 바뀌지 않고서는 근본적으로 교육을 변화시키기 어려운 것이 사실이다. 하지만 나를 바꾸려는 작은 노력이 있어야 큰 변화도 시작될 수 있는 법이다. 따라서 독자들이 이 책에서 그러한 변화의 필요성을 인식했다면, 그것으로 이 책의 사명은 다했다고 생각한다.

책에 미처 담지 못한 생각들도 있어 약간의 아쉬움은 남지만, 개인적으로는 멋 훗날 이 책이 한 줄의 인생 나이테가 될 것도 같다. 1년에 한 번 생기는 나이테가 그만한 세월을 머금고 있듯, 이 책도 그만큼의 시간과 생각을 머금고 있기 때문이다.

무엇보다 책이 나오기까지 항상 함께 해주신 하나님께 감사드리고, 많은 것을 희생하며 참고 기다려준 아내와 아이들에게도 미안함과 감사함을 표한다. 또한 인공지능에 대해 유용한 코멘트를 해주신 고려대학교 권영완 교수님, 동서울대학교 로봇공학과 조경래 교수님, 삼성전자 임재웅 부장님, LIG넥스원 김태형 박사님, 신세계I&C 정보시스템감리사이자 IT 전문가인 조춘기 선생님께 감사드린다. 아울러 교육 분야에 관한 토론을 함께 해주신 창동고등학교 심마리아 선생님, 씨라이트 에듀의 임두연 선생님, 교육 컨설턴트 김봉철 선생님과 삽화를 그려준 후배 양해원 님께도 감사드린다.

마지막으로 글의 내용에 대해 조언해주고 책을 근사하게 만들어주신 동아엠앤비 이경민 대표님과 최정미 편집자님, 그리고 동아엠앤비 모든 식구에게 머리 숙여 감사의 마음을 전한다.

맺음말

375

'인공지능'이 빠지면 밥이 빠진 식사처럼 여겨지는 현대 사회의 흐름 속에서 '산업의 쌀'이라고 불리는 반도체 부문에서도 인공지능은 가장 중요한 역량으로 여겨지고 있다. 단순한 변화를 넘어 패러다임을 바꾸려고 몸부림치고 있다고 해도 과언이 아닌 이때, 『인공지능 시대, 창의성을 디자인하라』는 인공지능과 동고동락하려는 사람들에게 많은 생각을 하게 하는 책이다. 특히 '창의성'에 대한 정제된 분석과 세련된 지적은 인공지능 시대에 어떤 것이 더 가치 있는 것인지에 대해 깊은 생각을 하게 만들며, 아울러 인공지능으로 만들어가야 할 지혜롭고 풍성한 미래 사회의 방향을 잘 제시해주고 있다.

임재웅(삼성전자 부장)

『인공지능 시대, 창의성을 디자인하라』는 제4차 산업혁명과 인공지능에 대해 청소년들뿐만 아니라 일반인들이 재미와 흥미를 느낄 수 있도록 여러 가지 사례를 들어 기술하고 있다. 미래에는 인공지능이 산업의 주역이 되어 사람들의 삶을 지배할 것인데, 이에 대비하고 더 나아가 미래를 지배하고 싶은 사람들이라면 반드시 읽어봐야 할 필독서다.

김태형(LIG넥스원 수석연구원)

그 어떤 시대보다 더 깊은 기술 변화의 강을 건너야 하는 현대인들에게 마치 징검다리와 같은 역할을 해주는 책이다. 특히 인공지능으로 인한 사회 변화에 대한 다양하고 체계적인 분석과 현 교육에 대한 세련된 비판, 대안으로서의 창의성에 대한 제안은 교육학과 공학을 모두 공부한 나에게도 생각을 정리하는 훌륭한 길잡이가 되어주었다. 보다 풍성하고 지혜로운 미래 사회를 만들고자 하는 모든 이에게 이 책을 권하고 싶다.

박종호(펜실베이니아주립대 공과대학 교수)

미래는 융합이 필요한 시대다. 다시 말해, 각 분야의 전문가들이 서로 협력하고 각자의 능력을 모아야만 인류가 직면한 각종 문제를 해결해나갈 수 있는 시대다. 아울러 어떤 정보가 유용한 정보인지 생각할 겨를이 없을 정도로 어마어마한 정보의 홍수 속에서 모든 것이 빠르게 변하고 있기도 하다. 이러한 변화만 해도 인간이 감당하기 힘들 수 있는데, 심지어 인공지능이라는 존재까지 등장하여 인간의 영역을 잠식하고 있다. 이러한 때 세상의 변화 모습과 함께 그에 대한 대비책으로서의 창의성에 대해 심도 있는 화두를 던지는 이 책은 독자들에게 미래에 대한 새로운 시각과 영감을 제공해준다.

권영완(고려대 KU-KIST 융합대학원 연구교수)

다가오는 4차 산업혁명 사회에 대한 두려움과 불확실성에 대하여 인문학과 뇌 과학, 첨단 공학 등 모든 분야를 다루면서도 누구나 이해할 수 있도록 잘 쓰인 책이다. 현실과 미래 사회에 대한 지적 호기심을 충분히 만족시켜주는 책으로 대학생들과 청소년들, 그리고 인문학과 과학에 대한 식견을 넓히고자 하는 모든 분에게 강추한다.

조경래(동서울대 로봇공학과 교수)

이 책은 문명의 발전 과정에서 인류 역사에 자연스럽게 등장한 인공지능과 그로 인한 다양한 사회적 영향에 대해 일반인들이 쉽게 이해하고 공감할 수 있게 해준다. 책을 읽는 내내 저자의 시각과 글의 재미에 몰입하게 되며, 인공지능 시대에서 살아남기 위한 지혜에 대해 다시 한 번 생각하게 된다. 특히 창의성이라는 비교우위를 갖추어야 할 미래의 주인공으로서의 청소년들이 이 책을 통해 폭넓은 시각과 창의성을 함양하기를 권한다.

조춘기(정보시스템 감리사)

쓰나미처럼 무섭게 밀려오는 인공지능이 우리 아이들의 꿈과 일자리를 덮쳐버린다면 누가 구태여 힘들게 공부할 것인가? 이는 학교에서 아이들을 가르치는 교사 입장에서도 맥이 빠지는 일이다. 이 책은 아이들에게 꼭 필요한 핵심 역량인 창의성을 기르기 위한 안내서로서, 현실과 미래 사회에 대한 식견을 넓혀줌과 동시에 아이들에게 꿈과 희망을 심어주는 진정한 스펙으로 작용할 것이다.

박연숙(혜화여고 교사)

인공지능, 로봇 등 과학기술의 급속한 발전에 따라 교육 패러다임의 변화가 절실한 때다. 그 어느 때보다 창의성 교육을 절감하고 있기에, 인문학과 뇌 과학, 공학 등 다양한 분야를 다루면서 그 필요성을 논리적이고 적절하게 녹여낸 이 책을 통해 한국의 미래를 이끌어갈 청소년들이 정확하고 명확한 방향을 모색해보길 권한다.

심마리아(창동고 교사)

가보지 않은 길은 항상 동경과 두려움을 함께 내포하고 있다. 그래서 인공지능이 주는 삶의 편리함도 있지만 그로 인한 두려움과 불확실성도 덩달아 커지고 있다. 하지만 현 교육은 수능이라는 목적지만을 향해 달려가다 보니 그러한 변화에 제대로 대응하지 못하고 있는 실정이다. 인공지능으로 대표되는 현대 사회의 변화와 교육적 대안을 깊이 있게 고찰한 이 책은 교육자들뿐만 아니라 미래를 준비하는 청소년들에게 좋은 지침서가 될 것이다.

조선숙(부산남일고 교사)

# 참고 서적

『가상현실 시대의 뇌와 정신』, 서요성 지음, 산지니, 2015.
『개념과 범주적 사고』, 신현정 지음, 학지사, 2011.
『개미』, 베르나르 베르베르 지음, 이세욱 옮김, 열린책들, 1997.
『거꾸로 교실 거꾸로 공부』, 정형권 지음, 더메이커, 2015.
『경계의 종말』, 딜로이트 지음, 원앤원북스, 2016.
『공부의 왕도』, EBS 공부의 왕도 제작팀 지음, 예담프렌드, 2010.
『공부하는 인간 : 호모 아카데미쿠스』, KBS 공부하는 인간 제작팀 지음, 예담, 2013.
『공부하는 힘』, 황농문 지음, 위즈덤하우스, 2013.
『과학으로 생각한다』, 이상욱 외 3인 지음, 동아시아, 2007.
『과학의 순교자』, 이종호 지음, 사과나무, 2014.
『과학 콘서트』, 정재승 지음, 어크로스, 2011.
『과학혁명의 구조』, 토마스 쿤 지음, 김명자, 홍성욱 옮김, 2013.
『교사도 학교가 두렵다』, 엄기호 지음, 따비, 2013.
『교사 인문학』, 황현산 외 7명 지음, 세종서적, 2016.
『구글 신은 모든 것을 알고 있다』, 정하웅 외 2인 지음, 사이언스북스, 2014.
『구글의 철학』, 마키노 다케후미 지음, 이수형 옮김, 미래의 창, 2015.
『꿈꾸는 다락방』, 이지성 지음, 차이정원, 2017.
『그릿』, 김주환 지음, 쌤앤파커스, 2013.
『기원』, 김희준 외 4인 지음, 휴머니스트, 2016.
『김대식의 빅퀘스천』, 김대식 지음, 동아시아, 2014.
『김대식의 인간 vs 기계』, 김대식 지음, 동아시아, 2016.
『김상욱의 양자 공부』, 김상욱 지음, 사이언스 북스, 2017.
『나는 공짜로 공부한다』, 살만 칸 지음, 김희경, 김현경 옮김, 알에이치코리아, 2013.
『나에 관한 기억을 지우라』, 구본권 지음, 풀빛, 2016.
『내가 고전을 공부하는 이유』, 조윤제 지음, 흐름출판, 2015.
『뇌』, 베르나르 베르베르 지음, 이세욱 옮김, 열린책들, 2002.
『뇌 과학자들』, 샘 킨 지음, 이충호 옮김, 해나무, 2016.
『뇌, 생각의 출현』, 박문호 지음, 휴머니스트, 2008.
『당신의 뇌를 리셋하라』, 존 아덴 지음, 김관엽 외 2인 옮김, 시그마북스, 2013.
『당신이 알던 모든 경계가 사라진다』, 조용호 지음, 미래의 창, 2013.
『데카르트의 오류』, 안토니오 다마지오 지음, 김린 옮김, 눈출판그룹, 2017.
『도리언 그레이의 초상』, 오스카 와일드 지음, 윤희기 옮김, 열린책들, 2010.
『독서는 절대 나를 배신하지 않는다』, 사이토 다카시 지음, 김효진 옮김, 걷는나무, 2015.

『독서불패』, 김정진 지음, 자유로, 2005.
『두 도시 이야기』, 찰스 디킨스 지음, 성은애 옮김, 창비, 2014.
『드라이브』, 다니엘 핑크 지음, 김주환 옮김, 청림출판, 2011.
『디지털 노마드』, 도유진 지음, 남해의 봄날, 2017.
『디지털 시대 인문학의 미래』, 이중원 외 4인 지음, 푸른역사, 2017.
『디지털 치매』, 만프레드 슈피처 지음, 김세나 옮김, 북로드, 2013.
『라틴어 수업』, 한동일 지음, 흐름출판, 2017.
『로봇 시대, 인간의 일』, 구본권 지음, 어크로스, 2015.
『로숨의 유니버설 로봇』, 카렐 차페크 지음, 김희숙 옮김, 모비딕, 2015.
『리딩으로 리드하라』, 이지성 지음, 차이정원, 2010.
『링크』, A.L.바라바시 지음, 강병남, 김기훈 옮김, 동아시아, 2002.
『마인드셋』, 캐럴 드웩 지음, 김준수 옮김, 스몰빅라이프, 2017.
『메타 생각』, 임영익 지음, 리콘미디어, 2014.
『명견만리』, KBS 명견만리 제작팀 지음, 인플루엔셜, 2017.
『모모』, 미하엘 엔데 지음, 한미희 옮김, 비룡소, 1999.
『무엇이 성과를 이끄는가』, 닐 도쉬, 린지 맥그리거 지음, 유준희, 신솔잎 옮김, 생각지도, 2016.
『물리학 오디세이』, 앤 루니 지음, 김일선 옮김, 돋을새김, 2013.
『물리학을 낳은 위대한 질문들』, 마이클 브룩스 지음, 박병철 옮김, 휴먼사이언스, 2012.
『미디어의 이해』, 마샬 맥루한 지음, 김상호 옮김, 커뮤니케이션북스, 1997.
『미디어 폭력』, 김유정 지음, 커뮤니케이션북스, 2016.
『미래와의 대화』, 토머스 프레이 지음, 이미숙 옮김, 북스토리, 2016.
『미래의 물리학』, 미치오 카쿠 지음, 박병철 옮김, 김영사, 2012.
『미래의 속도』, 리처드 돕스 외 2인 지음, 고영태 옮김, 청림출판, 2016.
『미래의 역습, 낯선 세상이 온다』, 메튜 버로스 지음, 이미숙 옮김, 비즈니스북스, 2015.
『믿는다는 것의 과학』, 앤드류 뉴버그 외 1인 지음, 진우기 옮김, 휴머니스트, 2012.
『100세 혁명』, 노진섭 지음, 시사저널, 2017.
『밸런스 독서법』, 이동우 지음, 21세기북스, 2009.
『부모라면 유대인처럼』, 고재학 지음, 예담프렌드, 2010.
『불확실성의 시대』, J.K.캘브레이스 지음, 원창화 옮김, 범우사, 1978.
『빅데이터가 만드는 세상』, 빅토르 마이어 쇤버거 외 1인 지음, 이지연 옮김, 21세기북스, 2013.
『빅데이터, 경영을 바꾸다』, 함유근, 채승범 지음, 삼성경제연구소, 2012.
『빌 게이츠의 미래로 가는 길』, 빌 게이츠 지음, 이규행 옮김, 삼성, 1995.
『사람의 마음을 얻는 법』, 김상근 지음, 21세기북스, 2011.
『사물의 철학』, 함돈균 지음, 세종서적, 2015.
『사물인터넷 실천과 상상력』, 커넥팅랩 외 4인 지음, 미래의 창, 2015.
『4차 산업혁명, 일과 경영을 바꾸다』, 신동엽 외 6인 지음, 삼성경제연구소, 2018.
『사피엔스』, 유발 하라리 지음, 조현욱 옮김, 김영사, 2015.

『상상하여 창조하라』, 유영만 지음, 위즈덤하우스, 2008.
『상식속의 철학, 상식밖의 철학』, 이진경 지음, 새길, 1993.
『상식의 배반』, 던컨 와츠 지음, 정지인 옮김, 생각연구소, 2011.
『상식 파괴자』, 그레고리 번스 지음, 김정미 옮김, 비즈니스앱, 2010.
『생각 밖으로 나가라』, 김광희 지음, 넥서스Biz, 2016.
『생각에 관한 생각』, 대니얼 카너먼 지음, 이진원 옮김, 김영사, 2012.
『생각을 바꾸는 생각』, 마이클 미칼코 지음, 박종하 옮김, 끌리는책, 2013.
『생각의 탄생』, 로버트 루트번스타인 외 1인 지음, 박종성 옮김, 에코의 서재, 2007.
『생각의 품격』, 고두현 지음, 한스미디어, 2017.
『생각의 함정』, 사오유예 지음, 이예원 옮김, 씽크뱅크, 2011.
『생각지도 못한 생각지도』, 유영만 지음, 위너스북, 2011.
『생각하는 인문학』, 이지성 지음, 차이정원, 2015.
『서울대에서는 누가 A+를 받는가』, 이혜정 지음, 다산에듀, 2014.
『성공하는 사람들의 독서 습관』, 안계환 지음, 좋은책만들기, 2011.
『성당과 시장』, 에릭 레이먼드 지음, 정직한 외 4인 옮김, 한빛미디어, 2013.
『성장의 독서』, 박민근 지음, 와이즈베리, 2016.
『성취심리』, 브라이언 트레이시 지음, 홍성화 옮김, 씨앗을 뿌리는 사람, 2003.
『세계 명문가의 독서 교육』, 최효찬 지음, 예담프렌드, 2010.
『세계미래보고서 2030~2050』, 박영숙, 제롬 글렌 지음, 교보문고, 2017.
『세상을 뒤흔든 사상』, 김호기 지음, 메디치미디어, 2017.
『세상을 바꾼 100가지 문서』, 스콧 크리스텐슨 지음, 김지혜 옮김, 라의눈, 2016.
『세상을 바꾼 열가지 과학혁명』, 곽영직 지음, 한길사, 2009.
『세상을 움직이는 물리』, 정갑수 지음, 다른, 2012.
『소소한 시간혁명』, 이영직 지음, 스마트비지니스, 2016.
『소송』, 프란츠 카프카 지음, 권혁준 옮김, 문학동네, 2010.
『소유의 종말』, 제레미 리프킨 지음, 이희재 옮김, 민음사, 2009.
『쇼펜하우어 인생론』, 쇼펜하우어 지음, 사순옥 옮김, 홍신문화사, 1987.
『스마트한 생각들』, 롤프 도벨리 지음, 두행숙 옮김, 걷는나무, 2012.
『스마트한 선택들』, 롤프 도벨리 지음, 두행숙 옮김, 걷는나무, 2013.
『스탑 스모킹 플랜』, 알렌 카 지음, 정민규 옮김, 한언, 2017.
『스틱』, 칩 히스, 댄 히스 지음, 안진환, 박슬라 옮김, 엘도라도, 2009.
『습관의 재발견』, 스티븐 기즈 지음, 구세희 옮김, 비즈니스북스, 2014.
『습관의 힘』, 찰스 두히그 지음, 강주현 옮김, 갤리온, 2012.
『승자의 뇌』, 이안 로버트슨 지음, 이경식 옮김, 알에이치코리아, 2013.
『시간의 놀라운 발견』, 슈테판 클라인 지음, 유영미 옮김, 웅진지식하우스, 2017.
『시간의 탄생』, 알렉산터 데만트 지음, 이덕임 옮김, 북라이프, 2018.
『시대를 앞서는 미래경쟁전략』, 게리 하멜, C.K.프라할라드 지음, 김소희 옮김, 21세기북스, 2011.
『아웃라이어』, 말콤 글래드웰 지음, 노정태 옮김, 김영사, 2009.

『아이, 로봇』, 아이작 아시모프 지음, 김옥수 옮김, 우리교육, 2008.

『아이작 아시모프의 과학 에세이』, 아이작 아시모프 지음, 권루시안 옮김, 아름다운날, 2015.

『아Q정전』, 루쉰 지음, 북트랜스 옮김, 북로드, 2015.

『안드로이드는 전기양을 꿈꾸는가?』, 필립 K. 딕 지음, 박중서 옮김, 황금가지, 2008.

『어른들을 위한 창의학 수업』, 스탠 라이 지음, 신다영 옮김, 에버리치홀딩스, 2007.

『어린왕자』, 생텍쥐페리 지음, 김화영 옮김, 문학동네, 2007.

『에고라는 적』, 라이언 홀리데이 지음, 이경식 옮김, 흐름출판, 2017.

『에디톨로지』, 김정운 지음, 21세기북스, 2014.

『SF의 힘』, 고장원 지음, 추수밭, 2017.

『열두 발자국』, 정재승 지음, 어크로스, 2018.

『예루살렘의 아이히만』, 한나 아렌트 지음, 김선욱 옮김, 한길사, 2006.

『5분 동기부여』, 에릭 카플란 지음, 이지민 옮김, 동해출판사, 2013.

『와이저』, 캐스 R. 선스타인, 리드 헤이스티 지음, 이시은 옮김, 위즈덤하우스, 2015.

『완벽한 공부법』, 고영성 지음, 로크미디어, 2017.

『왜 학교는 질문을 가르치지 않는가』, 황주환 지음, 갈라파고스, 2016.

『외로워지는 사람들』, 셰리 터클 지음, 이은주 옮김, 청림출판, 2012.

『우리도 행복할 수 있을까』, 오연호 지음, 오마이북, 2014.

『우주를 낳은 위대한 질문들』, 스튜어트 클라크 지음, 고중숙 옮김, 휴먼사이언스, 2013.

『우주와 인간 사이에 질문을 던지다』, 김정욱 외 4인 지음, 해나무, 2007.

『유대인의 역사』, 폴 존슨 지음, 김한성 옮김, 2005.

『유대인 창의성의 비밀』, 홍익희 지음, 행성B, 2013.

『유리동물원』, 테네시 윌리엄스 지음, 신정옥 옮김, 범우사, 2010.

『유시민의 글쓰기 특강』, 유시민 지음, 생각의 길, 2015.

『은하수를 여행하는 히치하이커를 위한 안내서』, 더글러스 애덤스 지음, 김선형 옮김, 책세상, 2015.

『이상한 나라의 뇌과학』, 김대식 지음, 문학동네, 2015.

『21세기를 위한 21가지 제언』, 유발 하라리 지음, 전병근 옮김, 김영사, 2018.

『이젠 책쓰기가 답이다』, 김태광 지음, 위닝북스, 2016.

『인간을 읽어내는 과학』, 김대식 지음, 21세기북스, 2017.

『인간의 모든 동기』, 최현석 지음, 서해문집, 2014.

『인간의 품격』, 데이비드 브룩스 지음, 김희정 옮김, 부키, 2015.

『인공지능과 딥러닝』, 마쓰오 유타카 지음, 박기원 옮김, 동아엠앤비, 2015.

『인공지능 시대를 살아가는 우리 아이 키우는 법』, 진노 겐키 지음, 최윤영 옮김, 한스미디어, 2018.

『인공지능 시대의 삶』, 한기호 지음, 어른의 시간, 2016.

『인공지능의 시대, 인간을 다시 묻다』, 김재인 지음, 동아시아, 2017.

『인문고전 공부법』, 쉬번 지음, 강란 옮김, 중앙북스, 2017.

『인문학으로 광고하다』, 박웅현, 강창래 지음, 알마, 2009.

『인코그니토』, 데이비드 이글먼 지음, 쌤앤파커스, 2011.

『1984』, 조지 오웰 지음, 정회성 옮김, 민음사, 2007.

『1만 시간의 재발견』, 안데르스 에릭손 외 1인 지음, 강혜정 옮김, 비즈니스북스, 2016.

『일생에 한 권 책을 써라』, 양병무 지음, 21세기북스, 2012.

『일자리가 사라진 세계』, 김상하 지음, 바른북스, 2017.

『일자리 혁명 2030』, 박연숙, 제롬 글렌 지음, 비즈니스북스, 2017.

『1.4킬로그램의 우주, 뇌』, 정재승, 정용, 김대수 지음, 사이언스북스, 2014.

『일취월장』, 고영성, 신영준 지음, 로크미디어, 2018.

『자조론』, 새무얼 스마일즈 지음, 김유신 옮김, 21세기북스, 2006.

『잡킬러』, 차두원, 김서현 지음, 한스미디어, 2016.

『장자』, 장자 지음, 오강남 옮김, 현암사, 1999.

『전문가와 강적들』, 톰 니콜스 지음, 정혜윤 옮김, 오르마, 2017.

『정의란 무엇인가』, 마이클 샌델 지음, 김명철 옮김, 와이즈베리, 2014.

『정희진처럼 읽기』, 정희진 지음, 교양인, 2014.

『제4차 산업혁명』, 하원규, 최남희 지음, 콘텐츠하다, 2015.

『제2의 기계시대』, 에릭 브린욜프슨 외 1인 지음, 이한음 옮김, 청림출판, 2014.

『주인과 심부름꾼』, 이언 맥길크리스트 지음, 김병화 옮김, 뮤진트리, 2014.

『죽은 시인의 사회』, N.H. 클라인바움 지음, 한은주 옮김, 서교출판사, 2004.

『죽음의 수용소에서』, 빅터 프랭클 지음, 이시형 옮김, 청아출판사, 2005.

『지금은 당연한 것들의 흑역사』, 앨버트 잭 지음, 김아림 옮김, 리얼부커스, 2016.

『창의력에 미처라』, 김광희 지음, 넥서스Biz, 2010.

『창의력은 밥이다』, 김광희 지음, 넥서스Biz, 2011.

『창의성의 발견』, 최인수 지음, 쌤앤파커스, 2011.

『책, 열권을 동시에 읽어라』, 나루게 마코토 지음, 홍성민 옮김, 뜨인돌출판사, 2009.

『책을 읽는 사람만이 손에 넣는 것』, 후지하라 가즈히로 지음, 고정아 옮김, 비즈니스북스, 2016.

『처음 만나는 뇌과학 이야기』, 양은우 지음, 카시오페아, 2016.

『천천히 깊게 읽는 즐거움』, 이토 우지다카 지음, 이수경 옮김, 21세기북스, 2012.

『철학과의 첫 만남』, 왕잉 지음, 오혜원 옮김, 책있는마을, 2016.

『철학 브런치』, 정시몬 지음, 부키, 2014.

『최고의 공부』, 켄 베인 지음, 이영아 옮김, 와이즈베리, 2013.

『최진기의 교실밖 인문학』, 최진기, 서선연 지음, 스마트북스, 2016.

『축적의 시간』, 서울대학교 공과대학 지음, 지식노마드, 2015.

『칼비테의 공부의 즐거움』, 칼 비테 지음, 남은숙 옮김, 베이직북스, 2008.

『캉디드 혹은 낙관주의』, 볼테르 지음, 이봉지 옮김, 열린책들, 2009.

『컴퓨터 과학이 여는 세계』, 이광근 지음, 인사이트, 2017.

『코스모스』, 칼 세이건 지음, 홍승수 옮김, 사이언스북스, 2010.

『크로스1』, 진중권, 정재승 지음, 웅진지식하우스, 2009.

『크로스2』, 진중권, 정재승 지음, 웅진지식하우스, 2012.

『클라우스 슈밥의 제4차 산업혁명』, 클라우스 슈밥 지음, 송경진 옮김, 새로운현재, 2016.

『타이거 마더』, 에이미 추아 지음, 황소연 옮김, 민음사, 2011.

『타임머신』, 허버트조지웰스 지음, 한동훈 옮김, 펭귄클래식코리아, 2011.

『탁월한 아이디어는 어디서 오는가』, 스티브 존슨 지음, 서영조 옮김, 한국경제신문사, 2012.

『탐욕의 시대』, 장 지글러 지음, 양영란 옮김, 갈라파고스, 2008.

『토지분배의 정의』, 토마스 페인 지음, 남경태 옮김, 효형출판, 2012.

『톰 소여의 모험』, 마크 트웨인 지음, 강미경 옮김, 문학동네, 2010.

『튜링&괴델, 추상적 사고의 위대한 힘』, 박정일 지음, 김영사, 2010.

『트렌드 코리아 2018』, 김난도 외 4명 지음, 미래의 창, 2017.

『특이점이 온다』, 레이 커즈와일 지음, 김명남 옮김, 김영사, 2007.

『파이드로스』, 플라톤 지음, 조대호 옮김, 문예출판사, 2008.

『펄떡이는 물고기처럼』, 스티븐 런딘 외 2인 지음, 유영만 옮김, 한언, 2002.

『폭풍의 한가운데』, 윈스턴 처칠 지음, 조원영 옮김, 아침이슬, 2003.

『표현의 기술』, 유시민 지음, 생각의길, 2016.

『풀꽃도 꽃이다』, 조정래 지음, 해냄출판사, 2016.

『프레임』, 최인철 지음, 21세기북스, 2007.

『플랫폼 레볼루션』, 마셜 밸 앨스타인 외 2인 지음, 이현경 옮김, 부키, 2017.

『피싱의 경제학』, 조지 애컬로프 외 1인 지음, 조성숙 옮김, 알에이치코리아, 2016.

『하룻밤에 읽는 그리스 신화』, 이경덕 지음, 주니어 RHK, 2013.

『학교는 시장이 아니다』, 마사 누스바움 지음, 우석영 옮김, 궁리, 2016.

『학교에서 길을 잃다』, 로스 W. 그린 지음, 신동숙 옮김, 지식프레임, 2017.

『한국 교육 현실의 철학적 성찰』, 사회와 철학 연구회 지음, 씨아이알, 2014.

『현재의 충격』, 더글러스 러시코프 지음, 박종성, 장석훈 옮김, 청림출판, 2014.

『호모 데우스』, 유발 하라리 지음, 김명주 옮김, 김영사, 2017.

『호모 사피엔스와 과학적 사고의 역사』, 레오나르드 플로디노프 지음, 조현욱 옮김, 까치, 2017.

『회복 탄력성』, 김주환 지음, 위즈덤하우스, 2011.

『휴먼 3.0』, 피터 노왁 지음, 김유미 옮김, 새로운현재, 2015.

『Agiletown: The Relentless March of Technology and London's Response』, Deloitte, 2014.

『Collective Dynamics of Small-world Networks』, Duncan J. Watts, Steven H. Strogatz, Nature, 1998.

『Computation Machinery and Intelligence』, A. M. Turing, 1950.

『Cramming More Components onto Integrated Circuits』, Gordon E. Moore, Electronics, 1965.

『Drivers of Disruption? Estimating the Uber Effect』, Thor Berger, Chinchih Chen, Carl Benedikt Frey, 2017.

『Hippocampal Brain-network Coordination during Volitional Exploratory Behavior Enhances Learning』, Joel L. Voss, Brian D. Gonsalves, Kara D. Federmeier, Daniel Tranel, Neal J. Cohen, Nature, 2011.

『Influence of Ancient Baduk on the Modern Science and Economics』, Lazarev, A.V., Kouznetov V.A., 2001.

『Steel Axes for Stone-Age Australians』, Lauriston Sharp, Society for Applied Anthropology, 1969.

『The Future of Employment: How Susceptible Are Jobs to Computerisation?』, Carl Benedikt Frey,Michael A. Osborne, 2013.

『The New Work Order』, The Foundation for Young Austraillians, 2016.

『The Share Economy: Conquering Stagflation』, Martin L. Weitzman, Harvard University, 1984.

『Vox Popull』, Francis Galton, Nature, 1907.